此书出版得到国家社会科学基金资助

芦金峰 著

甲骨文与民族传统体育因素研究

中国社会科学出版社

图书在版编目(CIP)数据

甲骨文与民族传统体育因素研究/芦金峰著. —北京：中国社会科学出版社，2015.8

ISBN 978 - 7 - 5161 - 6870 - 7

Ⅰ.①甲…　Ⅱ.①芦…　Ⅲ.①甲骨文—研究②民族形式体育—体育运动史—研究—中国—商周时代　Ⅳ.①K877.14②G85

中国版本图书馆 CIP 数据核字(2015)第 208858 号

出 版 人	赵剑英
选题策划	陈肖静
责任编辑	陈肖静
责任校对	刘　娟
责任印制	戴　宽

出　　版	中国社会科学出版社
社　　址	北京鼓楼西大街甲 158 号
邮　　编	100720
网　　址	http://www.csspw.cn
发 行 部	010 - 84083685
门 市 部	010 - 84029450
经　　销	新华书店及其他书店

印　　装	北京君升印刷有限公司
版　　次	2015 年 8 月第 1 版
印　　次	2015 年 8 月第 1 次印刷

开　　本	710×1000　1/16
印　　张	18.75
字　　数	292 千字
定　　价	69.00 元

本研究中甲骨文与今文对照表

甲骨文字	小篆	现代文字	体育运动
		走	跑步
		斗	摔跤
		舞	乐舞
		射	射箭
		弹	弹射
		陟	登山
		戎	护卫
		骑	骑马
		车	驾车
		游(汓)	水上浮游
		泳(休)	水下潜泳
		航	划船

本研究中甲骨文与今文对照表

甲骨文字	小篆	现代文字	体育运动
𩺫	鯀	鲧	钓鱼
𣥂	𣥂	武	武
𢦏	戈	戈	长兵器
𢓢	𣪊	殳	长兵器
弓	弓	弓	远射兵器
矢	矢	矢	远射兵器
刀	刀	刀	短兵器
剑	劍	剑	短兵器
戊	戉	戊	短兵斧类
钺	戉	钺	短兵斧类
戚	戚	戚	短兵斧类
箙	箙	箙	箭囊

凡　例

一、本书所引卜辞的释文，一般采用宽式。

二、释文中序号引用阿拉伯数字排序，每条卜辞后注解其出处。如1.
贞王往走……《合集》17239 正。

三、本书释文内容均依据《甲骨文合集释文》和《殷墟花园庄园东地
甲骨》。

四、特殊字的处理一般采用原字形的图片形式。保留其字形的原貌。

目　录

自　序

　　甲骨文是一个古老而又年轻的话题。言其古老，是因为甲骨文至今已有三千多年的历史，它是殷商时期商王及贵族占卜时的遗存，它是我国目前发现的最早的成系统的文字，它保存着文字之初的原始形态，它与当今的汉字一脉相承。说其年轻，是因为甲骨文被人们发现至今，也才有百余年的历史，而甲骨学的深入研究也是近现代的事情。时空的交换，时间的延续，使甲骨文这项古老的文化遗产在当今得以新生。

　　民族传统体育同样也是一个古老而又年轻的话题，提其古老，广泛意义上讲，是因为民族传统体育是伴随着人类的产生而产生的，它随着人类的生产劳动、生活、宗教祭祀而以各种形式存在和发展，有着顽强的生命力。我国自古就是一个多民族的国家，历史的发展过程中形成了多民族之间的相互融合，在相互融合中，各民族自身又保持了其独具特色的文化活动，这些与人类息息相关的身体活动，延绵不断，传承至今。谈其年轻，是因为民族传统体育学从政府设立到现在只有十几年的时间，年轻学科的建立是时代与国家发展的需要，学科自身更需要着力发展，因此，丰富和完善民族传统体育的理论基础，弘扬传统体育文化，显得尤为迫切。我国是一个多民族的国家，有着56个少数民族，在五千年中华文明的历史长河中，各民族之间相互融合，形成了我国独具特色的民族传统体育。

　　将甲骨文与民族传统体育有机地结合起来，也已思考很久。对此问题的思考，即不是空穴来风，更不是简单地强行将两者缀合在一起，而是尊重历史，尊重事实的选择。体育虽然是近现代的提法，但古代体育的存在是不争的事实。因为体育是以身体运动为基本手段的。按照这一论断，可以理解为体育与人类活动有着直接的、密不可分的渊源。而甲骨文字的古老、原始性，也很好地体现了文字之初的直观性。甲骨文中有象形和指事字多与人类身体活动相关，如果单独地分析一个字，很容易用现代人的思维方式去思考其意，这就会造成对甲骨文字的臆断和猜测。只有将文字放在卜辞中综合考量，才可能得出文字之初的真正含义。因此，本书首先需要解决的是确立与民族传统体育相关的文字的本义，这就需要结合前辈文字学家的研究成果，对照相关文献资料，诠释其在卜辞中的含义。甲骨文字已经是一种成熟的文字系统，其中一个字代表有多种含义和多种词性，分析其在卜辞中的具体含义和词性，是确定卜辞内容的关键。由于时间过长，多数甲骨上只留下"只言片语"或是"残垣断壁"，而涉及民族传统体育的文字资料更是"凤毛麟角""一字难求"。为了收集材料，我们从《甲骨文合集》《小屯南地甲骨》《花园庄东地甲骨》《小屯村中村南甲骨》中筛选了与本研究相关的卜辞作为研究对象，对这些卜辞内容进行了整理和研究，并附录于书后，供研究者参考。

将此两个问题结合在一起研究并不是一件轻而易举的事情，对此课题的研究需要涉及的领域比较多，主要的学术领域是甲骨学、历史学与体育史学的交叉，其他还涉及文字学、语言学、音韵学、训诂学、考古学、人类学、民族学、岩画学、汉画像，等等。这其中最为重要的还是甲骨学与殷商文化的内容。庆幸的是，我国处在文化大繁荣、大发展的背景之下，甲骨学与殷商文化的研究已经取得了丰硕的研究成果，诸如《商代史》（十一册）、《甲骨学一百年》、《夏商社会生活史》、《夏商西周社会史》、《中国甲骨学史》等综合性的研究成果相继面世，同时，在考古学、文字学、诸子百家的专著也陆续出版和再版。这些前期的研究成果，都为本书的撰写奠定了坚实的文献基础。本书能够获得国家社科基金立项并顺利开展工作，还离不开安阳师范学院甲骨学与殷商文化研究中心的大力支持，在这个河南省重点学科的平台建设上，先后获国家社科基金五项，包括历史学、计算机等学科，他们丰硕的研究成果和渊博的学识，以及对我悉心地指导与帮助，都是我研究动力的源泉。如果没有这些先期的条件，面对这样一个选题，是很难付诸实施的。

　　本书按照体育学的性质分类，将体育分为竞技类、休闲类和其他类。整个提纲以此为框架建立，共分为四章二十节论述。相关研究成果已经陆续在《体育文化导刊》《成都体育学院学报》《军事历史研究》《殷都学刊》等期刊上发表，本研究在结项期间，还在不断地补充和完善相关内容，诸如"殷商论剑"一节就是在课题结项之后才完成并补充进来的。虽然书稿已经成形，但深感还有一些内容没有写进来，限于时间和精力，有些内容思考的还不够成熟，也只能留有些许遗憾，待将来思考成熟之余，在作进一步的补充完善。夜很长，路也很长，研究探索之路更是无穷无尽，对于一个涉足甲骨学不深的晚辈学子，又要从甲骨学中去探讨民族传统体育的相关因素，在研究之初，就深感自己学识有限，基础不坚。为了弥补自己在这方面的不足，我坚信勤能补拙，也坚持不耻下问，更不忘伏案笔耕，一点一滴、一字一句无不经手制作，经心思考，精心论证。好在上天眷顾，赐予我灵感；朋友相助，赐予我温暖；家庭和睦，赐予我信心。拙著历时四年按期完稿，书中的内容难免存在不足之处，真诚希望得到各家的批评与指正。

作者

2015 年 6 月 16 日，家中地下室书屋

第一章　绪论

前　言

商代在中华古文明史上具有特殊地位，但因文献记载不足及真伪莫定等原因，商史的研究进展比较缓慢。孔子也曾为商史"文献不足故也。足，则吾能征之矣"① 而叹。因此，商代体育史的相关著述也同样滞后，长期以来涉足此领域的文章及文献只是轻描淡写、不够翔实。如杨桦主编《体育史》② 第二章第一节内容"先秦"中就是直接从春秋战国开始着笔，全国体育学院教材委员会编《体育史》③ 在第三章古代中国体育开篇中，也是以西周"六艺"为开卷。体育史教材编写组《体育史》④，在第二章奴隶社会时期的体育，也是从西周"六艺"内容开始。崔乐泉主编《中国体育通史》⑤ 第一卷第二章夏商周体育中开始梳理和涉及商代甲骨文中与体育相关的内容，但也只是略微提及，难尽翔实。造成商代体育史研究匮乏的原因是多方面的，但归纳起来大致有以下三点：一是先秦史料中商史的内容稀少，只有《诗经》《史记》《竹书纪年》《尚书》等材料中记载有商史的史料；二是体育史学科中缺乏对甲骨学研究的深入，没有此方面的专

---

① （清）阮元：《十三经注疏》，中华书局 2009 年版，第 5357 页。
② 杨桦：《体育史》，高等教育出版社 2006 年版，第 50—68 页。
③ 全国体育学院教材委员会编：《体育史》，人民体育出版社 1989 年版，第 31—33 页。
④ 体育史教材编写组：《体育史》，高等教育出版社 1987 年版，第 18—27 页。
⑤ 崔乐泉：《中国体育通史》第一卷，人民体育出版社 2008 年版，第 68—116 页。

业人才建设；三是体育史学科在体育学中的地位没有得到足够的重视。然而自 1899 年王懿荣发现甲骨文至今的百余年期间，殷墟出土甲骨总数已达 10 万余片。[①] 经前辈学者整理、研究，主要将殷墟出土甲骨归藏于《甲骨文合集》[②]《小屯南地甲骨》[③]《殷墟花园庄东地甲骨》[④]《殷墟小屯村中村南甲骨》[⑤] 等书目之中，为后续的学者研究商代史提供了大量的、重要的史料参考。从甲骨学研究商代体育史的条件也已日臻完善。

殷墟甲骨文是商王盘庚迁殷至纣灭 273 年之间的遗存（约公元前 1298—公元前 1027 年）。《古本竹书纪年》载："自盘庚徙殷，至纣之灭，七百七十三年，更不徙都。"按："《存真》据赵绍祖《校补竹书纪年》卷一、陈逢衡《竹书记年集证》卷四九改作'二百七十三年。'"[⑥] 这期间共经历了 8 世 12 王，即：盘庚、小辛、小乙、武丁、祖庚、祖甲、廪辛、康丁、武乙、文丁、帝乙和帝辛。殷墟出土甲骨卜辞内容也基本上印证了这一史实。因此，甲骨文成了这一时期记录商史的唯一信史。甲骨文虽然是当时占卜时所记录下的文字，带有浓厚的祭祀和宗教色彩，但多数内容与记录的事件密切相关，这些事件是"国之大事，在祀与戎"（《左传·成公十三年》）[⑦] 的背景下殷商社会生活的真实写照。胡厚宣先生说："所谓甲骨文，乃商朝后半期殷代商王利用龟甲兽骨进行占卜时刻写的卜辞和少量记事文字。这种卜辞和记事文字，虽然严格说起来并不是正式的历史记载，但是因为它的数量众多，内容丰富，又因为时代比较早，所以一直是研究我国古文字和古代史特别是研究商代历史的最重要的直接史料。"[⑧] 针对殷墟出土的甲骨，百年来对甲骨文的研究成果也颇丰，相关研究日渐成熟，并且已经形成了一门独立的学科——甲骨学。

① 王宇信、杨升南：《甲骨学一百年》，社会科学文献出版社 1999 年版，第 55 页。
② 郭沫若、胡厚宣：《甲骨文合集》，中华书局 1979—1982 年版。
③ 中国社会科学院考古研究所：《小屯南地甲骨》，中华书局 1980 年版。
④ 中国社会科学院考古研究所：《殷墟花园庄东地甲骨》，云南人民出版社 2003 年版。
⑤ 中国社会科学院考古研究所：《殷墟小屯村中村南甲骨》，云南人民出版社 2012 年版。
⑥ 方诗铭、王修龄：《古本竹书纪年辑证》，上海古籍出版社 2005 年版，第 31 页。
⑦ （清）阮元：《十三经注疏》，中华书局 2009 年版，第 4149 页。
⑧ 吴浩坤、潘悠：《中国甲骨学史》，上海人民出版社 2006 年版，序一。

中国古代虽无体育之说，但确有体育之实。尽管人们对殷商社会的全部细节并不十分清楚，但商代体育在历史上客观存在的事实也是毋庸置疑的。只不过在中国古代社会中，那些类似于体育的活动，皆存在于当时社会的各种形态之中。因此，研究中国古代体育，一定要紧密结合当时社会的历史背景，深入考察与之相关的古代宗教、军事、艺术、教育、哲学等内容，从中发现、剥离与抽象、凸显古代体育的内涵。这也是近现代学者研究古代体育内容的主要路径之一。甲骨文是目前所发现我国最早的成系统的文字，据不完全统计，殷墟甲骨文字约有四千余单字，其中已被专家学者释解的字有两千字左右，这其中也只有一千字左右得到史学界共识，由此可见也体现了从体育学视角研究甲骨文中传统体育因素的局限性和难度。甲骨文字与现在使用的汉字一脉相承，它是汉字之根，文化之源，中华民族之魂。同时，这也成为学者研究商代体育史可参考的可信史料。

第一节　本题国内外研究现状述评

本书是对殷商时期祭祀、田猎、战争及学校教育等活动中的民族传统体育因素归类研究。殷商时期虽无体育概念之说，但确有体育因素之实。从形态上来讲，射箭、角力、乐舞、游泳等活动内容，与现在体育的内涵联系紧密。殷商时期在我国古代历史中处于承上启下的重要阶段，甲骨文字在这一时期得到飞速发展，并趋于成熟。殷墟三次重大甲骨文出土，即1936年，YH127坑甲骨，出土甲骨1.7万余片。1972年，小屯南地甲骨，出土甲骨5335片。1991年，殷墟花园庄东地甲骨，出土甲骨1583片。[①]为我们研究认识殷商时期的相关民族传统体育因素提供了重要的文字参考。在"国之大事，在祀与戎"（《左传·成公十三年》）的背景下，人们的各种社会活动均以此为中心，围绕这些活动中体现出来的乐舞、射箭、驾驭战车、角力、弹射、狩猎等内容，都不同程度地包含有民族传统体

---

① 王宇信、杨升南：《甲骨学一百年》，社会科学文献出版社1999年版，第48—49页。

育因素的成分，它们在形式上虽有诸多差异，但在技能、技术和技巧上可分类归纳。本书的研究，是将殷商时期这些活动中，各具特色，各自发展，且具有民族传统体育因素的项目，统一纳入殷商体育这一总的视域下作归类分析。笔者期望，通过本研究，可以推进商代体育史研究的深入。

目前，以甲骨文史料分析殷商民族传统体育因素的研究相对薄弱。与之相关的研究是从 20 世纪初以后逐步兴起，并越来越受到学界的关注，且已取得了可喜的成绩。这为本书的写作开展奠定了良好的基础。

一 甲骨学方面研究

早在 19 世纪末、20 世纪初，王懿荣先生发现甲骨文开始，就有前辈对此进行初步研究。首先，刘鹗将自己收藏的甲骨编入了《铁云藏龟》（1903 年），接着孙诒让完成了第一部考释甲骨文字的研究《契文举例》（1904 年），这部著作标志着甲骨文走向中国学术研究领域的开始。著名学者罗振玉着重研究甲骨文中相关问题，并著书《殷虚书契菁华》（1914 年）。后续学者对甲骨文的研究相继展开，逐渐深入。有商承祚《殷虚文字类编》（1923 年），有王襄《簠室殷契征文》（1925 年），郭沫若《甲骨文字研究》（1930 年），有 1928—1937 年先后 15 次大规模科学发掘后，着录的《殷墟文字甲编》，《殷墟文字乙编》（1928—1937 年），董作宾《甲骨文断代研究例》（1933 年），孙海波《甲骨文编》（1934 年），郭沫若《殷契粹编》（1937 年），胡厚宣《甲骨学商史论丛》（1944 年），董作宾《殷历谱》（1945 年），胡厚宣《战后宁沪新获甲骨集》（1951 年），董作宾《甲骨学五十年》（1955 年），陈梦家《殷墟卜辞综述》（1956 年），〔日〕岛邦男《殷墟卜辞研究》（1958 年），董作宾《甲骨学六十年》（1965 年），严一萍《甲骨学》（1978 年），中国社会科学院考古研究所《小屯南地甲骨》（1980 年），郭沫若主编《甲骨文合集》，《甲骨文合集补编》（1978—1982 年），王宇信《西周甲骨探论》（1984 年），张秉权《甲骨文与甲骨学》（1988 年），王宇信《甲骨学通论》（1989 年），濮茅左《甲骨学与商史论著目录》（1991 年），徐锡台《周原甲骨文综述》（1991 年），彭裕商《殷墟甲骨断代》（1994 年），王宇信、杨升南《甲骨学一百年》（1999 年），吴浩坤《中国甲骨学史》（2006 年），王宇信《中国甲骨学》（2009 年），王大鹏《甲骨文常用字集字字典》（2012 年），裘锡圭《裘锡圭学术文集·甲骨文卷》（2012 年），李宗焜《甲骨文字编》（2012 年）等专著相继出版。前期研究者尤以甲骨四堂（罗振玉、王国维、郭沫若、董作宾）和胡厚宣对甲骨学的研究贡献巨大，他们为甲骨学的研究和发展奠定了坚实的基础。这些前期的研究成果主要集中在对出土甲骨的收集、整理、校对、拓录、释读、断代等研究方面，为甲骨学的深入研究提供了重要参考资料。

二 文字学方面研究

甲骨文字的研究是甲骨学研究的基础，有关甲骨文字的研究，先后出版专著有：于省吾《甲骨文字释林》（1978 年），裘锡圭《文字学概要》（1988 年），姚孝遂《殷墟甲骨刻辞摹释总集》（1988 年），姚孝遂《殷墟甲骨刻辞类纂》（1989 年），刘翔等《商周古文字读本》（1989 年），于省吾《甲骨文字诂林》（1996 年），王蕴智《字学论集》（2004 年），白玉蓝《殷墟甲骨刻辞摹释总集校订》（2004 年），赵诚《甲骨文字学纲要》（2005 年），徐中舒《甲骨文字典》（2006 年）。杨树达《积微居甲文说》（2007 年），马如森《殷墟甲骨文实用字典》（2008 年），赵诚《甲骨文简明词典》（2009 年），王蕴智《殷商甲骨文研究》（2010 年），赵诚《探索集》（2011 年），刘钊《古文字构形学》（2011 年），裘锡圭《裘锡圭学术文集·甲骨文卷》（2012 年），李宗焜《甲骨文字编》（2012 年），周清泉《文字考古》（2014 年）。这些学者在前人研究的基础上，对于甲骨文字的考释与隶定作了大量的基础性的工作，极大地推动了甲骨学研究向纵深的发展，这些先期成果成为甲骨文研究重要的工具参考书。其中以于省吾的《甲骨文字诂林》，徐中舒的《甲骨文字典》，赵诚的《甲骨文简明字典》最具有代表性。考释甲骨文字、隶定甲骨文字的工作，在甲骨文研究中起着非常重要的作用，这是研究甲骨文的基础。商承祚先生指出："凡研究甲骨文字者，必先识其字，次明其例，知此二者则可旁通，无读而不入矣。至若考殷商之制度，稽三代之地理，印证经史，意与古会。而曰不识其字，不明其例者，吾不信也。孔子曰：'谁能出不由户'其是之谓乎。"① 于省吾先生也持同样的主张："甲骨文的研究是多方面的，但是文字考释是一项基础的工作……古文字是客观存在的，有形可识，有音可读，有义可寻。其形、音、义之间是相互联系的。"② 可见释解甲骨文字，对于研究卜辞内涵来讲尤为重要。本书的每一个主题都是从考释甲骨文字开始的。

三 考古学方面研究

在当今历史研究中，考古材料的意义和作用越来越受到业内学者的广泛关注，地下出土文物和出土文献对于历史研究是最有力的佐证。自殷墟发掘以来，先后出版商代相关专著有：中国社会科学院考古研究所编著《殷墟妇好墓》（1980 年），中国社会科学院考古研究所编著《殷墟的发现与研究》（1994 年），湖北省文物考古研究所编著《盘龙城》（2001 年），中国社会科学院考古研究所编著《中国考古学·夏商卷》（2003 年），杨作龙著《洛阳考古集成·夏商周卷》（2005 年），山西省考古研究所编著《灵石旌介商墓》（2006 年），中国社会科学院考古研究所编著《安阳殷墟花园庄东地商代墓葬》（2007 年），中国社会科学院考古研究所编著《殷墟新出土青铜器》（2008 年），段宏振著《邢台商周遗址》（2011 年），中国社会科学院考古研究所编著《中国大遗址保护调研报告》（2011 年），安阳市文物考古研究所编著《安阳殷墟徐家桥郭家庄商代墓葬》（2011 年），河南省文物考古研究所编著《郑州小双桥 1990—2000 年考古发掘报告》（2012 年），中国社会科学院考古研究所编著《偃师商城》（2013 年），中国社会科学院考古研究所编著《安阳大司空》（2014 年），这些考古报告的先后出版，极大地丰富了商代物质文明的研究基础，也较好地弥补了甲骨文字方面的不足，为研究殷商时期人类的各种社会活动，提供了强有力的实物参考。近年来，甲骨学的研究与考古学的结合也越来越紧密，且越来越受到

---

① 商承祚：《甲骨文字研究》，天津古籍出版社 2008 年版，第 106 页。

② 于省吾：《甲骨文字释林》，中华书局 2009 年版，序。

业内人士的高度关注。

四 相关方面研究论著

[日] 岛邦男《殷墟卜辞研究》（1958 年），姚孝遂《小屯南地甲骨考释》（1985 年），宋镇豪《夏商社会生活史》（1994 年），张光明《夏商周文明研究》（1999 年），宋镇豪《中国风俗通史》（2001 年），胡厚宣《甲骨学商史论丛初集》（2002 年），朱志荣《商代审美意识研究》（2002 年），杨保成《殷墟文化研究》（2002 年），李伯谦《商文化论集》（2003 年），杨逢彬《殷墟甲骨刻辞词类研究》（2003 年），李雪山《商代分封制度研究》（2004 年），方建军《商周乐器文化结构与社会功能研究》（2006 年），[韩] 朴仁顺《殷商甲骨文形义关系研究》（2006 年），李学勤《商史与商代文明》（2007 年），张长寿《商周考古论集》（2007 年），韩江苏《殷墟花东卜辞"子"研究》（2007 年），郑继娥《甲骨文祭祀卜辞语言研究》（2007 年），陈文敏《汉字起源与原理》（2007 年），杨弘《中国古兵器论丛》（2007 年），黄天树《殷墟王卜辞的分类与断代》（2007 年），陈年福《甲骨文词义论稿》（2007 年），林沄《林沄学术文集》（2008 年），刘桓《甲骨集史》（2008 年），徐中舒《徐中舒论先秦史》（2008 年），曾文芳《夏商周民族思想与政策研究》（2008 年），洪扬《古文字考释通假关系研究》（2008 年），吴其昌《殷墟书契解诂》（2008 年），李雪山等《甲骨学110 年：回顾与展望》（2009 年），叶玉英《古文字构形与上古音研究》（2009 年），殷杰等《殷墟骨文化》（2009 年），吴晓筠《商周时期车马埋葬研究》（2009 年），宋镇豪主编的商代史，堪称商代史领域的又一大作，包括有《商代都邑》《商代经济与科技》《商代国家与社会》《"殷本纪"订补与商史人物征》《殷遗与殷鉴》《商代史论纲》《商族起源与先商社会变迁》《商代地理与方国》《商代战争与军制》《商代宗教与祭祀》《商代社会生活与礼俗》（2010 年），陈婷珠《殷商甲骨文字形系统再研究》（2010年），邵英《古文字形体考古研究》（2010 年），晁福林《夏商西周社会史》（2010 年），萧南《甲骨学论文集》（2010 年），彭明瀚《商代江南》（2010年），赵林《殷契释亲》（2011 年），冯时《百年来甲骨文天文历法研究》

（2011 年），赵容俊《殷商甲骨卜辞所见之巫术》（2011 年），宋镇豪《甲骨文与殷商史·新二辑》（2011 年），李学勤《三代文明研究》（2011 年），段勇《商周青铜器幻想动物纹研究》（2012 年），宋镇豪《甲骨文与殷商史·新三辑》（2013 年），严志斌《商代青铜器铭文研究》（2013 年），王巍《中国考古学大辞典》（2014 年）。这些相关研究涉及殷商时期社会生活、军事战争、方国地理、宗教与祭祀等内容，为本书的撰写提供了诸多间接文献参考。

除此之外，在音韵学、训诂学、金文学、岩画、汉画像等方面的研究成果，也为本研究提供了大量的实证参考。如王力《汉语史稿》（1980年）、董同龢《汉语音韵学》（2001 年）、唐作藩《音韵学教程》（2002 年）黄易青《上古汉语同源词意义系统研究》（2007 年）、王力《汉语语音史》（2010 年）、郭锡良《汉字古音手册》（2010 年）、周祖谟《广韵校本》（2011 年版）、唐作藩《上古音手册》（2013 年）、郭在贻《训诂学》（2005年版）、宗福邦《故训汇纂》（2003 年）、黄雅峰《汉画像石画像砖艺术研究》（2011 年）、陈兆复《中国岩画发现史》（2009 年）、限于篇幅，这里不再一一列举。这些研究成果也为本书的撰写提供了间接的资料参考。

由于体育概念是近现代的提法，因此，在以上论著中，都没有涉及体育内容的章节和论述，较多的研究是从田猎和军事的角度去探讨射箭的相关内容。古代社会活动中虽然没有体育之说，但确有体育之实，人们在开展生产劳动、祭祀活动、教育教养后代、对外征伐作战的大事中，都不同程度地体现有古代体育的因素，如摔跤、跑步、射箭、乐舞等内容与现在的体育内涵基本一致。因此，从甲骨卜辞中发现、剥离、梳理与抽象相关古代体育因素，是本书要面对的首要和关键问题。

第二节　本题研究的意义

甲骨文字是历史和文化的载体，它蕴涵着中国早期社会的高度文明。体育作为人类文化的载体，不同程度地反映着人类在不同历史时期活动的缩影。如果从体育宏观的视角来审视，在内容上，甲骨文中反映的中国早期体育形态已丰富多彩，如摔跤、跑步、乐舞、射箭、游泳等；在时间上，甲骨文所处的殷商时代（约公元前1298年—公元前1027年）要比古希腊体育（约公元前776年）早500多年。因此，我们有必要让人们了解、认识和熟习我国最早有文字记载时期中国早期体育形态的基本面貌与特征，展现甲骨文中的中国早期体育形态的雏形，让国人、世人感知东方古代体育文化的魅力，有利于人们重新审视我国民族传统体育的价值趋向，提升中华民族自豪感，从而有利于中华文化的传承和弘扬。

一　以甲骨文字为载体，推广我国民族传统体育文化

目前发现甲骨文字十万余片，单字约四千多字，其中约有一千字可释。就目前来看，它是世界上唯一保留和传承至今的文字，它是现代汉字之根，民族文化之源，中华文明之本。通过甲骨文字及卜辞的研究，可以深入挖掘并充分展示我国民族传统体育的早期形态、功能、作用及价值。有利于促进我国民族传统体育文化的深入研究与发展，尤其是在时间点和项目源头上更有利于中国早期体育形态的推广与传播。

二　兼顾并重，甲骨文字与民族传统体育文化双重推广

甲骨文的发现与研究已有百年的历程，由于卜辞和后世文献的局限性，造成其在释读、释解过程中难度颇艰，庆幸前辈学者和当今学人的研究成果，为研究中国早期体育形态提供了难得的宝贵参考资料。我们可以借鉴这些前期研究成果，结合体育的渊源与人类活动的关联，探讨中国早期体育形态中各项目的功能、作用与价值。其研究过程与成果将起到对古文字文化与中国早期体育文化双重推广的效果，有利于人们在文字同根的共识下寻求体育项目同源的一致认同。

三　构建和完善商代体育史

研究任何一种社会现象，都不能脱离当时的社会背景。而要认识这种社会现象的传承，又要紧密结合各历史时期的发展脉络。这是研究历史的共时性与历时性所需。因此，构建和完善商代体育史，就必须以甲骨文字

为基础，以金文、大篆和小篆以及简帛为脉络，并佐以出土器物和后世文献，方能构建可信的商代体育史。从而有利于充实和加强商代体育史的内涵，进而使体育学科下属二级学科民族传统体育的内容更加丰富与完善。

我国民族传统体育具有自己独特的文化色彩，和世界其他民族相比，我国五千年传统文化是唯一的一脉相承至今，民族传统体育文化的发生和发展，离不开五千年文明史的背景。民族传统体育文化早在殷商时期就已形成了自己独特的风格，研究此时的民族传统体育雏形，对于我们认识中国民族传统体育的形成和发展，以及认识中国早期体育活动的基本种类，都具有深远的历史意义和现实意义。

第三节　研究材料、研究方法、研究重点与难点及创新之处

一　研究材料及说明

研究甲骨文中的中国民族传统体育因素，主要材料运用有：一是甲骨学研究的史料；二是甲骨文字史料，金文史料等古文字史料；三是夏商周三代及前后的相关考古材料；四是先秦重要文献资料；五是新出土文献史料。

（一）甲骨学、甲骨文字史料主要以殷墟出土甲骨文为研究对象，如《甲骨文合集》《小屯南地甲骨》《殷墟花园庄东地甲骨》等甲骨史料；另参考《金文编》《甲骨文编》《新甲骨文编》《甲骨文字编》《说文解字注》等专著。

（二）考古材料主要以殷墟考古发现为主，同时参考国内其他地区出土的商代墓葬资料。如《殷墟的发现与研究》《安阳殷墟花园庄东地商代墓葬》《殷墟妇好墓》《殷墟新出土青铜器》《郑州小双桥商代墓葬》《偃师商城》等材料。

（三）先秦文献有：《周礼》《仪礼》《礼记》《春秋左传》《诗经》《国语》《山海经》《论语》《孟子》《庄子》《管子》《汉书》《后汉书》等古代典籍的相关记载，以甲骨文材料、考古材料相结合，可相互补充和印证。

（四）新出土文献史料有：《清华大学藏战国竹简》（一、二、三、四册）、《战国秦汉简帛古书通假汇纂》、《秦简牍文字编》、《楚帛书诂林》、

《楚简帛通假汇释》、《战国古文字字典》等。

就以上材料而言，出土的甲骨文材料是本书的核心，在以此为核心的基础上，关注金文及出土器物铭文的相关材料，以及简帛、简竹文字等材料。

二 研究方法及说明

（一）运用文献资料法与地下考古资料相结合的二重证据法。

文献资料法是进行民族传统体育研究的一个基本方法。文献法的研究大致有如下几个步骤：一是检索和收集与本书相关的文献，特别关注先秦文献；二是对这些文献进行分析与整理；三是分析材料，使之成为研究所需要的形式。所谓二重证据法是王国维先生提出的，他指出："吾辈生于今日，幸于纸上之材料外，更得地下之新材料。由此种材料，我辈固得据以补正纸上之材料，亦得证明古书之某部分全为实录，即百家不雅驯之言，亦不无表示一面之事实。此二重证据法，惟在今日始得为之。"① 在以二重证据法为方法的基础上，现在学者提出了三重证据法，即以文献、甲骨文和考古史料来验证的方法，比二重证据法又进了一步。本研究也尽可能采用此方法。总之，一方面要重视先秦史料中相关民族传统体育的文献资料，它的研究价值是不可替代的。同时，也要密切关注近、现代以来，甲骨史学家的研究成果和有关商代时期前后的考古发现。

（二）多学科交叉的方法，古文字考释方法以及数学统计法。

结合文字学、音韵学、训诂学、人类学、甲骨学、历史学、考古学和体育学的相关方法进行比较研究。文字学、音韵学、训诂学、甲骨学、历史学、考古学是研究商代史的基础，甲骨文字的释读与卜辞诠释都建立在这些学科基础之上。研究中国古代体育史，尤其是研究商代体育史必须以这些学科为基础。另外还需要运用数学统计的方法，对甲骨文版次、甲骨文字频率等进行统计。

（三）利用计算机造字系统，图片剪切技术替代甲骨文、金文无法输入的方法。

---

① 王国维：《古史新证——王国维最后的讲义》，清华大学出版社 1994 年版，第 2 页。

1. 卜辞中考释的文字以最新研究成果为例，如有不识之字，将以原字形附于文中，以便于研究参考。如学者对某字释义有多种解释，则选择与本研究相近的观点而采用。

2. 甲骨文字的释解以《甲骨文字典》和《甲骨文字诂林》《甲骨文简明字典》《甲骨文字编》《甲骨文编》《新甲骨文编》等学者解释为主要参考，并结合《说文》《说文解字注》《尔雅》《方言》等典籍注释。

3. 文中甲骨文字的处理方法，如释读中需要，可以繁体字用于文中，便于观察文字前后发展的脉络，如表示摔跤的“鬥”字，小篆作“”形，甲骨文作“”（《合集》0152 正）字形，用繁体字表述此字，更有利于从文字历时性的角度解释其义；如文中用字无法以现代楷体或繁体输入，文中换以计算机图片的形式体现，造字程序采用计算机软件 TRUE-TYPE 完成，造字依据原字形和方家释解为参考，如金文的走“”字，甲骨文的舞“”字等。文字的总体释文以宽体为例，便于现代人阅读理解，如卜辞中“才”字，一般释为“在”字，“鼎”字释为“贞”字等。

4. 关于卜辞中的用字问题，涉及残词不清时以省略号替代；单独残字不清以方框替代；卜辞中的标点符号参考各家之长，卜辞最后一般用问号，是根据卜辞性质而定。卜辞词例的释读参考以《甲骨文合集释文》《殷墟甲骨刻辞类纂》《小屯南地甲骨》《殷墟花园庄东地甲骨》为主要参考书目。文中甲骨文拓片出自《合集》《屯南》《花东》。文中参考书目以简称表示，如《甲骨文合集》《小屯南地甲骨》《花园庄东地甲骨》简称为《合集》《屯南》《花东》等。为了便于学者参考，在卜辞后多附有该文的甲骨拓片。

三　研究重点与难点

本书的研究是从宏观上对殷商时期各种活动中的民族传统体育因素归类分析。其中射箭、弹射、车马、角力、乐舞、水上项目等为研究重点。另外对其他相关体育因素进行初步研究。本书中涉及的难点主要有以下几个方面。

（一）释字方面难点

本书主要涉及甲骨文字 23 个，连同卜辞内容，涉及甲骨文字约 200 个字左右，其中多数甲骨文字已得到前辈学者们的隶定，为本书的撰写打下良好的基础。涉及本书的个别项目的甲骨文字，由于可参考的释文文献有限，我们只能依据有限的文献资料，从多方面进行相关论证。如在乐舞分类研究中，涉及手舞研究的字"林"（《花东》280，380），目前，对这个字的隶定还存有较大的争议，此字现在有学者释其为"扶"字，也有释其为"林"字，还有释其为"拉"字，笔者经过分析后认为，释其为"夭"字，即"夭"字本字更符合其在卜辞中的寓意，笔者释此字的基本思路，是沿着文字从图画（或说象形）发展到文字的脉络，结合其义、音之间的关系进行探讨。作者认为，有些文字有可能是从远古岩画发展演化而来的，这种探讨还需要得到更多材料方面的支持，本书中只是作为一种尝试。在"射"字研究中，涉及三种弓的问题也是本书中的一个难点，特别是关于"丙弓"的解释，我们认为"丙弓"是用于远射的弓，这也是本研究中首次提出这种观点，与宋镇豪先生和韩江苏的释解还是有差别的。关于弹射的"弹"字所蕴含的弹射的技巧，在研究中也是一个难点，笔者经过反复研究和实践，首次揭示了弹射中的特殊技巧，这种特殊的技巧在弹字中以一斜线表示弹丸飞行瞬间的技巧，揭示了甲骨文弹字中的指事因素。另外，根据研究需要，揭示了甲骨文中一手持戈、一手持盾的"戎"字是代表护卫礼仪。初步结合岩画和学者的释解，诠释了代表骑马的"骑"字，这种解释在文字学上也有一定难度，与以上"夭"字的释解方法一致。有关"武"字的释解，是本研究中又一难点，我们结合"武"字的形、音、义三者关系，深入讨论了"武"字早期形成的原因，并结合"武"字在甲骨文中的用法，首次提出"武"字的初义是代表"神之足迹。"在"五兵"研究中，用考古材料和文献相结合，论证了"殳"兵器的内涵，这也是研究中的一个难点，同时也是一个创新点。关于早期"剑"的问题，是从考古和音韵学的角度，探讨剑与匕首的异同。

（二）卜辞释读方面的难点

1. 关于"走"字相关的两版甲骨释文，其中有三个字难识，在涉及

"走马"的释解中，由于前期学者诠释不多，对其内涵的释文就成了一大难点。"走马"与甲骨文中的"马其先""先马走"之间是否有着上下传承的关系，需要更多相关史料的佐证，这是本书研究中的一个难点。

2. 关于代表角力的"斗"字卜辞，前期学者虽然对甲骨文字作出了释文，但释文的具体内涵并没有翔实的解释，笔者经过多次探讨，反复论证，确立了这是一版有关商王参与的"角力"活动的实事。

3. 关于"乐舞"中的戚、戈之舞，在以前的文献中也没有看到相关的论述，本书通过对卜辞的分析和先秦史料的参考，认为卜辞中的戚、戈、奏之关键卜辞就是后世文献记载的武舞中所指的戚、戈之舞。

4. 关于"射箭"活动中的学射问题，解释了主人"子"从开始的学习远射到学习固定射目标，再到练习射活鸟的学习过程。

5. 关于驾车一章中，解释商代用于驾车的战马是两匹，而非四匹，纠正了长期以来人们对商时期的战车为"驷马"之驾的认识。并从史料中证实了卜辞中的"左射"内涵，就是西周继承下来的"逐禽左"的车射技巧。

6. 关于第二章第五节中的"游泳"问题，深入探讨了甲骨文中"游""泳"的内涵，首次揭示了甲骨文中的"汙"代表现今的"游"，"伙"代表现今的"泳"，这是水上项目研究中的一个难点。

7. 关于甲骨文中"武"字的释义更是花费了笔者大量的时间和精力，查阅了大量的文献，直到此书出版之末才得以完成。虽然如此，我们仍然感觉其中有需要进一步论证的需要，同时也深感甲骨文字一字难求，一字难寻，一字难定的真正含义。同时，也对前辈释解的甲骨文字深表敬意。笔者认为，武义非"止戈为武"（许慎），也非"持戈征伐"（于省吾），更非"武、巫、舞"同源。武字本义是代表"神之足迹"。

以上有关研究中卜辞的难点问题，也是本书中的核心问题，为了突破书中的这些难点问题，笔者广泛查阅资料，多方征求专家的不同意见，结合传统体育项目在传承中的特点，充分挖掘卜辞中存在的与民族传统体育项目相关的因素，并对其在卜辞中的内涵进行现代意义的解释。由于笔者学识有限，难免对甲骨文字及卜辞的理解有偏，还望关注、关心此领域的专家学者给予批评指正。

四　创新之处

（一）随着学科的发展与深入，百年来对于商代史的研究越来越受到学界的关注，但在商史中建构体育史部分，还没有引起学界的关注与认可，主要原因是，史学界对于古代体育的认同还存在争议，同时，体育史学界又缺乏对甲骨学的深入研究。故在殷商史中构建殷商体育史将是本书的一个创新之处。

（二）将甲骨卜辞研究引入商代体育史中进行相关研究也是本书的创新之处。涉足此领域的研究，需要跨学科内容的支持，如历史学、考古学、文字学、音韵学、训诂学、社会学、人类学、金文学、神话、岩画、体育学等学科，除了引用前期学者的研究成果之外，结合甲骨文字、考古材料综合研究商代体育史，也是本书的创新之处。

（三）在具体研究内容上，将甲骨文中的"𢀝"（《合集》0152 正）字与角力运动联系起来，揭示了这一传统项目在殷商时期的雏形，并从音韵学的角度，首次探讨了由"鬥"向"角"转变的关系，使角力运动的发展史推向商代。将甲骨文中的"𡗕"（《合集》17230 正）字与跑步运动联系起来，揭示了人类本能跑步的早期功能，并从体育运动的人体运动的特征，提示了此字是表示人体的侧向运动之形。将甲骨文中所见"戚""戈"与文献中记载的"武舞"联系起来，揭示了人类早期利用器材练习的程序化，此程序化可能与中国早期武术活动相关。本书还从岩画到文字的发展过程，深入探讨了圆圈舞和骑马的活动，这也是书中的一个创新点。从甲骨文中的"𠂤"字形（《合集》H20271）揭示远古人们登高活动的缩影。将体育活动中"游"与"泳"的问题与甲骨文字联系起来，揭示了在殷商时期，"游泳"并非有现在的"游泳"之义，在甲骨文中"汙"表示水上浮游，"㳡"表示水下潜泳。结合"武"字的问题，深入探讨了"武"字的形成与会意的原始含义，指出许慎《说文》解"武"之误，确立武字的早期含义为"帝之足迹"之义。对商代的剑与匕首进行了对比研究，从考古学和音韵学的角度，深入探讨了早期剑的名称及其在商代的用途。这些研究成果，在殷商体育史中都是创新之处。

五　本书研究的主要内容

本书对殷商相关民族传统体育因素进行研究，主要体现在三个方面：第一，本书以殷商甲骨文，殷商考古史料为研究对象。第二，在此研究的基础上，结合先秦史料中相关文献，展开讨论。第三，本书既关注殷商文化丰富性和统一性；同时也关注先秦史料中的共同性和特殊性。

笔者已经对课题多个分支问题进行了较为深入的研究，取得了相关成果。基本内容分为 4 章 20 节，涉及殷商时期的民族传统体育项目 12 大项。基本内容是：第一章绪论，主要是对本书相关文献进行综述，研究本书的意义，研究方法及相关说明，本书重点难点及相关说明等。第二章甲骨文所见商代竞技体育活动，涉及内容有跑步、角力、乐舞、射箭、弹射。第三章甲骨文所见商代休闲体育活动，涉及内容有登高、护卫、骑马、驾车、游泳、划船、鱼猎。第四章其他类，涉及甲骨文"武"字解义，商代五种常用兵器及商代剑器。

第四节　甲骨文述要

甲骨文字是契刻在龟甲和兽骨上的文字，是殷商时期占卜的遗存。以前学者称其为"龟甲文字""契文""殷契""甲骨刻辞""贞卜文字""卜辞""殷墟书契""殷墟文字""商简"等。胡厚宣先生概括为："一切的名称，都不如叫'甲骨文'和'甲骨文字'比较恰当。"[①] 甲骨文与甲骨学是两个不同的概念，胡厚宣认为："所谓甲骨文，乃商朝后半期殷代商王利用龟甲兽骨进行占卦时刻写的卜辞和少量记事文字。这种卜辞和记事文字，虽然严格说起来并不是正式的历史记载，但是因为它的数量众多，内容丰富，又因为时代比较早，所以一直是研究我国古文字和古代史特别是

---

① 　胡厚宣：《五十年甲骨文发现的总结》，商务印书馆 1951 年版，第 8—9 页。

研究商代历史的最重要的直接史料"① 严格意义上讲，甲骨文与甲骨学又是有区别的。王宇信在其《甲骨学通论》一书中讲道："甲骨文并不是甲骨学。甲骨文只是商朝后期遗留下来的珍贵文物和史料，它的科学价值，只有随着甲骨学研究的发展，才愈益为人们所认识。"他又讲道："甲骨学是以甲骨文为研究对象的专门学科，是甲骨文自身固有规律系统的和科学的反映。"②

一百多年来的甲骨学研究，已逐渐成为一门成熟的学科，并取得了辉煌的成绩。甲骨文是三千多年前商王朝晚期盘庚迁殷至帝辛亡国273年之间的遗物，但甲骨学却很年轻，它只有百余年的历史。两者存在三千多年的时空间隔。甲骨学的研究过程大致经过了三个时期：草创时期（1898 年—1928 年），发展时期（1928 年—1949 年），深入研究时期（1949 年至今）。③ 到目前为止，甲骨学已经发展成为一门成熟的学科，并且取得了辉煌的成绩。甲骨文是目前国内发现最早地成系统的文字，这些刻在龟甲和动物骨骼上的文字，是殷商时期商王和贵族占卜时所记录下的当时发生和预测的事件，因此，这些龟甲上记载的文字，就成了研究商史最早的档案史料，具有重要的参考价值。

甲骨文是殷商时期的遗存，殷商是指商代晚期，约有273年的历史。如此长的商代晚期王朝，期间经历了8世12个王，这些遗存的甲骨属于那个时期、那个王的遗存，就成了甲骨学家长期探讨的一个问题。董作宾先生首先对殷墟甲骨分期进行了研究，并将甲骨文分为五期，即一期为盘庚、小辛、小乙、武丁二代四王。二期为祖庚、祖甲一代二王。三期为廪辛、康丁一代二王。四期为武乙、文丁二代二王。五期为帝乙、帝辛二代二王。④ 后学者又将其详细分类研究，有代表性的研究是李学勤、彭裕商的"二系说"。⑤ 他们以贞人名命名为𠂤组、𠂤宾间组、宾组、出组、何

---

① 吴浩坤、潘悠：《中国甲骨学史》，上海人民出版社 2006 年版，序。
② 王宇信、杨升南：《甲骨学通论》，中国社会科学出版社 1989 年版，第 3—4 页。
③ 王宇信、杨升南：《甲骨学一百年》，社会科学文献出版社 1999 年版，第 19 页。
④ 董作宾：《甲骨文断代研究例》，《庆祝蔡元培先生六十五岁论文集》1933 年版。
⑤ 李学勤、彭裕商：《殷墟甲骨分期新论》，《中原文物》1990 年第 3 期。

组、黄组。有关甲骨文分期的问题，仍然是学术界深入探讨的一个关键问题。

商代是一个崇拜和迷信鬼神的时期，有"逢事必占"的习俗。《礼记·表记》载："殷人尊神，率民以事神。先鬼而后礼，先罚而后赏。"① 商代祭祀与占卜的习惯，留下了大量占卜后的龟甲文字资料，虽然其中含有很多迷信成份，但从其"逢事必占"中，也可以反映出当时社会生活的各个层面发生的事情。诸如商王巡守、征伐、田猎、游观、祭祀等活动。

甲骨文卜辞虽然简练，但其几个要素确很清楚，如时间（以天干、地支记），地点，贞人、发生的事件、结果怎样，以及其他相关信息。一条完整的卜辞，包含有叙辞、命辞、占辞、验辞四个部分。通常情况下还包括序数和兆辞。② 叙辞通常包括时间、地点和贞人，命辞包括发生的事件，占辞包括结果，验辞包括兆辞和序数等。遗憾的是，由于甲骨埋藏地下时间过长，残骨、碎骨较多，一般卜辞中很少有四者都具备的，大多数是残词或单词及无字甲骨。在这些成系统的文字中，词例的作用非常重要，甲骨文字的释解以及其在卜辞中的位置也十分重要。因此，要研究卜辞，释字是第一位的工作，本书每一章节的首要任务就是释解与体育活动相关的甲骨文字。而将相同的字归类后综合分析其在卜辞中的意义是第二位的工作。在卜辞释解后结合相关文献综合分析是第三位的工作。在出土的甲骨文中，由于时间过长，其中的残辞、缺辞较多，这也为研究卜辞涉及的内容带来了诸多障碍，而涉及传统体育内容的某些卜辞更少，在取舍上往往犹豫。我们对卜辞选用的基本原则是：涉及某项体育因素的内容多时，尽可能选用较为完整的卜辞；而涉及某项体育因素内容少时，虽然残缺，也要尽可能使用。有些事情在当时发生时出现频率较高，其用字的频率也相对较高。而有些事情出现的频率较低，其用字的频率也会相应较低。因此，在研究卜辞中，有些材料就相对丰富，而有些材料就略显匮乏。针对这种情况，本书只对已经公布的材料进行分析整理，从中归纳出具有民族

---

① 李学勤：《礼记正义》，北京大学出版社 1999 年版，第 1485 页。

② 王宇信、杨升南：《甲骨学一百年》，社会科学文献出版社 1999 年版，第 239 页。

传统体育因素的材料，进行穷尽式地探讨。

第五节 民族传统体育相关概念

"民族传统体育"概念是在 1997 年，由当时的国务院学位委员会和原国家教委在体育学一级学科下设了 4 个二级学科，民族传统体育位列其中，尽管权威部门对于民族传统体育概念的提出已经有十多年历史，但对于"什么是民族传统体育"的回答，迄今尚未获得学界的一致认同。要认识民族传统体育的内涵与外延，需要首先认识以下几个相关概念。

一 民族、中华民族

民族是一个历史范畴，国内外至今没有一个统一的认识。我国先秦史料中没有民族这一词汇。先秦史料中多以族、氏族相称。甲骨文中有民字"罒"（《合集》20231）、族字"旗"（《合集》05617），但未见两者连起来作一词使用。"民"字在甲骨文中作奴隶讲。[1]"族"字的含义主要是氏族、家族、宗族、子族等，[2]如"王族"（《合集》05617）。族在先秦文献中多指宗族类，《周礼·春官·宗伯》记载："墓大夫掌凡邦墓之地域，为之图，令国民族葬，而掌其禁令。"[3] 又载："掌三族之别，以辨亲疏。"[3]-489《左传·隐公八年》："无骇卒，羽父请谥与族。公问族于众仲，众仲对曰：'天子建德，因生以赐姓，胙之土而命之氏，诸侯以字为谥，因以为族。官有世功，则有官族。邑亦如之。'"[4] 可见"族"的含义在甲骨文中也是较具体的狭义的内涵。也正是这种"族"的存在，才形成了甲骨文中的诸多"方国"的形态，据孙亚冰统计，当时商朝周围的方国多达 158 个，其中商的西方方国有 60 个，北方方国有 8 个，东方方国有 23 个，南方方国

---

① 马如森：《殷墟甲骨文实用字典》，上海大学出版社 2008 年版，第 281 页。
② 徐中舒：《甲骨文字典》，四川出版集团 2006 年版，第 735 页。
③ 李学勤：《周礼注疏》，北京大学出版社 1999 年版，第 571 页。
④ （清）阮元：《十三经注疏》，中华书局 2009 年版，第 3764 页。

有 12 个。① 这些方国的性质已经类似于"国族"之类，赵鹏认为："对于甲骨文中存在的这种类似于'家族'和'宗族'的社会组织，我们称其为'国族'比称其为'氏'更符合当时社会的实际情况。"② 这些称之为方国、族的"国族"，在漫长的历史长河中，或被融合为华夏族的一分子，或被分化为其他族体。或发展壮大，或销声匿迹。这些生活于中国历史早期的族群、民族或方国，大多数如滚雪球似的被先后融入华夏族和汉族大家庭里，成为中华民族的一部分。由此可见，国家形成的早期形态是由原始部落（或族）发展而来的。恩格斯在《劳动在从猿到人转变过程中的作用》中说："从部落发展成了民族和国家。"③ 张光直也在《中国青铜时代》一书中概述了由部落到国家的这一演变过程，他认为国家的形成经历了几个阶段，即："游团—部落—酋邦—国家。"④ 近代学者王震中在《中国古代国家的起源与王权的形成》一书中提出了"邦国—王国—帝国"说。⑤

一般来说，清代中后期的文献里才多见"民族"一词，如清人韩泰华校本《太平御览·礼仪部·椁》记载："不待称国号以自表，不俟称民族以自彰。"⑥ 但学者郝时远研究后认为，"民族"一词早在魏晋时期就已出现，他在《中文"民族"一词源流考辨》一文中提道："'民族'作为一个名词确属中国古代汉语中的词语。其使用虽然不普遍且未收入类书辞典，但自魏晋以降的 1300 余年间（493—1851）见诸历史文献的实证不乏其例。"经他分析后认为："中国古代文献中的'民族'一词，应其含义而言，既指宗族之属，又指华夷之别。"⑦

《文化学词典》记载："民族，人们在历史上经过长期发展形成的稳定的共同体。有广义、狭义。广义包括原始、古代民族，近代民族和现代民

---

① 孙亚冰：《商代地理与方国》，中国社会科学出版社 2010 年版，第 259 页。
② 赵鹏：《殷墟甲骨文人名与断代初步研究》，线装书局 2007 年版，第 45 页。
③ 《自然辩证法》，人民出版社 1955 年版，第 143 页。
④ 李学勤：《中国古代文明与国家形成研究》，中国社会科学出版社 2007 年版，第 10 页。
⑤ 王震中：《中国古代国家的起源与王权的形成》，中国社会科学出版社 2013 年版，第 59 页。
⑥ 曾文芳：《夏商周民族思想与政策研究》，人民出版社 2008 年版，第 2 页。
⑦ 郝时远：《中文"民族"一词源流考辨》，《民族研究》2004 年第 6 期。

族；同时还有其他广泛用法，如作为多民族国家各民族的总称（如中华民族），狭义的专指资本主义时代形成的有关共同语言、共同地域、共同经济生活以及表现于共同文化上的共同心理素质的稳定的人们共同体。"①

黑格尔认为："民族作为一个国家是合乎伦理的现实，只有它不断发展，才能继续生存。阻碍国家的发展就是扼杀它。"②

孙中山在 1912 年就任大总统时宣言书中谓："合汉、满、蒙、回、藏诸族为一人，是曰民族之统一"③

斯大林在《马克思主义和民族问题》中认为："民族是人们在历史上形成的一个有共同语言、共同地域、共同经济生活以及表现在共同文化上的共同心理素质的稳定的共同体。"④ 斯大林的四个共同论之说，把民族的演变过程表述为氏族—部落—部族—民族。这一学说在学术界影响深远。

费孝通认为："中国的历史传统和欧洲国家不同，中国人的'民族'是一个涵义广泛的名词，不仅适用于发展水平不同的民族集团，也适用于历史上不同时期的民族集团。"⑤

本尼迪克特·安德森认为，民族的要素包含有三个内容："一、它是一个政治的共同体，包含有主权；二、它是有限的共同体，拥有一定数量的人口和一定的版图；三、它是基于历史、文化遗产上的集体认同。"⑥

安东尼·史密斯认为民族的概念为："具有名称，占有领土的人类共同体，拥有共同的神话、共享的历史和普通的公共文化，所有成员生活在单一经济之中并且有着同样的权利和义务。"⑦

金利卡认为："民族是指组织上或多或少地保持着完整性、占有一定

①　林耀华：《民族学通论》，中央民族大学出版社 1997 年版。
②　威廉·奥尔森：《国际关系的理论与实践》，中国社会科学出版社 1987 年版，第 20 页。
③　《孙中山选集》：人民出版社 1981 年版，第 90 页。
④　斯大林全集（第 2 卷）：人民出版社 1953 年版，第 294 页。
⑤　费孝通：《关于我国民族的识别问题》，《中国社会科学》1980 年第 1 期。
⑥　本尼迪克特·安德森：《想象的共同体》，上海人民出版社 2003 年版，第 187—216 页。
⑦　（英）安东尼：《民族主义——理论、意识形态、历史》，上海世纪出版集团、上海人民出版社 2006 年版，第 14 页。

的是中华人民共和国境内的各个民族在早期出现的各种体育形态，即中华民族传统体育的统称。

二 传统

传统一词也是一个现代的概念，形成于 18 世纪末 19 世纪初。"传统"一词英文对应词是"Tradition"，其基本含义是指从过去延传到现在的事物。中西方对传统的理解都有历史性，外延宽泛，反映客观事物一般规定性的概念。

《辞海》对传统的解释为："历史上流传下来的社会习惯力量，存在于制度、思想、文化、道德等各个领域。"[①]

费孝通认为："传统是指从前辈继承下来的遗产，这应当是发球昔日的东西。但是今日既然还为人们所使用，那是因为它还能满足人们今日的需要，发生着作用，所以它曾属于昔一已属于今，成了今中之昔，至今还活着的昔，活着的历史。"[②]

李德顺认为："传统的涵义，通常是指在人们生活中形成和世代相传的思想、道德、习俗等文化内容和形式。对它的具体表现虽然可以从许多方面去理解，但是有一点，却是各种理解中都不应该偏离的，这就是：传统是把人的过去和现在联系、连接起来的那些社会因素和方式。换句话说，传统本身是指一种联系——'过去'与'现在'之间的联系。按照这一规定，不论任何东西，它要代表传统，就一定具备以下两个特征：①它是在过去或历史上产生或形成的、经历了一定的延续和积累过程的东西；②对于人们现实的生活说来，它是流传至今，或仍存在于现今的东西。也就是说，传统是指走到'现在'的'过去'，是'过去'在'现在'的存在和显现，而不是单指过去曾有的东西。"[③]

包也和认为："传统是由以往的历史上形成、凝聚的，经历代传承、流变、积淀下来的文化的有机系统，具有鲜明的民族性和时代性；传统与

① 辞海编写组：《辞海》，上海辞书出版社 1989 年版，第 244 页。
② 费孝通：《重读"江村经济序言"》，《北京大学学报》1996 年第 4 期。
③ 李德顺、孙伟平、孙美堂：《家园——文化论纲》，黑龙江教育出版社 2000 年版。

社会生活密不可分，它组建着人的基本生存方式，其本质是真实的现在；传统是流动于过去、现在、未来整个时间表性中的一种过程，敞现出无限的超越性。"①

日本学者务台理作认为："传统，是指一定的社会或民族，在一定的文化领域（如文学宗教等）中，由过去所形成的东西，以比较长的历史生命为人所继承下来的事情而言。"②

美国社会学家爱德华·希尔斯所著《论传统》（Tradition）一、书中对传统的概念理解有三个要点：一传统是人们代代相传的事物；二、相传的事物具有内在的同一性；三、传统具有持续性。③

奥克肖特认为传统的原则是："延续的原则：权威散布在过去、现在和未来之间；散布在老的、新的和将来的之间。"④

通过以上"传统"概念的认识，可以理解"传统"的含义中都突出了以下两点：一是传统的历史性，即传统是在过去形成的，时间上显示或长或短，经历了一定的延续和积累；二是传统的现实与未来性，即传统也可以在现在形成，向未来发展，也即现在形成的事物，可能会成为将来的传统。我们认为传统也是文化的一部分，将传统与文化联系起来，可理解传统是人们世世代代形成或相传地、以及正在形成，或影响未来的一切物质和精神的财富。也即是传统中体现的内容应包括物质层面和非物质层面的内涵。甲骨文字反映的民族传统体育因素应属于非物质文化层面的内容。

三 体育

体育作为一种文化现象可以追溯到远古的原始社会。然而，体育概念的出现却远远晚于体育本身。体育概念的形成之初与教育的关系密切，常将身体与教育合并在一起，简称为 P. E. （Physical Education），有狭义体

---

① 包也和：《传统概念探析》，《哲学动态》1996 年第 4 期。
② 余英时：《文化评论与中国情怀》，广西师范大学出版社 2006 年版，第 122 页。
③ ［美］希尔斯著、傅铿、吕乐译：《论传统》，上海人民出版社 1991 年版，第 15—21 页。
④ ［英］奥克肖特著、张汝伦译：《政治中的理性主义》，上海译文出版社 2004 年版，第 53 页。

育概念之称。后随着人们对体育认识的提高，意识到广义体育概念的外延问题，渐渐地把"Physical culture"界定为广义的体育概念。如1962年欧洲体育用语统一国际研究会认定："Physical culture 不只是包括体育教育（P. E.），还包括身体的休闲、消遣、娱乐、竞技等活动，以及有关身体方面人类所创造的物质和精神财富的总和。"[1] 将体育与文化融合为一体，即体育文化。对广义的体育概念理解会起到外延扩大的效果，对此目前学界还存在诸多不同观点。

《中国大百科全书·体育卷》定义体育为："是人们锻炼身体、增强体质、延长生命的重要方法；是与德育、智育、美育等相配合的整个教育的组成部分；它以竞技的形式，成为人们文化生活的内容和各国人民之间加强联系的纽带。"[2]

全国体育教材委员会定义体育概念："体育（广义的，亦称体育运动）是指以身体练习为基本手段，以增强体质，促进人的全面发展，丰富社会文化生活和促进精神文明建设为目的的一种有意识、有组织的社会活动。它是社会总文化的一部分，其发展受一定社会的政治和经济的制约，也为一定社会的政治和经济服务。"[3]

《大辞海·体育卷》："广义体育指体育运动，包括身体教育、竞技运动和身体锻炼三个方面。它们均以身体活动为基本手段，来锻炼身体，促进健康，增强体质，并具有教育、教学和训练作用，以及提高技术和竞赛的因素。"[4]

周西宽认为："体育是人类为适应自然和社会，以身体练习为基本手段而自觉地改善自我身心和开发自身潜能的社会实践活动。"[5]

颜天民认为："体育是文化的一个组成部分，是根据人生理、心理发展规律，以专门性的身体活动为基本手段，增强体质，发展人体运动能

---

① 韩丹：《俄（苏）体育的基本概念和基本原则》，《体育学刊》2001年第2期。

② 《中国大百科全书·体育卷》，中国大百科全书出版社1982年版，第1页。

③ 全国体育教材委员会：《体育概论》，人民体育出版社1989年版，第18—19页。

④ 《大辞海·体育卷》，上海辞书出版社2008年版，第1页。

⑤ 周西宽：《体育基本理论教程》，人民体育出版社2004年版，第35页。

力，提高人们生活质量的一种有目的、有价值的社会活动。"[①]

杨文轩认为："体育是以身体运动为基本手段，促进身心发展的文化活动。"[②] 体育的质的规定性是：有目的地以身体运动为基本手段促进身心健康发展的文化活动。

对以上体育概念理解的核心问题是"身体运动。""身体运动"与人类活动密切相关。这是对体育这一概念"种差"的界定，即体育区别于其他事物的特性是"以人类身体活动为基本手段"这一要素。因此，理解体育概念有以下几个特征：一是体育是人们为适应自然环境和社会需要而自觉改造自我身心的行为，体现人类本能的自然属性；二是体育与人自身有密切相关；三是身体练习的作用。四是与人类文化现象紧密相关。

四　民族传统体育的相关论述

民族传统体育是中国传统文化的重要组成部分，有着深刻的文化底蕴和历史意义。现有研究成果的表述中，一般习惯上将"中华民族传统体育""中国民族传统体育""中国传统体育"统称或简称为"民族传统体育"。

（一）传统体育、民族体育

王俊奇认为广义民族体育界定为："在历史上反映并承载着一个民族共同心理素质、共同文化的为该民族享用的一种特殊的体育文化，中华民族体育、古希腊体育、古埃及体育、印度体育都是民族体育的具体表现形式。"[③]

涂传飞认为："传统体育是指人类业已创造的和将要创造的能够经由历史凝聚而传承、流变的一种特殊的体育文化形态。"[④]

---

① 颜天民：《体育概论·体育史·奥林匹克运动·体育法规》，广西师范大学出版社 2000 年版，第 30 页。
② 杨文轩：《体育概论》，高等教育出版社 2013 年版，第 22 页。
③ 王俊奇：《也论民间体育、民俗体育、民族体育、传统体育概念及其关系》，《体育学刊》2008 年第 9 期。
④ 涂传飞、陈志丹：《民间体育、传统体育、民俗体育、民族体育的概念及其关系辨析》，《武汉体育学院学报》2007 年第 8 期。

陈红新、刘小平认为："按照传统性的特点，可将民族体育分为传统体育和非传统体育两大类。传统体育包含不了民族体育，就一个国家或民族而言，传统体育即是民族传统体育，它是民族体育的重要组成部分，指人类创造和将要创造的世代相传并延续至今的具有民族或地方特色的体育文化形态。"①

（二）民族传统体育

中华民族传统体育起源甚早，由来已久。王岗认为："中华民族传统体育自氏族社会后期开始，就呈现出自己的独特风貌。历经数千年的发展，形成了独具特色的华夏民族体育。"② 由此可见，中华民族传统体育的起源较早，发展时间长。

熊志冲认为："中国传统体育是指中华大地上历代产生，并大多流传至今和在古代历史长河中由外族传入并在我国生根发展的一切体育活动。"③

熊小正认为："民族传统体育主要是指近代体育传入前我国存在的体育模式，即 1840 年前，我国各族人民已经采用并流传至今的体育活动内容、社会表现方式与价值观念的总和。"④

龙佩林等认为："民族传统体育通常是指作为近代体育前身的一些民族民间传统的体育及娱乐活动。我国民族传统体育包括汉民族传统体育和少数民族传统体育。"⑤

白晋湘认为："民族传统体育文化是指各少数民族历史中产生并流传至今，利用各种身体练习来提高人的生物学和精神潜力的范畴规律制度和物质设施总和。"⑥

---

① 陈红新、刘小平：《也谈话民间体育、传统体育、民俗体育、民族体育的概念及其关系》，《体育学刊》2008 年第 4 期。

② 王岗：《文化审视民族传统体育的基本理论》，北京体育大学出版社 2005，第 5 页。

③ 熊志冲：《传统体育与传统文化》，《体育文史》1989 年第 10 期。

④ 熊小正：《机遇与挑战——对我国民族传统体育发展之我见》，《成都体育学院学报》1988 年第 4 期。

⑤ 龙佩林：《西部开发与民族传统体育的发展》，《西安体育学院学报》2000 年第 4 期。

⑥ 陈波、冯红静：《民族传统体育文化价值分析》，《体育文化导刊》2008 年第 10 期。

张建雄认为："中华民族传统体育是指我国 56 个民族的传统体育，是我国各民族的民族传统体育的总称。包括汉民族传统体育和少数民族传统体育。"①

王俊奇认为："传统体育是由历史沿袭而来，是特定民族在漫长的历史实践活动中积累而成的稳定的体育文化，体育在健身、养生、娱乐等思维方式、行为方式等体育文化活动的一切方面，并通过社会心理结构及其他物化媒介（如棋盘、武术器械、文献典籍等）得以世代相传，至今仍然对社会产生影响。"②

张建雄、江月兰认为："中国民族传统体育是指生活在一定地域的一个或多个民族所独有的，在人民大众中广泛传承的，具有修身养性、健身技击、休闲养生、竞技表演、观赏游艺、趣味惊险、民俗音乐歌舞交融特色的体育活动形式。"③

曾于久："中国民族传统体育是以汉族文化为主体，融合多种民族文化形成的一种文化形态，是民族传统的养生、健身和娱乐体育活动的总称。"④

倪依克认为："民族传统体育可概指某一个或几个特定的民族在一定范围内开展的，具有浓厚民族文化色彩和特征的传统体育活动，其中的'传统'是指历代因循沿传下来的根本性的模型、模式、准则的总和。"⑤

蒋东升认为："民族传统体育以人体运动为基本手段，有目的、有意识地以人的身心发展为中心，以达到发展身体、娱乐休闲、丰富文化生活、传承民族文化为目的，在我国 56 个民族中产生、传承的社会文化活动的总称。"⑥

---

① 张建雄：《民族传统体育概念相关问题辨析与界定》，《广州体育学院学报》2004 年第 5 期。

② 王俊奇：《也论民间体育、民俗体育、民族体育、传统体育概念及其关系》，《体育学刊》2008 年第 9 期。

③ 张建雄、江月兰：《民族传统体育概念相关问题辨析与界定》，《广州体育学院学报》2004 年第 5 期。

④ 曾于久、刘星亮：《中国民族传统体育概论》，人民体育出版社 2000 年版，第 1 页。

⑤ 倪依克：《论中华民族传统体育的发展》，博士论文，华南师范大学，2004 年第 18 期。

⑥ 蒋东升：《中华民族传统体育相关概念辨析》，《体育学刊》2008 年第 4 期。

刁振东认为:"民族传统体育指一个国家内各个民族共有的、能够反映这个国家民族特点和文化的、广泛开展的体育活动,它与少数民族传统体育之间可以相互转化。"①

陈宁认为:"民族传统体育是一种以身体运动为手段,促进身心健康发展为目的,区别于现代竞技体育,蕴含着浓郁的民族风情、地域文化,具有教化功能,并在某些民族或地域内沿袭已久的人类文化活动。"②

以上观点对于理解民族传统体育的特征主要体现在几个方面:民族表述的是中华民族这一概念,即表现的地域特征是发生在中国境内的;传统体育的特征体现在有时间的跨度,有些传统体育传承至今天,有些传统体育已销声匿迹。综合观之,笔者认为,理解民族传统体育应从以下几个方面进行考虑:一是民族的广义概念,即指中华民族;二是传统体现的过去与将来,即把握传统中延续至今的"活体",本书只关注由过去传承至今的传统体育,特别关注甲骨文中存在的民族传统体育;三是广义体育的理解要以人类以身体活动为基本手段这一"种差"为前提,即围绕人类的身体活动所表现出来的外在与内在的各种因素,与体育之间都有着密不可分的联系。

五　民族传统体育项目及分类

中华民族传统体育历史悠久,有着自身独特的表现形式和文化内涵。中华民族五千年的文明史,产生和积累了大量的中国民族传统体育项目,这些项目从源头的发端,过程的积累,传统的继承中,都不同程度地蕴涵着不同历史时期的文化内涵。据《中华民族传统体育志》统计,我国的民族传统体育项目种类多达 977 种,其中汉民族的项目就有 301 种,其他 55 个民族的体育项目种类多达 676 种。③ 我们依据夏思永引自云南民族大学体育学院少数民族传统体育精品课程教案的统计,发现现今在少数民族地

---

① 刁振东:《民族传统体育概念界定与辨析》,《沈阳体育学院学报》2009 年第 6 期。

② 陈宁:《民族传统体育分类再研究》,《武汉体育学院学报》2012 年第 11 期。

③ 夏思永:《民族传统体育文化传承与民族和谐社会建设关系研究》,西南师范大学出版社2011 年版,第 22 页。

区还广泛开展的中国传统体育项目中，在殷商时期的甲骨文中反映出有 9 项，分别是摔跤、射箭、骑马、登山、赛跑、划船、弹射、各种乐舞、游泳。我们将这些项目在各民族开展的情况列表如下：

表 1　　　　　本题涉及民族传统体育项目在各民族中分布一览表

项目 （甲骨文称谓字体）	分布情况	总计
摔跤（斗）"🐾"（《合集》0152 正）	汉、苗、彝、藏、侗、白、哈尼、拉祜、佤、纳西、羌、景颇、满、蒙古、朝鲜、达斡尔、鄂温克、赫哲、壮、土家、黎、普米、怒、门巴、独龙、珞巴、维吾尔、哈萨克、土、锡伯、柯尔克孜	38 个民族 67.9%
骑马（骑）"🐎"（《合集》22283）	汉、苗、彝、藏、白、布依、仡佬、拉祜、水、纳西、布朗、满、蒙古、达斡尔、鄂温克、鄂伦春、普米、阿昌、门巴、回、维吾尔、哈萨克、土、锡伯、柯尔克孜、撒拉、塔吉克、乌孜别克、裕固、塔塔尔、保安。（注：多为赛马）	31 个民族 55.4%
射箭（射）"🏹"（《合集》10422）	汉、彝、藏、布依、纳西、羌、景颇、布朗、蒙古、达斡尔、鄂温克、鄂伦春、赫哲、瑶、黎、畲、普米、基诺、门巴、珞巴、维吾尔、东乡、锡伯、撒拉、塔吉克、俄罗斯、乌孜别克、裕固、塔塔尔	29 个民族 51.8%
游泳（汓、休）"🏊"，"🏊"（《乙》9032），（《佚》616）	汉、藏、侗、白、哈尼、布依、傣、傈僳、拉祜、蒙古、瑶、仫佬、京、基诺、回、维吾尔、东乡、撒拉、乌孜别克	19 个民族 33.9%
乐舞（舞）"🕺"形（《合集》05455）	汉、苗、彝、白、哈尼、拉祜、佤、满、赫哲、壮、土家、黎、高山、仫佬、京、回。（注：多种乐舞）	16 个民族 28.6%
划船（舫）"🚣"形（《合集》06788）	汉、苗、藏、侗、白、布依、傣、纳西、壮、土家。（注：为划龙舟）	10 个民族 17.9%
登山（陟）"🧗"形（《合集》H20271）	汉、苗、藏、白、傈僳、布朗、畲、独龙	8 个民族 14.3%
赛跑（走）"🏃"（《合集》17230 正）	汉、苗、纳西、普米、基诺、独龙、裕固	7 个民族 12.5%
弹射（弹）"🎯"（《花东》63、85）	汉、傣、景颇、基诺、德昂	5 个民族 8.9%

引自夏思永《民族传统体育文化传承与民族和谐社会建设关系研究》（2011 年版，第 12—18 页）

　　从上表中观之，这 9 个民族传统体育项目在部分民族中仍然广泛开展，说明其在几千年的传承过程中生命力之强盛。由于这些项目传承已久，其在传承的过程中的性质也未免发生变化，使不少项目在历史的传承中具有了多种功能。因而要对这些民族传统体育项目进行科学、合理的分类，唯恐难以周全。本研究结合殷商时期社会背景下的中国民族传统体育项目当时的特点，采用依据体育的性质来划分的分类方法，即将本研究中的体育按竞技体育类、休闲体育类和健身体育类及其他划分。① 为了便于理解这种划分，皆应用现在"竞技""休闲"的词语表述。

① 杨文轩：《体育概论》，高等教育出版社 2005 年版，第 24 页。

第二章 竞技体育类

第一节 跑步运动

一 甲骨文"走"字释义

甲骨文"大"（《合集》17230 正）字就是象征跑步的走字。跑步是人类自身的一种本能，也是远古人们在自然环境下生存的一种本领。"上古之世，人民少而禽兽众，人民不胜禽兽虫蛇。"（《韩非子·五蠹》）。在远古的自然环境下，人们在追逐猎物时需要快速奔跑的速度以获取猎物，在受到食肉动物和其他部族侵害时，也需要快速的逃离以保护自己。甲骨文记载跑步运动的字作"大"形（《合集》17993）和"大"形（《合集》19709）。此字形描述的是人的整体侧向之状，其特点是，下肢两腿迈开，上肢两臂前后摆动。甲骨学家将其隶定作"走"字："走。象人急走或奔跑时两臂前后上下甩动之形，其本义相当于现在的跑。甲骨文用来表示急行、快走，似仍用其本义。"[1] 此字像人跑步时两臂前后摆动之状，徐中舒认为："大象人行走时两臂摆动之形，或省头型而作大形，与金文走字上部同。"[2] 龙宇纯认为："大马二字相连，或释为走马，似乎更是走省作大的明证，即使退一步说，走并不能作大，然而，由奔走二字仍可知大代表奔走的意思。就字形而言，大象人上下其手，也正是奔走的样子。"[3] 西周金文走字加足注音，作

---

[1] 赵诚：《甲骨文简明字典》，中华书局 2009 年版，第 345 页。

[2] 徐中舒：《甲骨文字典》，四川出版集团 2006 年版，第 1165 页。

[3] 于省吾：《甲骨文字诂林》，中华书局 1996 年版，第 317 页。

"岱"（盂鼎、令鼎、休盘、訇簋、兑簋）形①。商承祚认为："考金文'走'与'奔'皆从'夨'，殆象人走与奔时其手一上一下夭屈之势，是夭之别于矢者，在手不在头也，篆文走、奔皆从夨字。"② 综合观之，走字从甲骨文到楷书的发展脉络为夨（甲骨文）—岱（金文）—岱（小篆）—走（楷书）。段玉裁《说文解字注》："走，趋也。释名曰，徐行曰步。疾行曰趋。急趋曰走。此析言之。"③ 由此可见，"走"字最初本意相当于现今的跑意。《尔雅·释言》："奔，走也。"④《玉篇》："走，去也，奔也。"⑤ "走：疾趋也。《战国策·楚策一》：'秦王闻而走之。鲍彪注'" "走：速疾之意也。《左传·襄公三十年》'使走问诸朝'陆德明释文。"⑥ 由此观之，从"走"字的形成到发展过程中可知，"走"字形象地再现了远古时期人们跑步时所体现的基本特征。甲骨文"夨"字与汉画像百戏中的跑步者基本一致（图1）。从汉画像中描述的百戏当中，我们仍然能够看到此项运动深受人们的喜爱。

图 1　汉画《朱雀·百戏》跑步
（采自《中国传统体育》，第 81 页）

---

① 容庚：《金文篇》，中华书局 1985 年版，第 79 页。

② 商承祚：《甲骨文字研究》，天津古籍出版社 2008 年版，第 114 页。

③ （清）段玉裁：《说文解字注》，上海古籍出版社 2011 年版，第 131 页。

④ 胡奇光：《尔雅译注》，上海古籍出版社 2009 年版，第 143 页。

⑤ （南朝·梁）顾野王：《大广益会玉篇》，中华书局 1987 年版，第 48 页。

⑥ 宗福邦：《故训汇纂》，商务印书馆 2003 年版，第 2202 页。

　　我们从体育运动技术的角度分析此字，首先来分析有关跑的概念，《大辞海·体育卷》载："跑步时，人体经过支撑和腾空的两个阶段进行循环往复运动的形式。"① 很明显，跑步的概念是一个动态的、抽象的过程。而人们在"走动"时，两脚是不得同时离地。这是现在人们认识跑与走概念的根本区别。而在远古时期，人们要想描绘出跑步的基本特征，并且要造一个字来概括跑步时的基本特征，是无法描述这种"支撑和腾空"的抽象过程的，同时也无法描述跑步时连续的动态过程。或许当时人们也达不到现代人对跑步概念的认识水平。为了用文字描述跑步时这一抽象概念的主要特征，我们的祖先还是从跑步的外部特征上认识到了人类在跑步时的共性特征，即人们在跑步时所表现出来的主要外部特征，就是人类在需要跑步之时，为了更好地维持身体的平衡状态，双臂就会本能地屈起而前后摆动，跑动的速度越快，双臂前后摆动越明显，这样即有利于跑动中人体自我维持平衡，也有利于提高跑步的速度。因此，用人类跑步时屈臂前后摆动的动作来概括跑动中人的外部特征的这一共性，就成为"走"这项运动的首选特征而被应用在文字表意之中。这也是祖先将跑步这一动态的过程概括之后而用静态的图画表述的一种方法。陈梦家在《殷墟卜辞综述》文字构造一节中指出："事物的形象不一定是静止的，因此，象形字所象者不限于事物在静态中是个什么东西（名字），也象它在动态中是怎样的活动（动字）。"② 吴慧在《汉字构形及其文化意蕴》一文中也认为："从文字图画到象形字的产生，一个关键的因素是图形的净化，即概括性的象征取代了图画式的描绘，简洁的线条取代了投影式的块面结构，并抓住事物之间的矛盾和形体上的不同特点，在比较和对比中突出其形体特征，表现一事物与他事物之间的区别特征，所构造的汉字整体是事物特征的集合。"③ 人在正常走路时，无论走的速度快慢，人的两臂都是自然下垂的前后摆动状态，这是人类走路时手臂的基本特征。而人类跑步运动的外显特征也正好体现了甲骨文字表意功能很强的特点。祖先造字过程中就

---

① 《大辞海·体育卷》，上海辞书出版社 2008 年版，第 88 页。
② 陈梦家：《殷虚卜辞综述》，中华书局 1988 年版，第 78 页。
③ 吴慧：《辩证统一：汉字构型及其文化意蕴》，《殷都学刊》2014 年第 3 期。

是抓住了人类跑步时外部显著的共性特征，而赋予 "大" 字这一跑步的完整过程。

二 甲骨卜辞中的跑步运动

甲骨文中有关 "走" 的卜辞有 4 版，分别是《合集》15656 反、17230 正、17993 和 27939。其中 15656 反和 17993 上只残留有一个 "走" 字。另外两条卜辞较全，但其中有部分字难释，但不影响对整条卜辞的释读。从卜辞内容上来看，甲骨文中的 "走" 字用来表示急行，快走，似仍用其本义，如：

1. 贞王往走戈，至于方（宾）乞（剐）。（《合集》17230 正，图 2）

2. 庚申卜，贞其令亚走马□□集。（《合集》27939，图 3）

图 2 王跑步的卜辞　　　　　图 3 王命令亚在车前引跑

（《合集》17230 正局部）　　（《合集》27939 局部）

辞例1中的"王"指商王，"戋"字旧释为灾害之义。[①] 管燮初释"戋"字为"捷"，有成果之意。[②] 可从，这里表示结果的意思。"往走"是一种同义词连用的方式，针对卜辞中同义词连用的情况，黄天树归纳总结商代甲骨金文同义词连用的几个特点是："一是同义词多数是单用，少数可以连用。二是同义词连用可以自由组合。三是同义词连用可以颠倒词序。四是同义词连用绝大多数是由单音词临时组成的词组，还没有凝固为复音词。"[③] 即卜辞中的"往走"，可以释为"走往"。宾是地名，剟指灾祸。辞例1主要内容是占卜商王有事前往，需要急行（跑步）去一个叫宾的地方，结果是否会有灾祸。在远古时期，商王善跑也是非常值得称赞的一件事情，《史记·律书》记载："夏桀、殷纣手搏豺狼，足追四马，勇非微也。"[④] 说明这两位王在当时跑速都非常快，值得称赞。

辞例2则是指跑速快之人在马前引跑的事实。卜辞称为"走马"，"走马"是"走在马前"的略写，也是卜辞中用词的习惯，西周《令鼎》铭文中有"先马走"，从语法上讲，这应是一种使动用法，即指使某人"走"在马前，意思就是指跑在车马的马前之人。这些善长跑步之人，在当时社会地位很高，并都具有一定的官职，且多为武官一类，据《后汉书·舆服志上》记载："璅驾车前伍伯，公八人，中二千石、二千石、六百石皆四人；自四百石以下至二百石皆二人。黄绶，武官伍伯，文官辟车。"[⑤] 杨宽引《尚书·立政》讲："《尚书》：'王左右常伯、常任、准人、缀衣、虎贲。''常伯'就是'牧'，他的政务是'牧'，是指王畿以内的地方官。郑玄解释说：'殷之州牧曰伯，虞夏及周曰牧。'"[⑥] 赵鹏认为："伯，为爵称。"[⑦] 卜辞2中的"亚"是一官职名或人名，从卜辞内容来看，"亚"在商朝的地位也很高，称"亚侯"（《合集》3310），岛邦男认为："在后世文

---

① 徐中舒：《甲骨文字典》，四川出版集团 2006 年版，第 1363 页。
② 管燮初：《说》，《中国语文》1978 年第 3 期。
③ 中国古文字研究会：《古文字研究（第二十八辑）》，中华书局 2010 年版，第 106 页。
④ （汉）司马迁：《史记》，中华书局 2013 年版，第 1476 页。
⑤ （南朝·宋）范晔：《后汉书》，中华书局 2012 年版，第 3651 页。
⑥ 杨宽：《先秦史十讲》，复旦大学出版社 2008 年版，第 30 页。
⑦ 赵鹏：《殷墟甲骨文人名与断代的初步研究》，线装书局 2007 年版，第 63 页。

献中，亚或列于侯伯，或列于司徒、司马、司空之次，用作大亚、亚旅、亚卿等。"[1] 韩江苏认为："亚侯与商王朝一直保持友好关系，为王事奔波，并贡纳称臣。"[2] 丁山认为"亚"是商代"内服"的诸侯。[3] 可证"亚"为商朝时期诸侯。"令"作动词用，有命令的意思，当是"王令"的省略，在殷墟王卜辞中，"王令"经常省略为"令"。马字后的二字残缺，最后一字不识。辞例2的大致含义是，商王（有事要乘车出行）命令让亚跑在马前作引车之意。意思就是让一个善长跑步之人在车马行驶之时，跑在马前作引跑，或是起到向导、护卫的作用。《周礼·夏官·大司马》："鼓进，鸣镯，车骤徒趋……乃鼓，车驰徒走。"[4] 趋、走都是指跑步的意思，描述人与车互动。卜辞中还常常看到"先马""马其先"的卜辞，于省吾先生对此也有专门释解："甲骨文'先马，其悔，雨。（诚492）'孙海波考释'疑先马为职官名。'按先马于卜辞并非职官名，然实后世先马、洗马之滥觞。古者王公之外出，常有导马于前，沿习既久，则先马为专职之官名矣。荀子正论：'诸侯持舆挟轮先马。'杨注：'先马，导马也。'按先马后世亦称为顶马，指乘马者言之。甲骨文称'马其先，王兑从。'（粹1154）兑为锐之古文。孟子尽心：'其进锐者其退速。'锐与速互文，锐亦速也。按此辞是说令导马者先行而王速从之也。"[5] "走马""先马走"的形式一直保持延续到汉代仍然可见，上提到"走马"不仅在《后汉书》中有记载，在汉画像中也很好地保留了这种运动的具体刻画（图4）。

图像中显示正是"车骤徒趋""车驰徒走"（《周礼·夏官·大司马》）的具体景象。从图中观之，可知汉代这种"走马"之人多为两人，分别跑在两马的前面，他们不仅善长跑步，而且手中还持有兵器。这与《诗经》中记载的内容基本一致，《诗经·卫风·伯兮》"伯也执殳，为王前驱。"[6]

---

① ［日］岛邦男：《殷墟卜辞研究》，上海古籍出版社2006年版，第1069页。

② 韩江苏、江林昌：《'殷本'订补与商史人物征》，中国社会科学出版社2010年版，第505页

③ 丁山：《甲骨文所见氏族及其制度》，中华书局1988年版，第48页。

④ 李学勤：《周礼注疏》，北京大学出版社1999年版，第778页。

⑤ 于省吾：《甲骨文字释林》，中华书局2009年版，第64页。

⑥ 刘毓庆：《诗经译注》，中华书局2011年版，第168页。

说明当时这种马前护卫，不仅需要跑步迅速，还需要具备一定的武艺，表现为既有超强的身体素质，又有过硬的技击水平，这是当时对人才要求的具体写照。从殷商到汉代，此项运动形式传承已久。说明早在殷商时期，具有快速奔跑能力的人就已经成为商王的得力助手。这种形式可能传承至西周时期，据《令鼎》铭文记载，就记录了一场有关"走马"的赛跑竞技比赛，在《令鼎》铭文中描述非常清晰，按杨树达释文《令鼎》内容为：

（采自《汉代体育》，第93页）　　　　（采自《古代中西方体育文化》，第96页）

（采自《中国传统体育》，第76页）　　（采自《郑州古墓壁画精选》，第83页）

图4　汉画像中车前之马其先

　　王大耤农于諆田，饧，王射，有嗣（司）眔（暨）师氏小子卿射。王归自諆田，王驭溓中仆，令眔奋先马走。王曰：'令眔奋！乃克至，余其舍女臣卅家。'王至于康宫，飲。令拜頴首，曰：'小□子迺学。'令对扬王休。（图5）

图 5 西周《令鼎》铭文拓片

（采自《中国体育通史》第一卷 79 页图 5）

他解释其义为："王亲耕藉田，礼毕，飨其臣下；飨讫，王射，有司与师氏小子会射。及王归，王驭濂中为王御车，令与奋二人为王车之先导。王欲试二人之足力，乃谓之曰：'汝若能至，我当予汝以臣三十家'盖以此激励之也。及王至康宫，甚悦，殆以令足健能至故也。令乃言曰：'小子能至之言今验矣。'王已践其诺言。"① 西周《令鼎》铭文中记载的"令"与"奋"两人都是擅长跑步的高手（与汉画像中两人在数量上是一致的），并且跟随在周王的左右，这场比赛最终以"令"先跑到目的地而获胜，为此他获得"三十家奴隶"而铸鼎纪念此事，这可能是我们所知道的以跑步获胜的最高奖赏了。"令"与"奋"两人可能平时就是周王的车前引跑之人，跑速应该不分上下。在当时的时代背景下，擅长跑步之人是一种绝技，非常有用武之地。史料中记载殷商时期就有人以善长跑步而辅佐商王纣的事实，《史纪·秦本记》中记载："……蜚廉生恶来。恶来有力，蜚廉善走，父子俱以材力事殷纣。"② 就是讲，父子二人分别以"力"和"走"辅佐在商王纣的前后，父亲蜚廉是个飞毛腿，儿子恶来是个大力

---

① 杨树达：《积微居金文说》，上海古籍出版社 2007 年版，第 29 页。

② （汉）司马迁：《史记》，中华书局 2006 年版，第 126 页。

士。古往今来，擅跑之人的特殊技能都会受到当时社会的重视，或选拔于王的身边护卫，或应用于军中作战。尤其是在古代军事体育中，擅跑之人更是有机会施展其才能，常在军中得以重用。《吴子·图国》载："能逾高超远轻足善走者，聚为一卒。"① 卒是古代军队编制，春秋时每一百人为一卒②。可见，在当时"跳的高""跨的远""跑的快"之人，都是军中首选的人才。"善走者"便是其中重要组成部分。《墨子·非攻》也载："吴阖闾教战七年，奉甲执兵，奔三百里而舍焉。"③ 甲骨文中记载的"走"及"走马"的技能，正是对殷商时期擅长跑步之人特殊能力的再现。

从以上相关善长跑步者的身份来看，上到商王、侯、伍伯等的社会地位都很高，"走马"有可能发展成为一种专职或官职，史料中称为"趣马"，《周礼·夏官·司马》："趣马，下士。"④ 文献中"走马"也通作"趣马"。⑤ 秦时"走马"还为爵称，王勇认为："走马、簪袅二名在秦代是通用的，汉初整理爵位时对同爵异称的情况进行了规范，从而废止了爵称走马的使用。"⑥ 由此可见，古代人们对善长跑步的人们是非常重视的，他们在当时具有较高的社会地位。

（本节内容已发表于《体育文化导刊》2012 年第 9 期）

第二节　摔跤运动

一　甲骨文"斗"字释义

甲骨文 "𩰋"（《合集》0152 正）字，即古 "鬥" 字，为现简化 "斗"字的初文，象两人侧向对立，上体前倾，双方手臂交织在一起（也有双方手臂不交织在一起的字体，《合集》19236），怒发之状。《说文》："鬥，两士相对，兵杖在后，象斗之形"。从《说文》中来看，符合两士相对，而

---

① 骈宇骞译注：《武经七书》，中华书局 2013 年版，第 92 页。
② 王力：《王力古汉语字典》，中华书局 2000 年版，第 89 页。
③ （清）孙诒让：《墨子间诂》，中华书局 2010 年版，第 134 页。
④ 李学勤：《周礼注疏》，北京大学出版社 1999 年版，第 755 页。
⑤ 王辉：《古文字通假字典》，中华书局 2008 年版，第 149 页。
⑥ 王勇：《"走马"为秦爵小考》，《湖南大学学报》（社会科学版）2010 年第 4 期。

不见兵杖在后。《甲骨文字典》载:"象两人相对徒手搏斗之形。"① 商承祚认为:"此象二人徒手相搏,乃鬥字也,今从古文字形观之,徒手相搏斯为鬥。"② 从字形上来看,鬥字(后称角力、角抵,现称为广义的摔跤)所表现的动作技术层面是,两人相搏时,只用两臂搏斗,而不用下肢动作。从直观上讲,鬥字的表意功能也非常强,鬥字所显现的心理层面是,相搏之人头发上举,有"怒发冲冠"的心理特征,寓意两人在搏斗之时,心理因素同样重要。从"鬥"字所表现出的技术和心理两个层面上讲,说明古人对此项传统运动非常熟悉,在造字之初的表意方面高度概括出"鬥"这项运动的内外主要特征。甲骨文"鬥"字的表意功能非常明显,古代"鬥"字,有搏斗、争斗和对战之义,《说文》:"搏,索持也。"段玉载注:"索持,谓摸索而持之。凡搏击者,未有不乘其虚怯,扼其要害者。"《说文》:"战,鬥也。"在古文字中,鬥与鬪相通,《故训汇纂》载:"鬪,假借为鬥。"又载"鬪,相搏也。《逸周书·大武》:'武有七制;政攻侵伐阵战鬪'朱右曾《集训校释》。""鬪,犹争也。《论语·季氏》:'戒之在鬪'。""鬪,遇敌交争也。《慧琳音义》卷四十四。"③ 手搏之时,对抗双方两手需要不停的抓拽对方,以寻找发力点和时机而搏倒对手。在远古社会,搏斗是人的一种生存的本能。"鬥"字所表现的心智是一种勇猛之势。《司马法·天子之义第二》记载:"凡战,智也;斗,勇也。"④ "鬥"这项运动发展到先秦时期称作角力,秦汉时代又称为角抵。角力和角抵都保持了"角"这一概念。说明"角"应与前期的"斗"字有所关联,从音韵学角度上讲,"鬥"字与"角"字在古音中非常接近,"鬥"字属于古音侯部,"角"字属于古音屋部,侯、屋之间是近对转的关系。因此,从古文字同音通假上分析,在远古时期,"鬥"字与"角"字之间音近可以互通。即角力和角抵在古音中也可以读为鬥力和鬥抵,从训诂学的角度讲,角与鬪也可相通,《故训汇纂》载:"角,鬪。《文选·传毅〈舞赋〉》:'埒材角

---

① 徐中舒:《甲骨文字典》,四川出版集团 2006 年版,第 278 页。
② 商承祚:《甲骨文字研究》,天津古籍出版社 2008 年版,第 122 页。
③ 宗福邦:《故训汇纂》,商务印书馆 2003 年版,第 2569 页。
④ 骈宇骞等译注:《武经七书》,中华书局 2013 年版,第 161 页。

妙'张铣注。""角有鬪争意。《战国策·赵策三》:'以与秦角逐'鲍彪注。"① 因此,从音韵和训诂的角度上讲,存在从"鬥"发展为"角"的可能。在古代,角力运动常作为军事体育的内容运用于训练之中,《礼记·月令》中规定:"孟冬之月,天子乃命将帅讲武,习射、御、角力。"②《吕氏春秋·孟冬》:"天子乃命将率讲武,肄射御,角力。"③《管子·幼官图》:"求天下之精材,论百工之锐器。器成角试否臧。"④ 可见角力作为一种两人徒手对抗性很强的竞技运动,天子非常重视,很早就将其设置为军事体育训练的重要手段之一,其竞技的实用功效显而易见。角力运动发展到汉代,其性质有所转变,由单一的竞技功能又转化为有一定的娱乐功能。《汉书·武帝纪》文颖解:"两两相当角力,角技艺射御,故名角抵,盖杂技乐也。"⑤《西京杂记》:"三辅人俗用以为戏,汉帝亦取以为角抵之戏焉。"⑥ 可知到汉代之时,"角抵"运动发展较快,已在民间广泛开展,在"百戏"中经常出现,深受民众喜爱。其实,"摔跤"运动早期也称"摔角",跤、角音同,都说明了这一传统体育项目与甲骨文中的"🐾"鬥字密切相关。

二 甲骨卜辞中的角力运动

在已发现的甲骨文中,"鬥"字在卜辞中具有名词和动词两种性质。作名词时,"鬥"字在卜辞中多作地名用,应属于假借字。《合集》里有关"鬥"字的甲骨 16 片,其中 14 片用作地名,如:乙巳卜,贞叀辛亥酒〔河〕。十月。在鬥(《合集》14584)。庚辰卜,宾,贞朕刍于鬥(《合集》000152 正)。以上两条卜辞大意都是指记录在"鬥"地发生的事情,或许此地最初就是殷商时期以角力为主的场所。"鬥"作动词用时,指角力运动,卜辞云:

① 宗福邦:《故训汇纂》,商务印书馆 2003 年版,第 2093 页。
② (清)孙希旦:《礼记集解》,中华书局 1989 年版,第 555 页。
③ 许维遹:《吕氏春秋集释》,中华书局 2011 年版,第 219 页。
④ 黎翔凤:《管子校注》,中华书局 2012 年版,第 187 页。
⑤ (汉)班固:《汉书》(卷六武帝纪),中华书局 1962 年版,第 194 页。
⑥ 吕壮译注:《西京杂记译注》,上海三联书店 2013 年版,第 129 页。

3. 戊□卜，〔贞〕…其鬥。（《合集》19236 图 6）

4. 癸丑卜，王，隻不鬥暨鸟（《合集》04726 图 7）

图 6 "鬥"拓片   图 7 商王参与的角力

（《合集》19236）   （《合集》04726）

上卜辞中第 3 条有些残词，"其鬥"之语说明"鬥"字的动词词性无疑。而第 4 条卜辞是讲商王亲自参与"鬥"这项活动。"隻"字从止、从隹，余永梁释为是"进"字，叶氏从之。孙海波释为"雦"字。① 我们认为孙说可从，"隻"字在卜辞中作名词用。"鸟"字在甲骨文中主要也作名词用，即作星名、地名和人名。② 罘作连词用，罘即暨字③。此辞大意为商王贞问，是否要隻和鸟两个人进行争斗（角力）。如果这版甲骨记载属实的话，那将是我们知道的最早的摔跤竞技了。有关隻姓在卜辞中的记载，隻可能为侯国（《合集》6839、《合集》3321）。从卜辞记载可知，角力（后广义的摔跤运动）早在殷商时期就已存在，这一民族传统项目在当时称之为"鬥"，意思就是两人徒手搏斗。《汉书·武帝纪》文颖解："两两相当角力，角技艺射御，故名角抵，盖杂技乐也。"④《故训汇纂》载："角力者，二人说其力，角其强弱也，如牛、鹿二角竞长之义也。《慧琳音义》

① 于省吾：《甲骨文字诂林》，中华书局 2009 年版，第 1704 页。

② 徐中舒：《甲骨文字典》，四川出版集团 2006 年版，第 427 页。

③ 喻遂生：《甲骨文"暨"连词用法说》，《古汉语研究》2013 年第 4 期。

④ （汉）班固：《汉书》（卷六武帝纪），中华书局 1962 年版，第 194 页。

卷六十'角力'注。"① 徒手相搏是远古人们生存、生活的一种技能，也是展示人类特有技能与智慧的最直接的方法与途径。"鬥"示意人与人之间的搏斗，两人相斗时，既需要技术（或说力量），也需要勇气（或说智慧）。这两者在甲骨文"鬥"字中都体现无疑，表现为技术层面是两人两臂相交；勇气层面表现为怒发上举。经常练习此功，方可以在战争中与敌搏斗和在田猎中与兽相斗。因此，角力作为军中一项训练内容被十分重视，由商王亲自参与，并传承至后。《礼记·月令》中规定："孟冬之月，天子乃命将帅讲武，习射、御、角力。"② 《礼记·王制》又载："有发，则命大司徒教士以车甲。凡执技论力，适四方，裸股肱，决射御。"注曰："言此既无道艺，惟论力以事上，故适往四方境界之外，则使之摆露臂胫，角材力，决射御胜负，见勇武。"③ 《吕氏春秋·孟冬》也记载："天子乃命将率讲武，肄射御，角力。"④ 夏代最后一位王桀和殷商最后一代王纣，都是力大无比，神通过人，敢与猛兽搏斗的勇士。《史记·律书》记载："夏桀、殷纣手搏豺狼，足追四马，勇非微也。"⑤ 这是记载两代先王"力大、善跑"的当时写照。《史记·殷本纪》还记载殷商最后一位王纣力大无比的事实："帝纣资辨捷疾，闻见甚敏；材力过人，手格猛兽。"⑥ 作为夏王的桀和殷王的纣都十分好斗、善斗，可能会展示其身份为王的勇力与智慧，令手下众臣信服，并起到威慑四方的效果。《西京杂记》载："广陵王胥有勇力，常于别圃学格熊。后遂能空手搏之，莫不绝脰。后为兽所伤，陷脑而死。"⑦ 在远古时代，与人斗、与兽斗，都需要具备超人的体力和聪明的智慧，方可在搏斗中战胜对手，因此而受世人称赞。关于原始时期的角力活动，我们还可以从早期中卫北山大麦地摔跤岩画中观之其存在的踪影（图8）。角力运动发展到战国时期，依然是当时人们

---

① 宗福邦：《故训汇纂》，商务印书馆2003年版，第2093页。
② （清）孙希旦：《礼记集解》，中华书局1989年版，第555页。
③ 李学勤：《礼记正义》，北京大学出版社1999年版，第410页。
④ 许维遹：《吕氏春秋集释》，中华书局2011年版，第219页。
⑤ （汉）司马迁：《史记》，中华书局2013年版，第1476页。
⑥ 同上书，第135页。
⑦ 吕壮译注：《西京杂记译注》，上海三联书店2013年版，第114页。

特别喜爱的运动，这在出土角抵铜牌饰中也可以看到当时这项运动的史影（图9）。

总之，甲骨文中的"鬥"字，形象地再现了角力运动需要具备内外统一、身心兼备的特征。甲骨卜辞中记载的这种带有技击、对抗性质的"鬥"，就是"角力"运动的早期雏形，也即是摔跤运动的前身，或许我们可以从这种两人技击对抗的运动中，发现我国早期武术的开端。

图8　中卫北山大麦地摔跤图（拓本）　　图9　陕西长安客省庄出土战国角抵铜牌饰
（采自《原始体育形态岩画》，　　　（采自《中国体育通史》，第一卷彩版第2页）
第158页，图2-8-1)

（本节内容已发表于《体育文化导刊》2011年第6期）

第三节　乐舞活动

在古代，"国之大事，在祀与戎"（《左传·成公十三年》）。祀的内涵在商代更是达到了顶峰，它是沟通"天、地、神、祖、人"之间的外在表征，其中尤以"乐舞"为主要表现形式。"乐舞"是内外兼修的时代产物，乐以礼体现，有礼乐之称。舞以仪表现，有文武之别。"在祀与戎"的时代背景下为乐舞的发展提供了广阔的生存空间，从而形成了当时最具有代表性的黄帝《云门》、唐尧《咸池》、舜《大韶》、夏禹《大夏》、商汤《大濩》和武王《大武》。上六代之舞为各时代乐舞的总称，具有各时代的特征，《周礼》将其称之为大舞。然而，《周礼》中还记载有与其对应具体的小舞，却是代表当时乐舞中舞的种类的具体表现。《周礼·乐师》载："乐师掌国学之政，以教国子小舞。凡舞，有帗舞、有羽舞、有皇舞，有旄舞，有干舞，有人舞。"郑司农云："帗舞者，全羽。羽舞者，析羽。皇舞者，以羽冒覆头上，衣饰翡翠之羽。旄舞者，牦牛之尾。干舞者，兵舞。人舞者，手舞。"[1] 舞者在舞时多以羽类饰物装饰全身，是远古先民的一种习俗，这种装饰或美丽妖艳，或神秘威武。甲骨文中的舞字形，正是象人双手持羽在舞之状（"𣥚"《花东》130），或许舞字之初就是对当时各种羽舞的高度概括。

一　甲骨文"舞"字释义

甲骨文舞字作"𣥚"形（《合集》05455）。从构型上来看，舞字从大（正面人形），双手从舞具（牛尾、羽毛之类），像正面人持具在舞。徐中舒认为此是"無"字，乃"舞"字本字："像人两手执物而舞之形，为舞字初文。《说文》'舞，乐也。用足相背。从舛、无声。'字意之一通'�'（雩），祈雨之舞也。之二通'鄦'，方国名。"[2] 王襄、陈梦家、屈万里皆认为此是舞字："𣥚，古无字通舞，像人两手持牛尾以舞之形，为舞之初字。"[3] 金文舞字作"𤎩"形（匽侯舞易器）。[4] 金文"𤎩"字象在甲骨文"𣥚"字下面加两足形，寓意足之蹈之，用于强调脚步动作在舞中的重要性。于省吾先生认为："金文舞字，上部象人两手执舞器，下部象两足均有足趾，用以表示手舞足蹈之形。后起的舞为独体象形字。"[5] 《故训汇纂》载："手谓之舞，足谓之蹈也。"[6] 由此我们可以看出舞字从甲骨文到金文再到篆书的演变过程为：𣥚（甲骨文突出上肢动作）——𤎩（金文在上肢动作的基础上，又强调下肢脚步动作。）——𦨶（篆文）——舞（楷书，已看不出舞字主体中的正面人形）。舞字在使用和流传过程中强调是

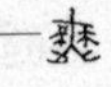

---

① 李学勤：《周礼注疏》，北京大学出版社 1999 年版，第 596 页。
② 徐中舒：《甲骨文字典》，四川出版集团 2006 年版，第 209 页。
③ 于省吾：《甲骨文字诂林》，中华书局 1996 年版，第 255 页。
④ 容庚：《金文编》，中华书局 2009 年版，第 385 页。
⑤ 于省吾：《甲骨文字诂林》，中华书局 1996 年版，第 255 页。
⑥ 宗福邦：《故训汇纂》，商务印书馆 2003 年版，第 1898 页。

"手舞足蹈"，这与古代乐舞的情况基本相似。《礼记·乐记》载："故歌之为言也，长言之也。说之，故言之；言之不足，故长言之；长言之不足，故嗟叹之；嗟叹之不足，故不知手之舞之，足之蹈之也。"① 乐舞起源甚早，广为流传。《山海经·海内经》记载："帝俊有子八人，是始为歌舞。"②《山海经·中山经》："羞酒，太牢具，合巫祝二人儛，婴一璧。"古代歌舞必有器乐相伴之，《世本·八种》云："庖牺氏作瑟，神农作琴。此乃歌舞之用器。"③ 可见，早期中国古代乐舞表现为歌、舞、乐为一体。

二　甲骨文所见武舞

武舞即兵舞，因武者持兵器而舞得名。甲骨文中所见武舞形式有持戚、戈和钺而舞，戈表示长兵，又是普通兵器的代表；戚、钺表示短兵，又是兵权的象征。戚在甲骨文中作"𢦏"（《合集》31027）形和"𢦐"（《屯南》02194）形。像是按了柄的戚，舞者可以持柄而舞。《甲骨文字典》载："郭沫若、林芸、林巳奈夫都认为'𢦏'是戚字。"④ 刘钊也释其为"戚"字。⑤ 此说可从。《说文》戚："戉也。从戉未声。"《说文》："戉，斧也。"说明戚和钺都属于斧类短兵，在武舞时所持。《礼记·明堂位》云："朱干玉戚，冕而舞大武。戚，斧也。是武舞执斧执楯。"⑥ 殷墟考古发现中只见玉质的"戚"，而未见青铜类的戚，说明戚作为一种礼器存在的可能性较大。戚之首形与甲骨文字"𢦏"形相符，符合史料中"朱干玉戚"的记载。玉戚在当时背景下常作为一种礼器使用，礼器的使用，是"国之大事，在祀与戎"（《左传·成公十三年》）的时代所需。戚似斧，可以彰显兵器的威武，玉戚又似仪杖，可以以舞的形式来沟通神与人之间的关系。卜辞云：

---

① 李学勤：《礼记正义》，北京大学出版社 1999 年版，第 1148 页。
② 冯国超译注：《山海经》，商务印书馆 2010 年版，第 499 页。
③ （汉）宋衷注：《世本八种》，中华书局 2008 年版，第 355 页。
④ 徐中舒：《甲骨文字典》，四川出版集团 2006 年版，第 209 页。
⑤ 刘钊：《新甲骨文编》，福建人民出版社 2009 年版，第 696 页。
⑥ 李学勤：《礼记正义》，北京大学出版社 1999 年版，第 937 页。

5. 叀戚奏？　　　　　　　　　　　　　　（《合集》31027）

6. 于丁亥奏戚，不雨？

　丁弜奏戚，其［雨］？

　其奏［戚］叀……？　　　　　　　　（《合集》31036 图 10）

7. 叀戚廐用？　　　　　　　　　　　　　（《屯南》01501）

8. 叀兹戚用？　　　　　　　　　　　　　（《屯南》03572）

9. 甲辰卜，叀戈。兹用？

　甲辰卜，叀叀戚，三牛，兹用？三。（《屯南》00783 图 11）

10. 叀兹戈用？

　叀兹戈用？

　叀兹戚用？　　　　　　　　　　　　（《屯南》02194 图 12）

图 10　舞戚伴乐　　　图 11　戈与戚对贞　　　图 12　戈与戚对贞

（《合集》31036）　　（《屯南》00783）　　　（《屯南》02194）

上卜辞 5、6 中的关键词是戚和奏。关于奏字，甲骨文作"鰷"形（《合集》31036），郭沫若、屈万里、赵诚释其为"奏"字。[1]《新甲骨文编》也释其为"奏"字。[2] 此说可从。"奏"字有奏乐、伴舞之意。《说文》

---

[1]　于省吾：《甲骨文字诂林》，中华书局 1996 年版，第 1478 页。

[2]　刘钊：《新甲骨文编》，福建人民出版社 2009 年版，第 583 页。

载："登歌曰奏。"姚孝遂、肖丁认为："卜辞凡言'奏'，多与乐舞有关。而古代祭祀，每每以乐舞为其主要仪式。"[1] 王力认为："奏，有奏乐之义。"[2] 赵诚认为："卜辞有'万更美奏'（《南明》683）、万更庸奏（《安明》1823）之记载——美和庸为乐器，奏为演奏——则万又兼管音乐。"[3]《诗经·周颂·有瞽》："既备乃奏，箫管备举。"[4]《楚辞·离骚》载："奏《九歌》而舞《韶》兮。"林家骊注："《九歌》上古乐曲名。《韶》相传为夏启之乐舞。"[5] 因此，上 5、6 卜辞中的"戚奏"和"奏戚"就是指"戚舞伴奏"的具体表现。上卜辞 7 还显示，舞戚时用庸（或释为"庸"字）这种乐器伴奏。李纯一先生考释后认为，庸是一种类似于铙的乐器，有大、中、小之分。[6] 殷墟考古发现中就有这种乐器"铙"。卜辞中"戚庸""奏戚"强调的是戚与乐相结合的重要性，可能是舞戚时需要与音乐节奏相融。舞戚时有音乐伴之，显现了我国古代歌、舞、乐一体的景象。更值得注意的是，上卜辞 9 和 10 中皆是运用占卜戈与戚对贞的形式，这显然是对这两种舞器选用中的占卜。寓意是用"戈舞"呢？还是用"戚舞"呢？戈、戚对贞，很可能是对武舞时选择舞具的一种预测，或是当时对祭祀对象的所需。戈是我国独有的一种兵器，属于商代常用兵器之一，在殷墟考古发现中多有出现，其材质有青铜质的戈，石质的戈和玉质的戈，甚至还有"金镶玉戈"的出土，玉戚、玉戈显然不是实用性的武器（图 13、14），它是商代礼制社会的一种特殊表现形式。将玉戈、玉戚作为乐舞时的舞器十分恰当，商人认为玉器可以沟通神与人之间的关系。我国古代先民特别崇尚玉器，早在七八千年前就对玉特别崇拜，在凌家滩文化与红山文化中就出土大量精美的玉器，这其中就有众多的玉戈出土。能用上等玉质材料来制作精美的戈、戚，说明当时的人们对戈、戚也非常崇拜。由此可以看出这两种器物从外观上即可以代表戈、戚作为武器的神威，又可以便于乐

---

① 于省吾：《甲骨文字诂林》，中华书局 1996 年版，第 255 页。
② 王力：《王力古汉语字典》，中华书局 2012 年版，第 270 页。
③ 赵诚：《甲骨文简明词典》，中华书局 2009 年版，第 62 页。
④ 刘毓庆、李蹊译注：《诗经译注》，中华书局 2011 年版，第 829 页。
⑤ 林家骊译注：《楚辞》，中华书局 2010 年版，第 32 页。
⑥ 李纯一：《先秦音乐史》，人民音乐出版社 2005 年版，第 54—58 页。

舞之时所用，同时其内涵上还能彰显作为礼器的神圣。这也印证了文献中有关武舞用戈、戚的记载。《吕氏春秋·仲夏纪》："执干戚戈羽，调竽笙埙篪，饬钟磬柷敔。"[1]《礼记·月令》："是月也，命乐师修鞀、鞞、鼓，均琴瑟、管、箫，执干戚戈羽。"[2]《诗·大雅·公刘》："干戈戚扬。"[3] 从以上文献可知，武舞时，常使用干、戈和戚的组合，且每每音乐相伴。综合观之，以上六版甲骨卜辞记载的戈、戚之舞，正是再现了史料所记载的武舞中戈舞和戚舞的史实。说明早在殷商时期，以持戈、戚而武舞的形式就已盛行于贵族阶层。

图 13　殷墟出土的玉戚
（采自《安阳殷墟花园庄东地
商代墓葬》彩版四五　图 3）

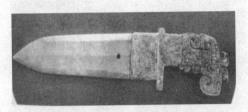

图 14　妇好墓铜内玉援戈
（采自《殷墟妇好墓》彩版一七　图 3）

　　除了上述戈舞和戚舞所示武舞之外，甲骨文中还见另一武舞形式，卜辞称为舞钺。钺是三代时期兵权的象征，殷墟妇好墓出土两件大型的青铜钺就是明证，它是女将军妇好兵权在握的象征。殷墟花园庄东地一将军墓葬（编号 M54）也出土中小型青铜钺，这位武将的骨骼上多处有伤痕，发掘报告认为他生前可能是身经百战[4]。因此，兵器钺的确是当时一种军权的象征。在古代有授钺而征的记载。《尉缭子·将令》："将军受命，君必先谋于庙，行令于廷，君身以斧钺授将。"又载："令如斧钺，制如干将。"[5]《礼记·

　　① 许维遹：《吕氏春秋集释》，中华书局 1989 年版，第 104 页。
　　② 李学勤：《礼记正义》，北京大学出版社 1999 年版，第 500 页。
　　③ 刘毓庆、李蹊译注：《诗经》，中华书局 2011 年版，第 716 页。
　　④ 中国社会科学院考古研究所：《安阳殷墟花园庄东地商代墓葬》，科学出版社 2007 年版，第 77 页。
　　⑤ 潘嘉玢译：《吴子·司马法·尉缭子》，军事科学出版社 2005 年版，第 304 页。

王制》载："诸侯赐弓矢，然后征。赐铁钺，然后杀。"①《史记·齐太公世家》："师行，师尚父左杖黄钺，右把白旄以誓。"② 都说明钺的军事权力象征在古代真实的存在。卜辞记载舞戊内容：

11. 丁丑卜，在果京，子其叀舞戊（Ꭷ），若？不用？

子弜叀舞戊（Ꭷ）于之若？用。多万有灾？引祗？

(《花东》206 图 15)

  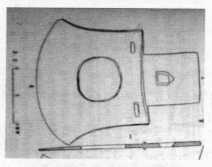

图 15　舞钺　　　　　　　图 16　殷墟出土有孔青铜戊

（《花东》206 局部）　　　（采自《殷墟的发现与研究》

第 312 页　图 172-4）

　　上卜辞主人是"子"，"子"的详细身份有待考证，但子的贵族身份得到学界的共识。"舞钺"系武舞，即持钺舞蹈。③ 卜辞中的舞字本作"Ꭷ"形，似一人两手执舞具状，舞戊是动宾结构。这里的戊字，作"Ꭷ"形（《花东》206），与王卜辞中的钺"Ꭷ"形不同（《合集》00171），主要是两者的戊身形状不同。从字形上可以清晰地看出，字体是由戊身和柲两部分组成的。《花东》206 中的戊身的中央有一圆孔，酷似安阳殷墟出土的有孔青铜戊（图 16）。第 11 条卜辞"子其叀舞戊"，"子弜叀舞戊于之"对贞，谓卜问是否可持戊以舞，果京是地名，"舞戊"一词首次见于甲骨文

---

①　李学勤：《礼记正义》，北京大学出版社 1999 年版，第 369 页。

②　（汉）司马迁：《史记》，中华书局 2008 年版，第 1783 页。

③　黄天树：《黄天树甲骨金文论集》，学苑出版社 2014 年版，第 314 页。

中。上卜辞中"多万有灾?"一语，是指"多万"参与"舞戉"一事是否会有灾祸出现，在甲骨文中"多万"是指有众多从事乐舞的人①。如：

12. 今日辛王其田亡灾，呼万舞。　　　　　（《合集》28461）

13. 万其奏，不遘大雨。　　　　　　　　　（《合集》30131）

14. 叀多万。大吉。　　　　　　　　　　　（《合集》28007）

赵诚认为："万，或写作'犭'。构形不明。甲骨文用为职官名。卜辞有'乎万舞'（《甲》1585）之记载，则万似为掌管舞之舞臣。又卜辞有'万叀美奏'（《南明》683）、万叀庸奏（《安明》1823）之记载——美和庸为乐器，奏为演奏——则万又兼管音乐，很可能当时万这一类舞臣就兼管音乐。看来乐和舞之紧密关系，商代就已如此。"② 说明主人子在舞戉时也同样需要众多音乐相伴。武舞伴乐，可能是殷商时期的社会风尚。戉与戚外形均似大斧，《说文》"戚，戉也，从戉尗声"。《说文》"戉，斧也，从戈乚声"。由此可知三代时期的戚即戉，戚和戉同属斧类。也就是说卜辞中的舞戚与舞戉应是指一类武舞。

如果从舞钺、舞戚、舞戈的程序上分析，我们可以推测舞钺、舞戚、舞戈中肯定有一招一式的安排。其一招一式中应该有某种预先的设计或流程，譬如开始的舞态，舞中钺、戚、戈的线路变化，钺、戚、戈与舞者之间的位置关系，以及舞时动作的快慢与音乐节奏的配合等。这些都显示了武舞过程中已具备较为固定的套路，这种较为固定的套路可能就是较早的器械套路的前身，或许武舞中所展示的攻防架势，劈砍动作，威慑仪容都已在舞钺、舞戚、舞戈的过程中得到尽情的展示。

（注：本节《甲骨文所见商代武舞活动》一文参加了由国家体育局、国家旅游局在安徽省芜湖市联合举办的"全国体育文化、体育旅游博览会"论文报告会。）

---

① 中国社会科学院：《殷墟花园庄东地甲骨》，云南人民出版社 2003 年版，第 1642 页。
② 赵诚：《甲骨文简明词典》，中华书局 2009 年版，第 62 页。

三 广泛意义的祭祀祈雨之舞

徐中舒认为："舞字意之一通'亍'（雩），祈雨之舞也。"① 甲骨文雩字作"霎"（《合集》28180）形，像人在雨下舞形。是一特为祈雨而造的字。姚孝遂、肖丁认为："舞为祈雨之祭。《周礼·司巫》'若国大旱则帅巫而舞雩。'《尔雅·释训》'舞、号雩也。'郭注'雩之祭，舞者吁嗟而请雨。'《公羊传》桓公五年'大雩者何？旱祭也。'何休注'使童女各八人舞而呼雩，故之雩。'"②《礼记·月令》："大雩帝，用盛乐。"③ 由此可知，雩之舞是为祭祀求雨之舞，舞时伴有节奏与呼号，参与者为童女各八人。雩之舞应该类似于一种"集体舞"。《楚辞·大招》："二八接舞，投诗赋只。"注："二八：十六个舞女，即舞女以八人为一列。"④《周礼·春官·宗伯》："师，下士二人，府一人，史一人，舞者十有六人，徒四十人。"⑤ 此时的雩之舞中以女性参与者为多。在以农耕为主的社会里，人们依赖生活的基本观念是靠天吃饭，但又由于对自然界各种现象认识不足，对于下雨和干旱现象皆认为是上帝所赐。因此，在缺雨（大旱）之际，人们往往祈求上帝能够网开一面，普渡众生。方以所谓"霎"的形式祭祀来祈求沟通上帝，以达到降雨的目的。甲骨文中多条卜辞与舞字祭祀求雨相关。卜辞云：

15. 王其乎戍舞（霎）盂，有雨。吉？

  叀万舞（霎）盂田，有雨。吉？　　　　　（《合集》28180 图 17）

16. 弜舞（霎）？

  于宫雪，有雨？

  □□田舞（霎），有大雨？　　　　　（《合集》29214）

17. 今日乙舞（霎），無雨？

---

① 徐中舒：《甲骨文字典》，四川出版集团 2006 年版，第 209 页。
② 于省吾：《甲骨文字诂林》，中华书局 1996 年版，第 255 页。
③ 李学勤：《礼记正义》，北京大学出版社 1999 年版，第 501 页。
④ 林家骊译注：《楚辞》，中华书局 2011 年版，第 232 页。
⑤ 李学勤：《周礼注疏》，北京大学出版社 1999 年版，第 442 页。

其舞（龘）奏，有大雨？

于寻，有大雨？ （《合集》30031）

18. 王其乎舞（龘）…大吉？ （《合集》31031）

19. 王其乎万舞（龘）…吉？ （《合集》31032）

20. 其舞（龘）至翌日？

于翌日乃舞（龘）。吉？ （《合集》31035）

图 17 万舞

（《合集》28180）

上卜辞中的舞皆作"龘"形，卜辞 15 中，戌和田都为人名，结合上下卜辞来看，戌和田可能都是舞者，卜辞又云："叀田暨戌舞。"（《合集》27891）且可能"田暨戌"以万舞为主。卜辞 16 中的田舞，或许就是以祈求田地受雨之舞。卜辞 18 和 19 是商王命令参与乐舞祭祀，且以万舞为之。从时间上来看，卜辞 20 中舞至翌日（第二天），通宵达旦，时间很长。从上卜辞总体上来看，在舞"龘"之后，都是对应有雨、有大雨、大吉等验辞，说明这种舞确实与祈雨有关，而且舞后祈雨的效果也有所灵验。

从以上卜辞材料可知，舞（龘）确实与雨有着十分紧密的关系，其用于祈雨目的也非常清楚，说明人们当时在祈求上帝赐雨的过程中，以各种各样的舞蹈来沟通与上帝之间的联系。上卜辞中还有一现象是，求雨之舞（霎），多是在商王的直接参与下进行的，由商王亲自参与的舞（霎），说明商王对相关求雨中乐舞祭祀的活动非常重视。因为在当时社会背景下，雨水是农业丰收之本。商代开国之君商汤在上天连续几年大旱之时，就亲自舞"桑林"，以祈求上苍能够降雨降福。《古本竹书纪年》载："十八年癸亥，王即位，居亳。十九年大旱。二十年大旱。二十一年大旱。二十二年大旱。二十三年大旱。二十四年大旱。王祷于桑林，雨。"①《吕氏春秋》也记载："昔者汤克夏而正天下，天大旱，五年不收，汤乃以身祷于桑林，曰：'余一人有罪，无及万夫。万夫有罪，在余一人。无以一人之不敏，使上帝鬼神伤民之命。'于是剪其发，砺其手，以身为牺牲，用祈福于上帝。民乃甚说，雨乃大至。则汤达乎鬼神之化，人事之传也。"② 可见，商王重视祭祀上帝赐雨，舞于桑林，最终是希望获得当年农业的好收成。同时也说明甲骨文中记载的祈雨之舞是可信的。尽管从上卜辞中我们无法看到舞者具体的舞姿，但从上述文献中也可略知一二。王率众起舞，人多势众，应是一种集体舞的形式。又因与祭祀求雨有关，舞者可能会以各种羽毛或牛尾等饰品装饰全身。具体舞的种类可能包含有帗舞、羽舞、皇舞、旄舞、人舞。雩祭之舞发展到后来多由女性参与舞蹈为主，发展至春秋时期雩祭之舞就表现出娱乐的功能。《礼记·月令》："命有司为民祈祀山川百源。大雩帝，用盛乐。乃命百县雩祀百辟卿士有益于民者，以祈谷实。"云："凡他雩用歌舞而已者，按《女巫》云：'旱则舞雩'，是用歌舞，正雩则非唯歌舞，兼有余乐，故《论语》云：'舞雩咏而归'是也。"③ 可见舞雩的基本性质也在随着历史的转变而发生着改变，表现为从早期的户外桑林祈雨之舞，发展为宫廷的盛乐之舞，再转变至民间的娱乐之舞。

四　文武兼备的万舞

《诗经·邶风·简兮》："简兮简兮，方将万舞。日之方中，在前上处。

---

① 方诗铭、王修龄：《古本竹书纪年辑证》，上海古籍出版社 2008 年版，第 226 页。
② 许维遹：《吕氏春秋集释》，中华书局 2011 年版，第 200 页。
③ 李学勤：《礼记正义》，北京大学出版社 1999 年版，第 501 页。

硕人俣俣，公庭万舞。有力如虎，执辔如组。左手执籥，右手秉翟。"周振甫注："万舞，一种舞名。合文舞与武舞称万舞，武舞用干，文舞用野鸡尾。翟：野鸡尾。"① 刘毓庆注："万舞：大舞。万舞由文舞与武舞两部分组成，文舞执羽籥，武舞执干戚。"② 从《诗经》中记载的万舞情况可知，此时的万舞是在公庭中举行，从"有力如虎""左手执籥，右手秉翟"诗句中来看，万舞包含有武舞和文舞的内容。武舞用"执辔如组"来形容，即用驾车舞态。文舞则是"秉翟"来展示，有帗舞、羽舞、皇舞、旄舞等舞种的体现。万舞时不仅场面宏大，而且伴钟鼓齐鸣。《诗经·鲁颂·闷宫》："笾豆大房，万舞洋洋。"洋洋：指场面宏大。《诗经·商颂·那》："庸鼓有绎，万舞有亦。"刘毓庆注："庸：指大钟。绎，乐声盛大貌。"③《墨子·非乐上》谓夏启："将将铭，苋磬以力，湛浊于酒，渝食于野，万舞翼翼，章闻于大。"④《史记·赵世家》："广乐九奏万舞，不类三代之乐，其声动人心。"⑤综合观之，可想万舞时场面之盛大，万舞时兼有文舞和武舞的特征，其中文舞以执羽籥表现；武舞以驾车技巧"执辔如组"体现。

万字在甲骨文中作"丂"（《合集》1603）形。《甲骨文简明词典》载："万，或写作'丂'。构形不明。甲骨文用为职官名。卜辞有'乎万舞'（《甲》1585）之记载，则万似为掌管舞之舞臣。又卜辞有'万叀美奏'（《南明》683）、万叀庸奏（《安明》1823）之记载——美和庸为乐器，奏为演奏——则万又兼管音乐，很可能当时万这一类舞臣就兼管音乐。看来乐和舞之紧密关系，商代就已如此。"⑥ 万舞的来源可能与众多人数参与有关，《礼记·月令》注曰："《夏小正》曰'丁亥万用入学'者，引之证习舞之意，谓用此《万》舞以入学。于舞称《万》者，何休注《公羊》曰：'周武王以万人服天下。'《商颂》：'《万》舞有奕。'盖殷汤亦以万人得天下，此《夏小正》是夏时之书，亦云《万》者，其义未闻，或以为禹以万

① 周振甫：《诗经译注》，中华书局 2010 年版，第 52 页。
② 刘毓庆：《诗经译注》，中华书局 2012 年版，第 98 页。
③ 同上书，第 884 页。
④ （清）孙诒让：《墨子间诂》，中华书局 2010 年版，第 262 页。
⑤ （汉）司马迁：《史记》，中华书局 2008 年版，第 950 页。
⑥ 赵诚：《甲骨文简明词典》，中华书局 2009 年版，第 62 页。

人以上治水，故乐亦称《万》。"① 此万既能舞，又能奏。我们可以从卜辞中"万"与不同"舞"组合中认识万舞中的不同舞类。

> 21. 癸□□……万舞（夰）其□？ （《合集》16003）
>
> 22. 叀万舞（霥）孟田，有雨。吉？ （《合集》28180）
>
> 23. 今日辛王其田，亡灾？
>
> 乎万舞（玅）？ （《合集》28461）
>
> 24. 叀万乎舞（夰），有大雨？ （《合集》30028）
>
> 25. 王其乎万舞（霥）…吉？ （《合集》31032）
>
> 26. 叀万舞（霥），大吉？ （《合集》31033）
>
> 27. 万舞（霥）其…… （《屯南》00825）

从上卜辞来看，万舞之舞有三种形体，即万舞（夰）、万舞（霥）和万舞（玅）。万舞的舞除了祈雨的舞（霥）之外（上文已述），还有广义的舞（夰）和众人之舞（玅），说明万舞之舞在当时包含有多种意义。从字形上讲，舞（夰）似执羽毛或牛尾类舞具，有可能与《周礼·乐师》中记载的小舞——帗舞、羽舞、皇舞、旄舞有关。而另一种万舞（玅）字形，则似多人集体在舞状，有可能与《周礼·乐师》中记载"人舞"有关，也可能与圆圈舞有关（下文详述）。综合上卜辞内容可知，现有的甲骨史料中未见万舞中有车舞之态的内容，这与文献中记载的万舞内容有所差别，原因之一可能是现有甲骨文史料有限；原因之二可能是万舞在殷商时只有羽舞类内含。从与万舞结合的舞字形上看，舞者或执羽龠、或执牛尾，或人舞，从上卜辞中验辞中来看，万舞的性质也多与祭祀求雨有关，万舞或许就是雩舞（霥）中的一种。从卜辞所记万舞当中舞的三种形体来看，万舞中包含有多种舞姿，万舞时舞者的装饰以及表现的舞态应丰富多彩。

五　多人舞（圆圈舞）

多人舞，也称人舞。即后来的圆圈舞。也即人们在祭祀活动中以手拉

---

① 李学勤：《礼记正义》，北京大学出版社1999年版，第480页。

手集体共舞之舞，由于其主要特征是手拉手状，因此也称手舞。《竹书纪年》记帝发："诸夷宾于王门，再保墉会于上池，诸夷入舞。"① 有学者认为，诸夷入舞的主要内容就是人舞。《周礼·春官·乐师》："凡舞，有帗舞、有羽舞、有皇舞、有旄舞、有干舞、有人舞。"郑注："帗舞者，全羽；羽舞者，析羽；皇舞者，以羽冒覆头上，衣饰翡翠之羽；旄舞者，牦牛之毛；干舞者，兵舞；人舞者，手舞。"② 人舞的主要特征是众人手拉手围圆而舞，此种手拉手集体而舞的形式，早在原始社会中就已成为人们生活或祭祀活动的主要内容之一。王宁宁认为："人舞，徒手舞，用于祭祀社稷。"③ 此种手拉手而舞的形式，早在内蒙古地区发现的岩画像中就已出现，岩画中表现为6人手拉手舞蹈状（图18-1），其中还有两人手拉手而舞的岩画。（图18-2）。从岩画中观之，舞者似女性，头饰明显，着装似裙，6人似手挽手状，动感十足。无独有偶，1973年，在青海大通县上孙家寨的384号墓是一座马家窑类型墓葬，为至今约4000千年的新石器时代，出土1件彩陶盆，陶盆内边绘有5人一组（共3组）的舞人，也为手拉手状。（图19-1）。从图中观之，5人也似女性，其头饰一致，下肢动作似一腿直立，一腿整齐向一个方向伸出，整个动作轻松、协调、自如，手舞动作明显。1995年还是在青海地区同德县宗日遗址发掘出土了距今5000年前的舞蹈文彩陶盆，内壁上同样绘有11人和13人两组舞蹈人像（图19-2）。舞者也似女性，似统一穿裙，手拉手动作突出。这种将手舞绘制在陶盆上的艺术，也寓意着当时的众人在手舞时是围圆而舞。从岩画到新石器时代，都可以见到这种众人手拉手围圆而舞的图像，是否寓意着这些舞蹈与生活、祭祀等活动关系密切呢？王宁宁认为通常这种手拉手的群舞是原始舞蹈中最常见的形式。④ 这种形式的舞姿发展到汉代、宋代都有记载，一直延续直至今日。《西京杂记》记载："既而相与连臂，踏地为节，歌《赤凤凰来》。"⑤

---

① 方诗铭、王修龄：《古本竹书纪年辑证》，上海古籍出版社2008年版，第15页。
② 李学勤：《周礼注疏》，北京大学出版社1999年版，第596页。
③ 王宁宁：《中国古代乐舞史》，山西出版集团2008年版，第142页。
④ 王宁宁：《中国古代乐舞史》，山西出版集团2009年版，第49页。
⑤ 吕壮译注：《西京杂记译注》，上海三联书店2013年版，第159页。

宋陆游《老学庵笔记》："醉则男女聚而踏歌。农隙时至一二百人为曹，手相握而歌，数人吹笙在前导之。"① 曹，有群、成群意思。② 可见这种集体手舞的形式早在原始部落中就已存在，其主要特征是舞者手拉手，或臂连臂，整齐划一，节奏感强烈，踏歌而舞，舞乐相伴。这种远古时期就已非常盛行的乐舞形式，可能在文字发展之初就被引用。文字最初有可能源自于图画，在图画中专指指事一类，这也可能是文字中指事字的源头。唐兰先生认为："文字起源于绘画。中国文字不仅是由古代图画文字变成近代文字的唯一的仅存的重要材料，也是在拼音文字外另一种有价值的文字，是研究文字学的人所应当特别注意的。"③ 李学勤在《三代文明研究》一书中指出："岩画在一定意义上跟文字的起源有关，现在全世界都认识到，文字的起源一定是从非文字领域出来的，而非文字总是从一些陶器、石器以及像岩画这样的符号领域演化来的。"④ 他又引汪宁先生观点认为："文字是由多种记事方法导引出来的，'而不仅仅起源于图画。'"又指出："象形和指事，很可能在文字产生之初期就被同时掌握和采用了。"⑤ 王毓红文《从岩画内在形式结构探寻中国文字之根》更是深入分析了二者的关系："大量考古发掘和文献资料以及甲骨文内在的形式结构都证明：贺兰山岩画是中国文字演变历程中从结绳记事到甲骨文中间的一个重要的过渡环节。它与甲骨文在结构的基本类型、象形造字法、结构表义方式、简化趋势以及书写方式等方面一脉相承。"⑥ 岩画和彩陶上的这种手舞的形式从图画发展到文字阶段，也继承了手舞的这一原始特征未变。甲骨文中表示手舞的字作"林"形（《合集》34558），正象以两人手拉手之状，用于概括多人手拉手的集体之舞。这种由图画发展而来的文字，裘锡圭先生称其为"文字画"。⑦ 文字画多出现于文字的早期。黄天树先生认为，一个"文字

---

① 陆游：《老学庵笔记》，中华书局 2011 年版，第 45 页。
② 王力：《王力古汉语字典》，中华书局 2000 年版，第 449 页。
③ 唐兰：《中国文字学》，上海世纪出版集团 2005 年版，第 9 页。
④ 李学勤：《三代文明研究》，商务印书馆 2011 年版，第 8 页。
⑤ 李学勤：《中国古代文明与国家形成研究》，中国社会科学出版社 2007 年版，第 99 页。
⑥ 王毓红：《从岩画内在形式结构探寻中国文字之根》，《西夏研究》2014 年第 2 期。
⑦ 裘锡圭：《文字学概要》，商务印书馆 1988 年版，第 1 页。

画"不是单单记录一个词义，而是表示记录一个"语段"。[1]

图 18-1　贺兰口"六人连臂舞蹈"　　　　图 18-2　黑石峁"双人舞"

（采自《原始体育形态岩画》，彩版第 9、10 页）

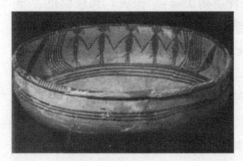

图 19-1　新石器时代陶盆上手拉手舞蹈　　图 19-2　新石器时代陶盆上手拉手舞蹈

（青海大通县上孙家寨出土）　　　　　　（青海宗日出土）

（采自《中国古代乐舞史》第 49 页图 1-24、1-25）

　　甲骨文"ᰣ"（《花东》280，380）字形还保存着较原始的图画内涵，《花东》作者认为此是"ᰣ"字。疑为"拉"字初文。[2] 我们认为释为"拉"字，有其一定的寓意，但将其放在卜辞中语序讲不通。此字主要特征象两人手拉手状，字从双大状，可隶作"ᰣ"字。《新甲骨文编》释其为"ᰣ"字。[3] 字象双人摆动而舞。李宗焜《甲骨文字编》释其为"扶"字。[4] 姚考

①　黄天树：《黄天树甲骨金文论集》，学苑出版社 2014 年版，第 4 页。
②　中国社会科学院：《殷墟花园庄东地甲骨》，云南人民出版社 2003 年版，第 1675 页。
③　刘钊：《新甲骨文编》，福建人民出版社 2009 年版，第 578 页。
④　李宗焜：《甲骨文字编》，中华书局 2012 年版，第 87 页。

遂释"𣥂"字（《合集》15413）也为"夭"字，[1] 我们认为释其为"夭"字更合理，此字应是后来简化的"夭"字。《说文》："夭，屈也。从大，象形。"《尔雅·释诂》："屈，聚也。郭注：春猎为搜。搜者，以其聚人众也。诗曰：'屈此群丑。'"[2]《玉篇》载："夭，少长也，舒和也，屈也又拆也。"[3] 以此观之，早期的"夭"字有聚众聚集之义，与众人手拉手聚集起舞正合。众人手拉手起舞，貌似摇摆，舞似心态、姿态。《诗经·周南》中记载的"桃之夭夭"，就是以桃子的摇曳之状，来形容少女之美状。毛传："夭夭其少壮。"朱熹集传："夭夭，少好之貌。"舞者在舞时会表现出各种面貌和愉悦的心情，《论语·述而》记载："申申如也，夭夭如也。"皇侃疏："夭夭者，貌舒也。"朱熹集注引杨氏曰："夭夭，其色愉也。"何晏集解引马融曰："夭夭作枖枖、妖妖。《诗·周南·桃夭》'桃之夭夭。'李富孙异文释：'说文木部引作枖枖，云：木少盛儿。女部又引作妖妖，云：女子笑儿。此谓桃之少壮，故字从木；谓如女子之少好，故又从女。'"[4] 说明从图画的多人形式手拉手之舞到简化的甲骨文字两人手拉手的发展过程中，其"夭貌"昭然若是。因此，从字形到字义，释"夶"为"夭"更为适宜。甲骨卜辞言"夶"舞是需要学习才能掌握的技能，应是学习手舞的一种体现。卜辞曰：

28. 丁亥，子其学𡚾夭（夶）？　　　　（《花东》280，图20-1）

29. 庚戌卜，子于辛亥夭（夶）。子占曰：服卜。子尻。用？一二三

　　　　　　　　　　　　　　　　（《花东》380，图20-2）

上卜辞28、29中可知，主人是"子"，贵族身份。学与夭之间𡚾字不识，𡚾字，从女、从止、从囊，应与女性有关，可能是表示此舞为女性参与的舞蹈。根据𡚾字在卜辞中的位置，其可能也是地名，或许是舞名。卜辞又

①　姚孝遂：《殷墟甲骨刻辞类纂》，中华书局1989年版，第111页。

②　（晋）郭璞注：《尔雅》，上海古籍出版社2013年版，第45页。

③　（南朝·梁）顾野王：《大广益会玉篇》，中华书局2008年版，第101页。

④　宗福邦、陈世铙：《故训汇纂》，商务印书馆2004年版，第483页。

云："叀**婕舞**"（《花东》293）。可知学**婕妖**（**妖**）也是在学习一种舞蹈。上卜辞28、29讲，主人"子"在丁亥日学习手舞，在庚戌日舞手舞的记载，两日中间间隔两天。说明此舞是需要学习和练习才能掌握的。《礼记·月令》载："是月也，命乐正入学，习舞。"[1] 又载："上丁，命乐正习舞，释菜。"注："据人所学谓之习舞，节奏齐同谓之合舞。"[2] 此种手舞表现的形式集体性强，需要节奏相同，协调一致，整齐划一。特点是众人需要手拉手集体而舞，脚步动作一致，舞步中可能伴有头部、躯干等整体动作的要求，因其集体性强，人多势众，需要参与乐舞的人相互配合，动作一致。因此，众人要想统一完成此舞，就需要一起学习，共同练习。在祭祀或庆典获猎、丰收之余多人手拉手而舞，并能够起到教化和愉悦人们心灵的作用。现代少数民族藏族的锅庄舞、彝族的跺左脚舞、畲族的钉鞋舞、纳西族和侗族、苗族的传统舞蹈中，主要形式就是这种圆圈舞。此舞主要在庆祝丰收、休闲之余，集体跳这种众人围圆在一起的手拉手的舞蹈，参加人数成千上万。据学者统计，圆圈舞的形式普遍流行于我国中南、西南部少数民族地区。[3]

图20-1 卜辞中的手舞

（采自《花东》280局部）

图20-2 卜辞中的手舞

（采自《花东》380局部）

六 高跷舞

据《大辞海·体育卷》载："踩高跷，中国传统体育活动。流行于北

---

[1] 李学勤：《礼记正义》，北京大学出版社1999年版，第478页。

[2] 同上书，第466页。

[3] 王宁宁：《中国古代乐舞史》，山西出版集团2008年版，第1020页。

方地区，尤其是正月十五闹元宵时。分低桩、中桩和高桩三种，桩的高度分别是 0.5 米、1 米、1.5 米以上。表演的形式有集体对舞的大场和两三人表演的小场。"① 高跷舞现在俗称踩高跷，高跷舞的主要特征是舞者双脚踩在两根木棍上，腿和木棍捆在一起，以增加两腿的高度，舞者可在高空演练各种舞技。此种舞的特点是舞者的重心高，高跷下端接触地面面积小，需要舞者身体平衡、协调能力较强。甲骨文有一字正如踩高跷之状，作"骍"（《合集》28209）形。李宗焜释其为"舞"字，② 可从。字象一舞者下肢踩在干上之形。卜辞曰：

30. 叀甲午，王受年？

叀祖丁林舞（骍）用，屮（又）正？（《合集》28209 图 21）

上卜辞 30 中的舞字，像一舞者踩着高跷之状。卜辞主要内容是祭祀祖丁时用林舞。宋镇豪先生引日本冢茂树认为是高跷舞。③ 此种高跷舞在今日民间欢庆之余仍十分普及（图 22），是我国民间舞中的主要舞种之一。清人李调元诗云：正月十四坊市开，神泉高跷南村来。锣鼓一声庙门开，观者如堵声如雷。双枝续足履平地，楚黄州人擅此技。④ 既描写了高跷舞的娴熟技能，又展示了人们对此舞的喜爱。《列子·说符》有记载踩高跷之事："宋有兰子者，以技干宋元，宋元召而使见。其技以双技，长倍其身，属其胫，并趋并驰。弄七剑迭而跃之，五剑常在空中。元君大惊，立赐金帛。"⑤ 由此可见，在高跷上不仅可徒手而舞，还可以在高跷上舞剑，这也是文舞与武舞相结合的一种表现。相传，高跷舞起源可能与人们想长高望远的愿望有关，据《山海经·海外西经》记载："长股之国在雄常北，被发。一曰长脚。"⑥ 这里记载的"长股、长脚"可能就是后来人们发展成

---

① 夏正农：《大辞海·体育卷》，上海辞书出版社 2008 年版，第 332 页。
② 李宗焜：《甲骨文字编》，中华书局 2012 年版，第 76 页。
③ 宋镇豪：《商代社会与礼俗》，中国社会科学出版社 2010 年版，第 516 页。
④ 李调元：《童山诗集》，中华书局 1985 年版，第 508 页。
⑤ 杨伯峻：《列子集释》，中华书局 2011 年版，第 254 页。
⑥ 冯国超译注：《山海经》，商务印书馆 2010 年版，第 336 页。

为高跷的思想源泉。可见高跷舞起源甚早，源远流长，从早期王者之舞到民间节庆之舞的传承过程中有着强大的生命力，其表现出来的竞技与舞姿深受人们的喜爱。高跷舞流行于我国民间各地。

图21　卜辞载高跷舞

（《合集》28209）

图22　高跷舞

采自《中国传统体育》第 364 页）

七　甲骨文所见舞者

（一）王者之舞

殷商时期，商王是祭祀祈舞的主要参与者，尤其对于大型的祈雨之舞，商王更是亲自参与者。卜辞云：

31. 我舞，勿舞。　　　　　　　　（《合集》04141 图 23）

32. □□卜，王余……舞。　　　　　（《合集》04991）

33. 贞，王其舞，若。一。

　　贞，王勿舞。一、二、告。　　（《合集》11006 图 24）

34. 贞，我舞，雨。　　　　　　　　（《合集》14209）

35. 甲辰卜，争贞，我舞岳。　　　　（《合集》14472）

36. 已未卜，般贞我舞。二。　　　　（《合集》15996）

37. □□卜，般贞我其舞，有……

　　……王舞允雨。　　　　　　　　（《合集》20979）

卜辞中商王除了以王、朕自称以外，还以"我""余一人"自称，上卜辞中的"我"就是指商王本人。从卜辞内容分析，商王参与的乐舞多与祈雨、祈山神（岳）有着密切的关系。史料记载，商代开国之君商汤在上天连续几年大旱之时，就亲自舞"桑林"，以祈求上苍能够降雨降福。《古本竹书纪年》载："十八年癸亥，王即位，居亳。十九年大旱。二十年大旱。二十一年大旱。二十二年大旱。二十三年大旱。二十四年大旱。王祷于桑林，雨。"[1]《吕氏春秋》同样记载："昔者汤克夏而正天下，天大旱，五年不收，汤乃以身祷于桑林，曰：'余一人有罪，无及万夫。万夫有罪，在余一人。无以一人之不敏，使上帝鬼神伤民之命。'于是剪其发，砺其手，以身为牺牲，用祈福于上帝。民乃甚说，雨乃大至。则汤达乎鬼神之化，人事之传也。"[2]可见，殷商时期商王为祈雨而舞是经常发生的事情，也是一件非常重要的事情，说明商王非常重视祭祀上帝赐雨，亲自舞于桑林，最终是希望上天能够风调雨顺，以获得当年农业的好收成。

图 23　我舞
（《合集》04141）

图 24　王舞
（《合集》11006）

（二）诸侯臣子之舞

上文已讲到商王是祭祀祈雨的主要参与者，那么，在祭祀活动中，舞者也不乏诸侯百官的参与。卜辞云：

38. 壬申卜，多𤔲舞，不其从雨。　　（《合集》14116 图 25）

---

① 方诗铭、王修龄：《古本竹书纪年辑证》，上海古籍出版社 2008 年版，第 226 页。

② 许维遹：《吕氏春秋集释》，中华书局 2011 年版，第 200 页。

39. 子舞　　　　　　　　　　　　　　（《花东》181）

40. 贞勿乎多老舞。　　　　　　　　　（《合集》16013 图 26）

41. 乎戍舞　　　　　　　　　　　　　（《合集》28180）

上卜辞 38 中的“𢦔”，是甲骨文中武丁时期经常出现的重要人物，涉及他的卜辞约有三百多条，可见，在殷商时期，“𢦔”不仅是一个重要人物，也是一个非常活跃的人物。其中的“沚𢦔”是一位武丁时期的重要武将，他当时也参与祈雨之舞。关于 39 辞中“子”在甲骨文中的用意，一般有三种含义：一为爵称，二为儿子之子，三为子姓。据韩江苏统计，甲骨文中的“子某”共有 124 人。”① 可见，在商代“子”是一个非常庞大的族氏。第 40 辞中由“多老”参与的舞，说明当时年长者也是舞中的主要参与者。宋镇豪先生认为在殷商社会中：“上至商王，下至文武元臣，包括一般官员，在重大祭典或宴飨等场合，均成为过‘歌之咏之手之舞之足之蹈之’的角色。”②

图 25　多𢦔舞

（《合集》14116）

图 26　多老舞

（《合集》16013）

① 韩江苏：《殷本纪订补与商史人物征》，中国社会科学出版社 2010 年版，第 338 页。

② 宋镇豪：《商代社会生活与礼俗》，中国社会科学出版社 2010 年版，第 516 页。

八 结语

甲骨文中的乐舞，主要是"在祀与戎"背景下的时代所需，殷商乐舞更是奢靡成风，《史记·殷本纪》载商纣："好酒淫乐……于是使涓作新淫声，北里之舞，靡靡之乐。"[①] 也正是在这种社会背景下，乐舞活动才有了广阔的生存和发展空间。在"逢事必占"的祭祀活动中，有求雨之祭的大雩舞，场面宏大的万舞，祭祀先祖的高跷舞。也有持钺而舞的武舞。在这些舞者的群体中，商王、诸侯百官均是乐舞当中的主体参与者，反映出乐舞是"在祀与戎"背景下的时代产物，同时也反映出兴舞之风是殷商社会礼俗的重要内容之一。

第四节 射箭活动

从 1928 年开始，考古工作者对殷墟遗址进行了多次科学发掘，其中出土文物中有大量的箭镞和有关射箭的甲骨文材料，这些出土实物和甲骨文献真实地反映了这一历史时期射箭的高度文明，为我们研究殷商射箭文化现象提供了宝贵内容。

射箭运动在我国历史悠久，考古发现，在我国山西峙峪遗址中出土一件石镞，距今约二万八千年。[②] 射箭运动发展到西周时期已经形成了比较完整的体系，史学家杨宽先生在其《西周史》"射礼新探"一章中对"射礼"进行了较详细的论述。他据《周礼》把西周、春秋时代贵族所举行的"射礼"，分为四种，即"大射""燕射""宾射""乡射"。如此成体系的"射礼"势必延续和继承了前朝的"射礼"文化，孔子曰："殷因于夏礼，所损益可知也。周因于殷礼，所损益可知也。"（《论语·为政》）[③]。因此，西周时期的"射"应与殷商时期的"射"是一脉相承的。杨宽认为："周人的青铜文化，主要是继承了商代的文化，并有进一步的发展和新的创

---

① 司马迁：《史记》，中华书局 2008 年版，第 50 页。
② 贾兰坡、盖培：《山西峙峪旧石器时代遗址发掘报告》，《考古学报》1972 年第 1 期。
③ （清）阮元：《十三经注疏》，中华书局 2009 年版，第 5349 页。

造。例如青铜兵器如戈、矛、镞等，都是沿用商代的形制而略有改进……"①只是由于相关文献和考古材料的缺失，使我们对于古代历史中"射"的认识和研究，长期停滞在西周时期。1991年考古发现的殷墟花园庄东地甲骨（以下简称《花东》），记载了人物"子"从事活动的诸多内容，其中射礼的内容是首次发现，为我们认识和研究殷商时期的"射艺"提供了宝贵的文献资料。它是目前发现内容最重要，数量最大的一批"非王卜辞"，其中"子"从事的射礼活动的记载尤为珍贵。我们试图通过考古材料和甲骨文的记载来复原商代"射"学内容。其主要内容包括射器、射礼、射箭种类、射场所。分述于下。

一　射器（有镞、箙、扳指）

（一）箭的基本结构及各部分名称

箭也称矢，《释名·释兵》记载："矢，指也，言其有所指向迅疾也。又谓之箭，箭，进也。"我国发现最早的石镞距今已有二万八千年的历史，骨镞在新石器时代就已大量使用，我国目前发现最早的青铜镞出自于二里头三期。可见箭的发明和使用的历史非常久远。箭由镞、箭杆、箭羽三部分组成，镞，又名箭头，箭镞由末（前锋）、刃、翼（镰）、后锋、本、喉、胡、关、脊、颈（铤）十部分组成；箭杆又叫干、笴、槀。箭杆以木、竹或铁制成，嵌于箭头之下。箭杆为圆柱形，用箭端制作而成。箭羽常以鹏鹘等巨禽翅制成，夹于箭杆尾端，起平衡的作用，使箭在飞行中能平稳地命中目标。（图27）商代发现箭的长度在85厘米左右，是在藁城台西T10内发现的一支完整的箭，箭杆为藤质，铤插入箭杆顶端的凹槽内。②

1. 镞的基本结构及各部分名称

镞。指箭头。也称镝、锃。《说文》："镝，矢鐽也。"段玉裁注："谓矢族之人物者。古亦作锃。"徐灏笺曰："广雅曰：'镞，镝也。'按镝之言适

---

① 杨宽：《西周史》，上海人民出版社1999年版。
② 河北省文物研究所：《藁城台西商代遗址》，文物出版社1985年版，第83页。

也，去此适彼也。"《列子·黄帝篇》："发之镝矢复沓。"

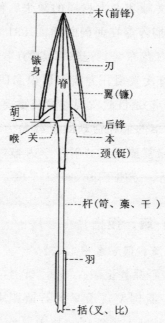

图 27　箭的基本结构与名称

末：镞的尖端。也可以称为前锋。

刃：由镞的末到后锋间的外边缘。

翼：脊的左右两侧部分。也可以称为镰。林巳奈夫命名镰[1]。

后锋：两翼的最末端。

本：翼和脊交接的地方称为本[2]。

喉：翼与脊之间的空隙。

胡：两翼下端长出与脊相交的部分。

关：脊与铤交界处。

脊：镞身中间高起的部分。也可以称为赢。林巳奈夫命名赢[3]。

---

①　［日］林巳奈夫：《中国殷周时代の武器》，京都大学人文科学研究所 1972 年版，第 322 页。

②　石璋如：《小屯殷代的成套兵器》，《国立中央研究院历史语言研究所集刊》第 22 本，1950 年版，第 44—59 页。

③　［日］林巳奈夫：《中国殷周时代の武器》，京都大学人文科学研究所 1972 年版，第 322 页。

铤：关以下的部分。杆与铤交接的一段叫颈。

2. 箭杆

杆以木、竹、藤或铁制成，嵌于箭头之下，也叫笴、槀、干。王力认为："笴，箭杆。周礼考工记：'妢胡之笴，吴粤之金锡。'郑玄注：'笴，矢干也。'"[1] 槀，称箭干。《周礼·夏官·序》："槀人。"郑注："箭干谓之槀。"[2]

3. 箭羽

箭羽常以鹏鹘等巨禽翅制成，夹于箭杆尾端，起平衡箭的作用，使箭在飞行中平稳地命中目标。另外在杆的最下端有刻出的接受弓弦的口叫比，或叫括、衔口。如《释名·释兵》："其末曰括，括会也，与弦会也。"《天工开物》：衔口："凡箭其本刻衔口以驾弦。"

由于组成箭的各部分材质不同，使得诸多材质随着长时间埋于地下而腐朽，考古出土与箭相关的材料主要是箭头的镞，商代镞的材质一般由骨质、青铜质、石质、玉类和蚌类组成，从数量上来看，骨质的镞最多，青铜质的次之，其他各类很少。从使用上来看，骨质和青铜质的镞杀伤力强，玉质镞主要应与礼制有关。镞、矢之别在于，矢是指箭的整体，包括箭头和箭杆。而镞单是指箭的箭头。箭杆由竹木质制成，已腐朽难辨。箭头（镞）由于由石、骨、青铜所制而保存下来。我们可以从甲骨文"矢"字的构型上了解其基本结构。甲骨文矢字作"𢎨"形（《合集》05699），显示其上有镞锋，下有箭栝。在镞与杆之间有一短横线，此短线表示镞与杆之间需要用绳索固定，也指明了箭是由镞和杆两部分组成。矢字基本上突出了箭的主要特征。矢字由甲骨文到小篆的演变过程为𢎨（甲骨文）—𠂜（金文）—𢎨（小篆）—矢（楷体），从矢字字形的讹变中，可以看出其保留着镞和杆两部分结构。

（二）骨质类镞

殷墟考古发现中用骨类制造镞的数量最多，约有 20400 件，大部分出于大墓中，如侯家庄 HPKM1001 的翻葬坑内即出 6583 件。[3] 妇好墓出土

---

[1]　王力：《王力古汉语字典》，中华书局 2000 年版，第 873 页。
[2]　同上书，第 508 页。
[3]　梁思永：《侯家庄第二本·1001 号大墓》，台北：历史语言研究所 1962 年版，第 205 页。

的两组骨镞，一组排列成上下两排，每排5件；另一组10件，成直线排列。（图28）骨镞的形状主要有四种：第一种是圆柱式，第二种是凸脊式，第三种是棱式，第四种是双翼式。以一、二种为数最多。[①]（图29）大量骨质箭镞的出土，说明殷商时期制作箭镞的主要来源是以动物的骨骼为原料，殷墟考古发现也证实了殷墟当时的自然环境中存在有各种各样的动物群种。殷墟考古还发现，在殷墟有5处专制骨制品的场所，总面积有几万平方米，发现废骨料上百万块。其中就不泛有骨镞一类。[②]另外更值得注意的是，商代前期还大量使用人骨做原料，在郑州商城郊，北城墙外有一处以制作骨簪和骨镞为主的制骨制品作坊遗址，其中半数以上是人的肋骨和肢骨。[③]同时从使用骨质的箭镞而言，也说明在当时的生产力水平下，骨类箭镞是射箭活动中的主要选择，对于下层民众而言，青铜质的箭镞依然是可望而不可即的。更值得关注的是，在骨质箭镞中，还存在有大量的平头无锋的镞，如图30，这种骨质平头的箭镞在青铜镞类中也少量可见，我们认为其主要用于平时的练习所用，方便回收和重新使用。也有学者认为，此类骨镞用于"弋射"，或是用于"田猎"射中，为了获取动物完整的皮质而设的。

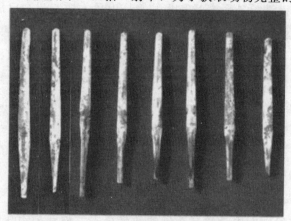

图28 殷墟妇好墓出土成束的骨镞

（采自《殷墟妇好墓》）

①　中国社会科学院考古研究所：《殷墟的发现与研究》，方志出版社2007年版，第363页。

②　殷杰、殷诚凯：《中国殷墟骨文化》，上海大学出版社2009年版，第121页。

③　罗琨：《商代战争与军制》，中国社会科学出版社2010年版，第465页。

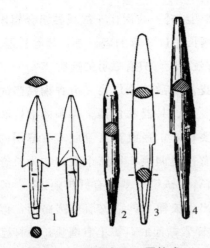

图29　1. 双翼式，2. 圆柱式，

3. 三棱式，4. 凸脊式

（采自《殷墟的发现与研究》第 363 页）

图30　平头骨镞

（采自《安阳殷墟花园庄东地商代墓葬》）

（三）青铜质类镞

我国目前发现最早的青铜镞是二里头遗址中出土的青铜镞，时间约相当于夏末商初。殷墟出土青铜镞的数量约有 980 个。其中殷墟编号 M54 出土数量较多（如图 31，但成束的镞仅 5 束。妇好墓出土两束（图 32）。遗址中、车马坑、马坑、祭祀坑等遗迹都有不同数量的出土。青铜镞的形制主要有五种形式：第Ⅰ式，短脊，镞本与关近平，两翼较宽；第Ⅱ式，长脊，本短于关，有的两翼较宽，有的两翼较窄，圆柱形铤；第Ⅲ式，脊与铤相连，两翼较宽；第Ⅳ式，有脊有铤，无翼；第Ⅴ式，脊中空，两翼较宽，无铤。其中Ⅲ、Ⅳ、Ⅴ式铤极少见。[①]（详情参见后文第四章第二节内容）从出土遗址的车马坑、马坑来看，说明箭与车马、马之间存有着密切的关系。可能与战争中的车马之战以及个人骑马射箭有直接的关系。杨泓在《商代的兵器与战车》一文中讲到："在已发现的马车中，约有三分之一的车上或近旁出土有兵器。这些兵器已形成较固定的组合，包括进攻性兵器中的格斗兵器——戈，远射兵器——弓矢，以及卫体兵器——兽首小刀，并未见

① 中国社会科学院考古研究所：《殷墟的发现与研究》，科学出版社 1994 年版，第 314 页。

在马车处出现矛的例子。以商代车战兵器的组合，与周代车战兵器组合相比较，明显缺乏适用于两车错毂时格斗的柄长超过 3 米的戟、矛、殳等兵器。因此，商代战车上可以用于杀伤敌方的有效手段，只有靠弓矢远射。"①

　　用青铜材料制作箭镞，主要是能够提高对敌的杀伤力。但青铜在当时也是非常稀缺的原料，其主要用于制作礼器、兵器和食器。青铜的冶炼和使用，是当时生产力水平提高的一个重要标志，一般贵族阶层才有享用的权利。有关成束箭镞的单位，其中妇好墓出土两束，每束十个，均为长脊式。M5：77 的一束，由上往下排成四排，在镞铤上多数有纤维痕迹。② 殷墟西区一座车马坑（M43）的车箱底部出土矢箙一件，矢箙作圆筒形，似由皮革制成。矢箙内装有铜镞 10 枚，镞锋紧贴箙底，铤上有绳痕，箭杆已朽。③ 说明在镞与箭杆固定方式上，应以绳索绑定镞铤和箭杆之间。镞长都是 5.6 厘米，说明镞的加工是同一规格的模制成，这从殷墟考古发现的镞陶范可以得到证实。青铜镞的形状与骨镞相同。由此说明，殷商时期的青铜镞的加工已经具有一定的规模，并且青铜镞的规格也统一规范。从殷墟出土的制作箭镞的镞范来看，成规模的生产箭镞已经不是问题，箭镞在殷商时期的使用应是非常广泛的。青铜镞的使用也可能是一种身份地位的象征，在殷墟妇好墓和 M54 将军墓中，都发现有大量的青铜镞。

图 31　青铜镞

（采自《安阳殷墟花园庄东地商代墓葬》）

图 32　妇好墓出土成束的青铜镞

（采自《殷墟妇好墓》）

① 李伯谦：《商文化论集》，文物出版社 2003 年版，第 416 页。
② 中国社会科学院考古研究所：《殷墟的发现与研究》，科学出版社 1994 年版，第 315 页。
③ 同上书，第 141 页。

　　关于商代青铜镞的研究，学者郭妍利统计目前所见商代青铜镞数量为5125 件。她将商代青铜镞分为 2 种、8 类、15 个型号。[①] 其中亚型更是繁多，可见，商代各地在青铜镞的制造标准和使用上是不统一规范的。

　　（四）石质类镞

　　前文已述，石镞多见于旧、新时期时代。殷墟发现的石镞有 40 多件，大体可分为五种形式：一种镞身呈扁平三角形，有短铤，解放前小屯YMO20 出土了 10 件，长度在 6—7 厘米。第二种呈长三角形。长 3.2 厘米。第三种为三角形，底边平。第四种作圆棒形，有锋和铤。[②]（图 33）石镞可能还是新石器时代的遗存和延续，也可能作为箭镞的一种有效的补充。从制作工艺上来讲，磨制石质箭镞的难度要大于磨制骨质类的箭镞。从数量上来讲，此时的石质箭镞已开始逐渐退出历史舞台。造成石镞退出历史的原因可能有二：一是社会生产力水平的提高，使制作镞的材质提供了可选择的种类；二是打制石镞的难度太大。

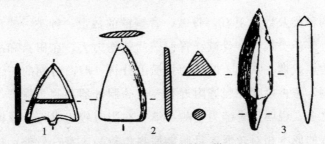

图 33　殷墟出土的石镞

（采自《殷墟的发现与研究》第 340 页）

　　（五）玉质、蚌质类镞

　　玉镞数量甚少，大小，形态，规格与石镞雷同。[③]（如图 34 - 1、2）但玉质镞类在选材上精良，制作工艺精美，其中透射着我国劳动人民的聪明才智。蚌质极少，皆非实用器。[④] 此时期玉镞的出现与使用，应与当时的

①　郭妍利：《商代青铜兵器研究》，社会科学文献出版社 2014 年版，第 90—99 页。
②　中国社会科学院考古研究所：《殷墟的发现与研究》，科学出版社 1994 年版，第 363 页。
③　同上书，第 334 页。
④　同上书，第 401 页。

礼制形成有着密切的关系。拥有青铜和玉质器物，不仅是礼制社会的需要，也是拥有着身份地位的象征。殷墟 M54 墓出土的精美的玉镞就说明其在当时社会礼仪中发挥着重要的作用。

图 34 - 1　玉镞

（采自《安阳殷墟花园庄东地商代墓葬》）

图 34 - 2　玉镞

（殷墟西北冈 1001 号大墓出土玉镞）

从镞的种类及数量上看，骨镞、青铜镞的数量、种类、式样最多，石镞和玉镞、蚌质类最少。骨镞、青铜镞的杀伤力大，在田猎和战场上用途广泛，是主要武器。从出土的镞的材质上分析，殷商时期的箭镞主要材料是骨和青铜，考古发现在殷墟附近有专门的制骨器和制青铜器场所。出土骨镞数量之多，说明以骨镞为主的"箭"在当时较为盛行，原因可能是当时骨器制造的成本相对较低，且制镞原料也较为丰富；另外，从骨镞的功能上考虑不见得低于青铜镞。其中带翼式骨镞是仿铜镞制作的。① 可能是由于战争中大量的使用弓箭的原因，青铜镞的箭不能满足田猎和军事中的需要，而由大量的骨镞补充、取而代之。商代人虽有铜镞，但一般人还是使用不起。因镞不比戈、矛、刀等器械，一支在手可以长期反复使用。镞是消耗性很大的远射兵器，大多数是一次性使用，故商代一般人还是使用非金属的骨镞。从整体上看，骨镞的制做较为精细，尖端磨制更锋利，增加了穿透力，从而提高了其在战场上的杀伤力。另外，骨镞当中还有相当数量的平头簇，我们认为此种平头的镞可能用于练习时使用。

---

　① 　虞禺：《商代的骨器制造》，《文物参考资料》1958 年第 10 期。

铜镞的铸造需要较高的工艺，只有有一定的身份和地位的人才具有使用权，应多配备于商王及其贵族子弟享用。在殷墟大墓、妇好墓和 M54 将军墓中多出土青铜类的镞。由于生产水平和加工技术的提高，石镞类箭镞已经很少再使用，说明这一时期作坊内传统的石质工具已经被骨、铜质工具所取代，这也是我国手工业生产领域的一次重大革命。石质簇可能多用于低层社会田猎时使用。而玉镞的出现，可能与礼制的形成有很大的关联，说明殷商时期对箭的使用已经涉及贵族生活中的礼仪层面，玉镞也许带有装饰和权力的象征。

（六）矢箙

甲骨文箙字作"𢦏"形（《合集》0473）。象是矢在架上之形，释为"𤰞"。𤰞，即古文箙字。王襄认为："古𤰞字与服通，今作箙。象架上矢。"①《说文》："弩矢箙也。从竹服声。《周礼》：'仲秋献矢箙。'"甲骨文"𢦏"字形正合此意。矢箙作为放置箭的配套用具在考古中也有发现，如殷墟西区一座车马坑（M43）的车箱底部出土矢箙一件，矢箙作圆筒形，似由皮革制成。矢箙内装有铜镞 10 枚，镞锋紧贴箙底，鋋上有绳痕，箭杆已朽。② 这是在殷墟首次发现矢箙。说明射箭手随身携带箭的数量以 10 枚为一单位，并且以箭镞向下的排列方式置于箙中。这与妇好墓出土的成束的箭镞（10 支）是一致的。从鋋上有绳痕分析，可能是当时多用绳来固定镞与箭杆之间的联接处。关于圆筒形的矢箙，在甲骨文中也有发现，字作"𢎘"形（《合集》28372），像是将箭放在一个圆形的袋子里面，箭锋向下。古代称其为"函"，高明释为"函"。③ 王襄、王国维、孙海波皆释其为"函"字。《甲骨文字典》载："象矢在囊橐之形，为藏矢所用之函。"④王国维认为："𢎘字形象倒矢在函中，𢎘，殆即古文函字。古者藏矢之器有二种，皆倒载之，射时所用者为箙，矢括与笥之半皆露于外，以便于抽

① 于省吾：《甲骨文字诂林》，中华书局 1996 年版，第 2556 页。
② 中国社会科学院考古研究所：《殷墟的发现与研究》，科学出版社 1994 年版，第 141 页。
③ 高明：《古文字类编》，上海古籍出版社 2014 年版，第 814 页。
④ 徐中舒：《甲骨文字典》，四川出版集团 2006 年版，第 756 页。

矢，㠶字象之。藏矢所用者为函，则全矢皆藏其中，㔷字象之。"① 可见，在早期，用于装矢的器物是有区别的。

殷墟未见弓及箭杆发现，可能与制造材料为竹木制有关，由于时间太长而朽。商代发现箭的长度在 85 厘米左右，是在藁城台西 T10 内发现的一支完整的箭，箭杆为藤质，铤插入箭杆顶端的凹槽内。② 考古材料中虽然未发现大量的弓及箭杆，但已出土的甲骨文字中有大量的与弓和箭有关的象形文字，足以证明弓与箭的存在。这些射箭工具可能与射手装备、身份地位有关。社会地位越高、掌握技术越好，其配置应越高。

（七）扳指

扳指在古代称作韘，扳指是用于套在右手拇指上，在射箭拉弓弦时所用。由于经常拉弓射箭，右手拇指拉弦时就会造成磨损，因此，扳指是为保护右手拇指而专门制作的射箭时所用工具，拉弓时弓箭的张力主要集中于此。《说文》载韘："射决也。所以拘弦，以象骨，韦系，着右巨指。从韦枼声。《诗》曰：'童子佩韘。'㺩，韘或从弓。"《玉篇》载："韘，射决也。"《广雅·释器》也载："韘谓决也，着于右手大指，所以引弦也。"殷墟考古发现有骨质、青铜质和玉质扳指三种。在小屯西北地的一座墓中（M18）出土了一件似扳指的残碎骨器。③ 殷墟出土发现有青铜质扳指。（图35）在 1975 年发掘的殷墟妇好墓中，出土一枚玉质扳指，为研究中国射箭史提供了极为珍贵的实物资料。此玉扳指上端前高后低，呈一斜面，下端齐平，前高 3.8 厘米，后高 2.7 厘米，厚 0.4 厘米，重 44 克。正面雕兽面纹，其兽一面双身。（图 36-1）兽身下有两个可穿细绳的透孔，背面有一可置弓弦的凹槽，槽内留有弦索的磨痕。④ （图 36-2）器物下方还有一小圆孔，应是穿绳佩戴所用，是证妇好随身携带之物，这大概是妇好戎马生涯的印记。此外，从兽面形刻纹局部有磨损痕迹来看，女将军妇好应经常使用此物。卜辞中有关妇好征伐的辞例很多，她曾参与过对羌方、土

---

① 于省吾：《甲骨文字诂林》，中华书局 1996 年版，第 2559 页。
② 河北省文物研究所：《藁城台西商代遗址》，文物出版社 1985 年版，第 83 页。
③ 中国社会科学院考古研究所：《殷墟的发现与研究》，科学出版社 1994 年版，第 389 页。
④ 中国社会科学院考古研究所：《殷墟妇好墓》，文物出版社 1980 年版，第 194 页。

方、巴方、尸方的征伐，为殷商中兴立下汗马功劳。如：贞王勿令妇好比侯告伐夷。贞王令妇好比侯告伐夷（《合集》6480）。壬申卜，争，贞令妇好比沚貳伐巴方受有又（《合集》6479）。有关扳指的使用方法可参看图例37。从扳指整体不规则的设计和弓弦的凹槽处深浅度分析，此扳指的设计不仅符合人体生理学的原理，也符合生物力学的原理。显然是人们在射箭实践中结合射箭的技术需要而专门设计的辅助工具。

在古代，射箭是男子主要要掌握的一项技能，因此，男子从孩童时期就开始练习射箭，由于年龄较小，手指的力量不足，就需要在练习射箭时佩戴上扳指以保护手指。由此，扳指也成了儿童长大成人的一种标志。《诗经》言："童子佩韘。"就是指当时的一种常见的社会现象，也说明当时社会崇尚射箭、习武之风的存在。

图35 青铜扳指侧面

（采自《商代战争与军事》彩图22）

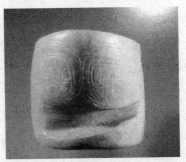

图36-1 玉扳指正面

（采自《殷墟妇好墓》，图版164-4）

图36-2 玉扳指后面

（采自《殷墟妇好墓》，图版164-4）

图37 扳指使用方法示意图

（采自《商邑翼翼》第223页）

二 甲骨文"射"字释义

甲骨文射字作"♰"（《合集》10422）、"♈"（《甲》2533）、"♓"（《花东》37）、"♗"（《花东》37）。《合集》中有关"射"的卜辞约 360 条，其中有名词和动词的性质。《花东》中有关"射"的卜辞有 7 版，多以动词出现。射字的特点体现在：《合集》中的射字只有弓和矢，《花东》中的射字不仅有弓和矢，还有表示射箭时的双手的位置，箭上的矢字也有区别，一种有锋，一种平头无锋。射字在卜辞中作名词时，多为官职名，如"多射"（《合集》046 正），"射畬"（《合集》05755）。射字在卜辞中作动词时，表示射箭活动。从字形上分析，甲骨文"射"字有从弓、从矢（有锋）（《合集》10422）；有从弓、从矢（无锋）（《花东》37）；有从弓、从矢、从单手（《甲》2533）；有从弓、从矢、从双手（《花东》37）。韩江苏认为甲骨文中这些不同结构的字形，说明了甲骨文字表义功能的存在。[①]甲骨文中的"射"有三种含义："一是作动词用，发矢也。二是作职官名，三是作地名用。"[②]《说文》："躰，弓弩发于身而中于远也。从矢从身。射，篆文？从寸。寸，法度也。亦手也。"可见，《说文》对射字从身的解释是有误的，误将篆文中的"弓"释为身。《玉篇》："射，矢也。又作躰"。[③]《广韵》："周礼有五射，正是弓张矢待发，义为射"。从甲骨文射字分析，此"♓"字包含有三个要素：一是箭矢，显示有箭镞、箭身和箭括。二是弓，显示有弓体、弓弦。三是射箭时双手的位置，显示一手在弓附部位，一手在箭弦搭配之处。甲骨文中的射字还有简化后无手"♰"（《合集》013）的射字，西周金文里的射字为一只手形状，手在箭尾处，作"♈"形。由此可见，射字从甲骨文到楷书的演化过程为"♓（甲骨文）—♰（甲骨文）—♈（金文）—躰（小篆）—射（楷书）。"《说文》称射字从身、从寸，是后来"弓"字体讹变为似"身"字的缘故。从古至今，由于

---

① 韩江苏：《浅析殷墟甲骨文字形表义》，《殷都学刊》2012 年第 4 期。
② 徐中舒：《甲骨文字典》，四川出版社集团 2006 年版，第 582 页。
③ （南朝·梁）顾野王：《大广益会玉篇》，中华书局 1987 年版，第 133 页。

用双手拉弓射箭的基本形式没有太大变化，又由于传统射箭的基本用具也没有太大的改变（只是材质、工艺上发生了变化）。因此我们从甲骨文射字的影像上很容易就能识别出这项古老的运动。射箭是冷兵器时代重要的手段之一，有着重要意义，恩格斯认为："弓箭对于蒙昧时代，正如铁剑对于野蛮时代及枪炮对于文明时代一样，乃是决定性的武器。"[①] 在我国，射箭活动起源甚早，在我国出土最早的石箭镞约有二万八千多年的历史，可见射箭运动经过了漫长的演变过程，射箭所用箭镞也经历了由石质向骨质和青铜质再到后来的铁质的转变过程，在殷墟考古发现中都有这三种材质的箭镞出土，其中以骨质和青铜质箭镞为多，殷墟已发现有制骨的专业场所，还发现有制箭镞的陶范。可见射箭活动所用箭的数量很大，需要统一制作。又由于箭矢损耗较大，因此需要即时补充。

三 甲骨文所见射礼

西周、春秋时期所举行的"射礼"主要有四种，即"大射""燕射""宾射"和"乡射"。现在学术界一般认为"射礼"的内容源于西周时期。[②] 我们认为，西周时期"射礼"已经形成了一套较为完整的体系，其前期的形成应该有一个较长的过程，从卜辞相关内容上看，殷商时期就应该已经有了所谓"射礼"的相关内容，这显然是西周社会对殷商"射礼"内容的继承和发展。孔子曰："殷因于夏礼，所损益，可知也。周因于殷礼，所损益，可知也。"（《论语·为政》）甲骨卜辞中有关"射礼"的内容在《花东》卜辞中可以得到证实。《花东》卜辞中，射字作"𣪊"和"𠂤"形，[③] 与王卜辞中的射作"𢎺"形有别，其性质和含义也有差别。宋镇豪先生对商代射礼进行了初步研究，首先揭示了"射礼"活动的具体内容。[④] 但疏漏掉了"射礼"活动开始时和结束后举行的祼（灌）祭、进献玉璧的重要

---

① 恩格斯：《家庭、私有制和国家的起源》，《马克思恩格斯选集》第4卷，人民出版社1972年版，第19页。

② 杨宽：《西周史》，上海人民出版社1999年版，第716页。

③ 中国社会科学院考古研究所：《殷墟花园庄东地甲骨》，云南人民出版社2003年版。

④ 宋镇豪：《商代社会生活与礼俗》，中国社会科学出版社2010年版，第468页。

礼仪内容。韩江苏在此基础上对这些材料进行了补充和完善，她通过对《花东》卜辞的排谱研究，发现了主人子在射箭日之前癸巳日贡纳、进献玉璧和举行祼祭的重要内容：

42. 癸巳卜，叀璧攵丁？一

　　子攵丁璧？用？二

　　癸巳，叀玨攵丁？不用？一　　　　　　《花东》198

43. 癸巳卜，子祼？叀白璧攵丁？一　　　《花东》37

44. 甲午卜，在嚣，子其射若？

45. 甲午，弜射于之，若？　　　　　　　《花东》37

上卜辞中的叀字有加强语气的作用，使宾语前置。璧指玉璧，攵有奉献之意，祼是祭名。辞义为主人"子"要向（活着的）丁（武丁）进献玉璧或（白）玉璧？在这个过程中，主人"子"还要进行祼祭？从时间上讲，献玉璧和祼酒之占（癸巳日），发生在射箭活动（甲午日）之前一天，它表明商代的射箭活动，已经纳入到礼仪活动的范畴中。[1] 此礼仪活动内容发生在主人"子"从事射箭活动的前一天，应该是特别为子举行射箭活动而举行的礼仪。从卜辞内容上看，主人"子"非常重视射箭活动前一天的对商王的贡献活动。这种在射箭活动之前举行的礼仪活动，与西周时期"大射"活动中的礼仪有相似之处。也与当前大型和小型运动会前的开幕仪式中，主要领导出席参与程度有相似之处。以此显示主人"子"及其从事的射箭活动在当时社会中的重要地位。

以上是射箭活动开始前的射礼内容，那么，射箭活动结束后是否也存在礼仪活动呢？通过对《花东》卜辞分析，我们认为以下卜辞内容记载的是弹射结束后的礼仪内容。卜辞曰：

46. 庚戌：岁妣庚羊一？一

---

① 韩江苏：《殷墟花东H3卜辞主人"子"研究》，线装书局2008年版，第397页。

47. 庚戌：宜一牢，在入弹？一，二

48. 庚戌：宜一牢，在入弹？一

49. 庚戌卜：其畀涶尹𬀩，若？一　　　　　（《花东》178，图38）

上卜辞中46、47、48是关系"弹射"的主要内容，这里就不展开，后文"弹射"章节将详述。这里主要是对第49条卜辞中有关弹射比赛后进行的罚酒礼进行分析。

辞49中的"畀"，有供奉、呈送之意，作动词讲。"涶尹"在这里指人名，尹在商代是指职官名，如史料中记载的伊尹。"𬀩"字不识，但从字形上讲，此字从酉（酒），应是指一种酒，或是指与酒相关的器皿。结合本版卜辞的相关内容，认为此卜辞内容显示为：在弹射活动结束时，可能是让涶尹这个人被罚饮酒，暗指涶尹这个人在此次弹射活动中失败的结果。此种罚酒礼的内容，对后世产生很大的影响，也被西周射礼活动所继承。杨宽在《西周史》"射礼新探"中写道："第二番射有主人、宾和众宾参加，着重于比赛。"其礼节中有饮不胜者："由司射命令弟子奉丰升堂放置，由胜者弟子洗觯，安放在丰上，给不胜者饮酒。"① 此罚酒礼在《诗经》中也得以体现。《诗经·小雅·宾之初筵》："大侯既抗，弓矢斯张。射夫既同，献尔发功。发彼有的，以祈尔爵。"这是一首描述射箭开始到射箭结束的整个过程的诗篇。这首诗最后一句"发彼有的，以祈尔爵。"就是指比赛结束后，胜者要罚输者饮酒。诗句"发彼有的"是指胜者射中对方侯的中心。祈：是祈求，爵：是古代饮酒器皿。意思是说，参加比赛的选手希望自己射中箭靶获胜，祈求罚失败者饮酒。时至汉代，仍然能够看到此礼的延续。《汉书·李广传》云李广："与人居，则划地为军阵，射阔狭以饮，专以射为戏。"如淳注曰："为戏求疏密，持酒以饮不胜者也。"

射礼活动开展的目的是明君臣之礼、检验射手的射艺、推崇社会尚武之风。因此，胜者可以得到君王的赏赐，参与祭祀活动，晋升侯爵。《礼记·射义》载："古者诸侯之射也，必先行燕礼。卿、大夫、士之射也，

---

① 杨宽：《西周史》，上海人民出版社1999年版，第720页。

必先行乡饮酒之礼。故燕礼者，所以明君臣之义也。乡饮酒之礼者，所以明长幼之序也。"又载："是故古者天子以射选诸侯、卿、大夫、士。"[1] 败者将罚以饮酒，不得参与祭祀活动，以示警戒。《礼记·射义》载："已射于泽，而后射于射宫，射中者得于与祭，不中者不得与于祭。"

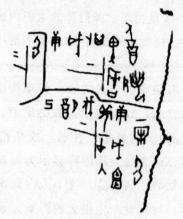

图 38　弹射后的罚酒礼

（《花东》178）

四　甲骨文中射箭种类

从甲骨文和考古材料看，商代所见"射"的种类可以归纳为四种：即学射、习射、田猎射、军事射。分述如下。

（一）学射

50. 甲午卜，在㟒，子其射若？

甲午，弜射于之，若？

乙巳卜，在㟒，子其射？若？　　　（《花东》37，图39-1）

51. 戊戌卜，在湕，子射若？不用？

戊戌卜，在湕，子弜射于之？若？

己亥卜，在吕，子其射？若？不用？

---

① 李学勤：《礼记正义》，北京大学出版社1999年版，第1640页。

弜射于之？若？ 　　　　　　　　　　　　　（《花东》467，图39-2）

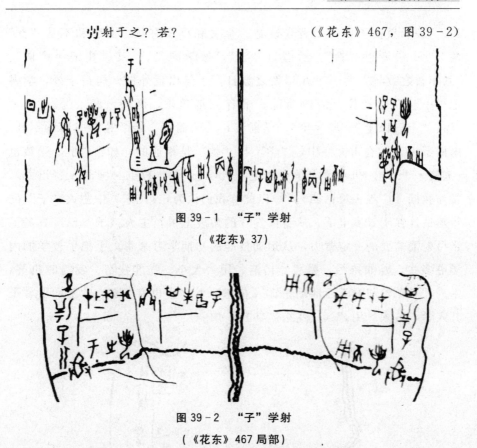

图 39-1　"子"学射

（《花东》37）

图 39-2　"子"学射

（《花东》467 局部）

　　从上 50、51 卜辞中看，主人"子"学射地点为"蠢、吕、澪地"，虽然"子"的具体身份还没有定论，但"子"的贵族身份得到学界认可。上卜辞中的"学射"之"射"作"箭"形，此"箭"字形首次出现在甲骨文中，与王卜辞中的"弓"形不同，字形像双手持弓射箭，有学射之意。原拓片上双手持弓的位置不同，显示是一手在弓附的中间靠下一些，另一手在弓上箭尾处，作"弓"形，十分形象，有学射之意。"学"，"教也"是学习，接受教育。《说文》："教，觉悟也"。甲骨文学字作"爻"（《花东》150）和"爻"（《花东》450），由双手、房屋形、计数三部分组成。学习的过程强调要动"双手"的能力。金文增加了"子"和"支"（手持器具），表示教孩子或劳动者学建造。金文和小篆有从"攴"和不从"攴"两个字。前者近"教"，后者近"学"，教学同义。① 又《礼记·内侧》："六年教之数与方名……九年教之数日，十年出就外傅，居宿于外，学书记……朝夕学幼仪，请肄简谅；十有三年学乐，诵诗，舞《勺》；成童（注："十五以上"）舞《象》，学射御；二十而冠，始学礼……博学不教，内而不出。"② 在古文字中，"学"与"教"是相通的，如："学，受教也《玉篇·子部》。初习谓之学《礼记·大学》。学，教也《国语·晋语九》。学与教同《广雅·释诂四》。"③ 以此，我们认为，《花东》中主人"子"的年龄估计在十五岁上下，从身体发育的角度上讲，主人"子"已经具备了张弓射箭需要的一定臂力，从运动技能的初期学习来看，手把手教学的内涵更多些，譬如持弓、张弓、搭箭、用力大小、瞄准技巧、发箭时机等。主人"子"参与的学习活动，在《花东》卜辞中也有记载："丁卯卜，子其入学，若永。用。"（《花东》450 图 40）

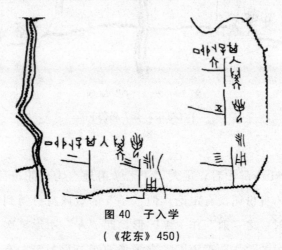

图 40　子入学

（《花东》450）

另外，我们认为主人"子"在学射，还可以从《花东》中记有子从事田猎活动的内容来分析，此内容共 43 版，约占《花东》总数的 7.82％，

---

①　熊国英：《图释古汉字》，齐鲁书社 2006 年版，第 128 页。

②　李学勤：《礼记正义》，北京大学出版社 1999 年版，第 869 页。

③　宗福邦：《故训汇纂》，商务印书馆 2003 年版，第 554 页。

但"射"的动作并没有出现在这些田猎地中。[1] 如此多的有关田猎的龟甲中，却没有记载作为田猎用词的"射"，这绝非偶然。以此是否也可以说明一个问题：主人"子"的射箭技能没有掌握，射箭的运动技能还没有形成，应处于以上的学习阶段。

（二）习射

一个好的弓箭手要想熟练掌握射箭的技能，就需要经常不断的进行练习。《礼记·王制》："耆老皆朝于庠，元日习射上功，习乡上齿。"[2] 庠，就有学校的性质。"学、校、庠、序，皆学名也《文选·班固东都赋》"[3]可见，习射活动在商周时期已经形成一种制度。卜辞云：

　　52. 叀冂弓用？射？

　　　　叀冂弓用？不用？

　　　　丙午卜，子其射？疾弓于之？若。一

　　　　戊申卜，叀疾弓用射隹？用。　　　　　　（《花东》37 图 41）

图 41 子用冂弓习射

（《花东》37 局部）

上 52 卜辞是《花东》37 卜辞中的一部分，在《花东》37 卜辞中，表示弓的辞例有三种弓，分别是疾弓、迟彝弓和冂弓，从卜辞用字上来看，弓字前面的词"疾、迟"都为形容词，因此，我们认为冂弓之冂字也应该

---

① 章秀霞：《花东田猎卜辞的初步整理与研究》，《殷都学刊》2007 年第 1 期。
② 李学勤：《礼记正义》，北京大学出版社 1999 年版，第 403 页。
③ 宗福邦：《故训汇纂》，商务印书馆 2003 年版，第 554 页。

是形容词一类，从字形上来讲，冂字从一、从冂，《说文》谓："冂，象远界，同，古文冂从口。"依字形和辞意，冂字应为同字本字，即迥字初文，《说文》："迥，远也。"《玉篇》："冂，林外谓之冂，象远界也。"[①]从上古音讲，冂、同、同、冏，迥皆为耕部字，音通义近，可相互通假。[②]《甲骨文简明字典》载："冂，构型不明。金文深化成同，后代孳乳为迥，远也，甲骨文即用此义。"[③] 由此可知，冂弓，就是指远射之弓。我们再从"射"字形结构上进行探讨，这里习射之射字作"彡"形，与"卤"字形不同，我们注意到，这两个字同版于《花东》37上，为什么要用不同的"射"字呢？我们认为，从甲骨文字表意功能的角度上讲，《花东》37上同版同事，其用射字形不同，其表达的含义也一定不同。有学者认为，这些都是"射"字的异体，而我们认为，这些字形不可能只是简单的异体，更不是一体的省略。从两种字形中从"矢"字来看，"彡"字形中的"矢"是平头状，而"卤"形中的"矢"是有锋状。上文已述，在殷墟考古发现中，平头状的矢也多有发现，多为骨质的镞，也有少量青铜质的平头镞。练习射箭时，所用此平头镞是显而易见的。我们认为，主人"子"先开始学射，即用"卤"字表示。而后用冂弓习射，即用"彡"字表示。此射字形"彡"，虽然与王卜辞中的"中"形不同，但字形中的共同之处是没有了表示学射中的双手之形。从运动技能形成的角度分析，我们理解冂弓可能有两种含义：一是以器械功能来命名，即冂弓，应是练习用弓；二是以这项技能的练习形式命名，即远射之弓。宋镇豪先生称之为常规射。我们进一步认为，冂字从一从冂，以字的会意上讲，"冂"可以理解为放置于远处的固定之物，于省吾先生认为"冂"像物之底座[④]。而"一"可以抽象为固定物上之被射之目标。我们称之为固定目标的远射，其含义可能是固定支撑物上的目标，或者是固定相应的距离。宋镇豪释解疾弓为快射。[⑤] 疾

---

① 顾野王：《大广益会玉篇》，中华书局 1987 年版，第 81 页。
② 唐作藩：《上古音手册》，中华书局 2013 年版，第 76 页。
③ 赵诚：《甲骨文简明字典》，中华书局 2009 年版，第 279 页。
④ 徐中舒：《甲骨文字典》，四川出版集团 2006 年版，第 1541 页。
⑤ 宋镇豪：《商代社会生活与礼俗》，中国社会科学出版社 2010 年版，第 471 页。

字做"帮"形，丁山释为"疾"①。崔作"帮"形，辞义为要用疾弓来射"崔"鸟（以验证学射的效果），从字形上看，"帮"字从木、从鸟，似为绳索悬挂鸟头形，应是为方便习射，将鸟（被射之物）悬挂于某一固定物上。此种用来练习射动物的事项，到西周时期称之为"射牲"。《周礼·夏官·射人》载："祭祀，则赞射牲，相弧卿大夫之法仪。注：烝尝之礼有射豕者。《国语》曰：'禘郊之事，天子必自射其牲。'"② 射豕、射鸟当属一类。陈梦家在《殷墟卜辞综述》"文字"章节中指出，"事与物，都是我们象形的对象"，"事物有处于静态的，也有处于动态的，因此，象形字当然不仅是名词而且可以是动词。"③ 此过程是掌握运动技能的必要过程，也是检验由射静物到射动物的过程。与我们现在练习射箭过程十分相似，即首先练习射静态之物，而后练习射动态之物，逐渐掌握运动技能。其目的都是为了在以后田猎和战争中使用。我们认为以上卜辞中的射鸟活动是在练习射箭，也可以从田猎卜辞中用词的习惯上进行分析，在实际田猎活动中，一般射猎动物的卜辞中的射字后多有"获、擒"等验辞出现，如"壬戌卜，射，获，不。"（《合集》10693），"…射鹿，获。一"（《合集》10694）。并且从卜辞中射获的动物来看，多是鹿、豕、兕等大型动物，未见有射鸟的卜辞。这说明主人"子"从事的射箭活动是习射，且含有"礼射"的内涵。在《花东》卜辞中，以帮弓、迟彝弓、疾弓来射，均有被射的实物对象，固我们认为是主人"子"在练习射箭的过程。由"帮"到"帮"的过程，再到"帮"的过程，也是由"学射"向"习射"过渡的一个重要环节。在同一版甲骨中，记载"射"的不同内容，这在史料中还是首见。这一环节是由学射箭到练习射箭的具体体现。也是此射箭技能初期形成的重要过程。关于《花东》37 版射箭的具体内容，后文章节将予以详述。

（三）田猎射

田猎是商时期的人们经常从事的一项重要活动，射箭是田猎中获兽的

① 杨树达：《积微居甲文说》，上海古籍出版社 2007 年版，第 85 页。
② 李学勤：《周礼注疏》，北京大学出版社 1999 年版，第 809 页。
③ 陈梦家：《殷墟卜辞综述》，科学出版社 1956 年版，第 513 页。

重要方法之一，也是狩猎中最为有效的工具。射猎获兽，在卜辞中常见。可见早期的射箭主要用于生活狩猎，后逐渐在战场上多使用。从技能的角度看，田猎中的射箭已是经过练习后所掌握的熟练技能，这种熟练技能的运用在田猎中得以表现：

53. 丁巳卜，贞王其田？亡〔𢦏〕？𡆥（擒）？

　　王其射穆兕？𡆥？弗𡆥？

　　戊午卜，贞王其田？亡𢦏？𡆥？于𡏟亡𢦏？《合集》33373

54. 贞其射鹿？获？　　　　　　　　　　　《合集》10320 正

55. □□卜呼射豕叀多马？吉　　　　　　　　《屯南》693

56. 癸未卜，王曰贞又（有）豕才（在）行，其左射获？

　　　　　　　　　　　　　　　　　　（《合集》24391，图42）

57. 贞王其令呼射鹿？　　　　　　　　　　《合集》26907

图 42　王左射

（《合集》24391）

　　上辞 53 中的田是指田猎，亡是否定词，𡆥是动词指擒获。"穆兕"，穆地之兕。55 辞中多马是官职名。56 辞中的"左射"是称赞商王射技之高的美称。《周礼·地官·保氏》："云逐禽左者，谓御驱禽兽使之，当人君以射之，人君自左射。故《毛传》云：'故自左膘而射之，达于右，为上杀.'"①这一技能也体现了与驾车技艺的相互配合,在六艺中的"御"内容中,就有"逐禽左"的技艺。这是体现"射艺"与"御艺"的完美结合。在王卜辞中,此处射字作"↑"形,与非王卜辞中的学射之形"↑"和习射之形"↑"不同,显然,王卜辞中的射"↑"活动,应该是已经熟练掌握射箭技术之后的射,运动技能已经形成。在实际田猎中,有大量的以射捕获动物为证,如麋、兕等,一次获鹿最多达一百六十二头:……丁卯……狩征……擒,获鹿一百六十二……(《合集》10307,图43)。

图43　获鹿162头
(《合集》10307)

对田猎材料中"射"的整理和分析,旨在探讨射箭技能在田猎中的实际应用,一次田猎中的射获猎物多达上百,说明田猎中的射箭技术已经相当熟练,而且,田猎中射箭技能的使用率也相当高。从田猎获动物情况分析,能够熟练掌握射箭的射手也应当较多。这种熟练的"射"的技能应与前期的学习和练习的过程密不可分。

(四)军事体育中训练的射

"国之大事,在祀与戎。"(《左传·成公十三年》)在殷商时期,军事活动与体育活动交融难辨,军事活动主要表现在对周边各方国的征伐,而针对这些征伐行动,军队就需要进行相应的身体训练与集体训练。殷商时

① 李学勤:《周礼注疏》,北京大学出版社1999年版,第354页。

期的殷都周围有许多方国，发生在商与方国之间的战争连年不断，兵器是冷兵器时代的主要进攻武器，射箭是当时唯一的远射武器，在未有火药火枪以前，弓箭就是冷兵器时代的远射武器，弓矢是战争中的重要武器，其在军队中的作用和地位非常重要。

目前，关于对商代时期的军队编制还没有一个较统一的认识，一般认为商代军队有师、旅、大行、行编制。① 罗琨认为商代兵种有徒兵、车兵和一定数量的骑乘和舟兵。② 在这些兵种中，"多射""三百射"是军队中射的一种数量显示已得到认可，说明在军队中掌握"射"技能的人员较多，从另一个角度来说，培养这些射手，需要一个技能训练的过程。为了保证战争的胜利，军队必须要有训练。《礼记·月令》记载："孟冬之月，天子乃命将帅讲武，习射御，角力。"甲骨文中有训练射手记载，称为"庠射"，如：

58. 贞令𢀜庠射？

令𢀜庠三百射？　　　（《合集》5770）

𢀜是人名，𢀜是商王同姓贵族，有封地，𢀜活动于商王朝的各种事务中。③ 陈梦家说："卜辞'令𢀜庠三百射'者令𢀜教三百以射。"④ 因为有"新射"，所以要训练。另外，甲骨文中有以射命名的官吏，如有射畓（《合集》5749）、射𢦔（《合集》5792）、射告（《花东》264）的记载，说明"射"是商代军队中重要组成部分。射箭运用于战争中，早在相当于二里头文化的垣曲商城遗址中就发现有射入人骨的唯一1枚铜镞，正是战争的最好证明。⑤ 同样，在殷墟考古发现中也有类似的情况，如1973年在小屯南地发掘的祭祀坑中，丁号人架左腿上有一枚铜锋刃镞。2004年在孝民

① 罗琨：《商代战争与军制》，中国社会科学出版社2010年版，第423页。
② 同上书，第397页。
③ 韩江苏：《殷本纪订补与商史人物征》，中国社会科学出版社2010年版，第438页。
④ 陈梦家：《殷墟卜辞综述》，科学出版社1956年版，第513页。
⑤ 中国历史博物馆：《垣曲商城85—86勘察报告》，科学出版社1996年版，第155页。

屯东南地，一具人骨架的手腕上嵌着一枚锋刃镞。[1] 说明箭用于战争中的杀伤力非常强，这些显然是当时存在激烈军事冲突的反映。说明射箭在军事上已占有十分重要的位置。

（五）射箭场所

1. 练习射箭的场所

《花东》记载主人“子”进行的学射、习射活动，主要在凿地、泞地、吕地三个地点举行。泞地是主人“子”举行射箭活动地之一，在花东卜辞中，仅一见，无法了解泞地的性质。从字形上看，只知泞地乃周围环水之地，含祭祀内容。

吕地的情况。吕作“吕”形，吕像不加屋盖之宫形，周围的小点似水形，是中间有房屋建筑而四周有水环绕之形，子在此活动的卜辞有 10 版。韩江苏认为，从花东卜辞中看，吕地是举行习射之地，有射箭比赛或设施。子在吕地为其先妣——妣庚修建某种安息或（祭祀）场所，说明吕地还是举行祭祀的场所。[2]

凿地也为习射场所，如：

59. 戊子卜，在凿，子其射若？

戊子卜，在凿，子弜射于之若？　　《花东》2

59 卜辞为子贞问是否要在凿地举行射箭活动？在凿地，子命令臣属者贡纳，卜辞如：

60. 辛巳卜，新吡于致萑？在凿入。用。子占曰：奏，艰。冂？

辛巳卜，子叀宁见？用。逐？用。获鹿？　　《花东》259

① 岳洪彬、岳占伟：《殷墟的镞与甲骨金文中的“矢”和“射”字》，《文物》2009 年第 8 期。

② 韩江苏：《殷墟花东 H3 卜辞子研究》，线装书局 2007 年版，第 407 页。

宁是子的臣属者，60 卜辞义为新𣦸（由宁地来的牡马）致送前来，在𡥄地贡纳给子？宁来进献马？用以追逐猎物，能捕获到鹿？由此看，𡥄地有田猎场所。𡥄地还是祭祀场所，卜辞如：

> 61. 乙亥，岁祖乙小𨝖卜？子祝？在𡥄。
>
> 甲申，岁祖甲小宰？㩅卣一？子祝？　　　　　《花东》354
>
> 62. 丁丑卜，子御于妣甲？𢽝牛一？卣一？无灾？入商彫？在𡥄。
>
> 丁丑卜，子御妣甲？𢽝牛一？卣一？　　　　　《花东》176
>
> 63. 乙酉，岁祖乙小宰𨝖？㩅卣一？
>
> 乙酉，岁祖乙小宰𨝖？㩅卣一？子祝，在𡥄。　《花东》291

𡥄地祭祀的先祖有祖甲、祖乙、妣庚，且多是在甲日祭祖甲、乙日祭祖乙、庚日祭妣庚之事。说明𡥄地有宗庙祭祀场所。

2. 田猎中的射箭场所

田猎当中有射获的卜辞，因此田猎场所同时也应是射的实战场所。日本学者松丸道雄将甲骨文四、五期中的 21 个田猎地归纳一表，详见杨升南著《商代经济史》[1]，这是较早对田猎地的研究。陈炜湛经过整理田猎地名，总共可达 276 个。[2] 这些成果极大地丰富了对相关田猎研究的内容。从甲骨文分期来看，商王田猎主要集中在三、四期，五期次之。即廪辛、康丁二王时期最多。如：

> 64. 壬寅卜，在宫，〔贞〕王其射柳〔𡥄〕…弗卑？
>
> 不遘大雨？其遘大雨？
>
> 其于七月射柳𡥄？亡灾？卑？弗卑？
>
> 丙午卜，在宫，贞王其田？衣逐？亡灾？卑？不卑？
>
> 　　　　　　　　　　　　　　　　　　《英藏》2566

---

① 杨升南：《商代经济史》，贵州人民出版社 1992 年版，第 267 页。

② 陈炜湛：《甲骨文田猎刻辞研究》，广西教育出版社 1995 年版，第 40—59 页。

　　"射柳兕"即射柳地之兕，兕是一种较大体积的动物，凶猛难获。遘是遇到的意思，其狩猎地在柳地。卜辞大意是指，在柳地准备捕获兕，是否会遇到大雨，采用"衣逐"的方法，是否会有灾祸。章秀霞在其《花东田猎卜辞的初步整理与研究》中对田猎场所进行了初步整理，认为《花东》田猎场所有六个，即：陮、𩰪、𩰫、𩰬、昧（昧京），[①] 其中即有专门的田猎地，也有集田猎、农业、祭祀等活动于一体的综合场所。在这些田猎地中，未见"射"的活动。

　　从考古材料和甲骨文中可知，殷商时期有关射箭材料十分丰富，说明射箭这一独特的民族传统体育项目在殷商社会中已经非常普及。无论是在箭镞的选料与制作上，还是在学习掌握射箭的技能上，以及形成运动技能之后在田猎和军事中的广泛运用中，都体现了殷商时期高度发达的射艺，射箭活动应是当时主流社会的主要活动内容之一。对甲骨文和考古材料中"射箭"材料的整理与研究，有益于我们从历史的角度去看待殷商时期射箭的形成与发展。

五　殷墟"花东"卜辞中的弓与射

　　1991 年殷墟花园庄东地新出土甲骨（以下简称"花东"），是继 1936 年 YH127 坑，1973 年小屯南地甲骨发现以来殷墟甲骨文的第三次重大发现。此卜辞属非王卜辞，刘一曼，曹定云先生经过 10 多年整理和初步研究，于 2003 年 12 月正式出版发行。花东记载了人物"子"从事活动的诸多内容，是目前发现内容最重要、数量最大、材料单纯、完整的一批"非王卜辞"，整个占卜活动都是围绕"子"的活动而展开的。"花东"卜辞的历史时代，大体相当于武丁前期。[②] 其中射礼的内容是首次发现，为我们认识和研究殷商时期的"射艺"提供了宝贵的文献资料。书中共编录 561 片甲骨，除去学者指出的重出及漏缀部分，应有 550 片甲骨，以大块完整的龟版居多[①]。其中，记有"弓"内容共 4 版（依据《花东》所编顺序

　　① 章秀霞：《花东田猎卜辞的初步整理与研究》，《殷都学刊》2007 年第 1 期。
　　② 中国社会科学院考古研究所：《殷墟花园庄东地甲骨》，云南人民出版社 2003 年。

号），分别为 37；124；149；288。记有"射"活动内容共 7 版，分别是 2；7；37；149；264；416；467。记有弓与射同版有 2 版，分别是 37；149。

殷墟"花东"所见"弓"字形有"ᕤ"（《花东》37）和"ᕁ"（《花东》37、124、149、288）形，其中"ᕤ"字一见，"ᕁ"字六见，并且有两个弓字同版（说明两个弓字各有表达的寓意）。"射"字有"ᕳ"（《花东》2、37、149、264、416、467）和"ᕱ"形（《花东》37），其中以"ᕳ"射形为主，两字形也有同版。

从卜辞记载的内容上看，"子"在练习时所使用的弓以及采用不同射箭的内容，与西周时期的射在某些方面具有相似之处，对于我们进一步认识"六艺"中射艺的前期形成，具有积极的意义。本文运用二重证据法对《花东》中的弓与射卜辞的含义加以整理，并在此基础上对其中所涉及的弓的类形和射的种类以及与弓与射相关的事项等问题展开讨论。

（一）冂弓及射

65. 叀冂弓用？射？

66. 叀冂弓用？不用。　　　　　　　　　　《花东》37

67. 癸亥卜，子𩵥用冂吉弓，射，若。　　《花东》149

以上《花东》37 卜辞的基本含义是：从正反两方面来卜问练习射箭时是否使用冂弓，叀字在这里起强调的作用。其义为，是只用冂弓练习射箭？还是不用冂弓练习射箭？卜辞的内容也暗含有其他弓种的存在。《花东》149 第 11 条卜辞含义是，癸亥日，子𩵥（人名）使用冂吉弓练习射箭，若。冂吉弓应该是指冂弓中的上等弓。

《说文》："弓，以近穷远，象形"。冂弓和冂吉弓之弓都作"ᕁ"形，象是没上弦的弓。《花东》原文中未作解释。宋镇豪先生认为冂弓是一种皮弓，或是冂族制的善弓。[①] 但没有对其作进一步的说明。我们认为，在《花东》37 卜辞中，表示弓的辞例有三种弓，分别是疾弓、迟彝弓和冂弓，

---

① 宋镇豪：《商代社会生活与礼俗》，中国社会科学出版社 2010 年版，第 470 页。

从卜辞用字上来看，弓字前面的词"疾、迟"都为形容词，因此，我们认为冂弓之冂字也应该是形容词一类，从字形上来讲，冂字从一、从冂，《说文》谓："冂，象远界，同，古文冂从口。"依字形和辞意，冂字应为同字本字，即迥字初文，《说文》："迥，远也。"《玉篇》："冂，林外谓之冂，象远界也。"① 从上古音讲，冂、同、冋、冋，迥皆为耕部字，音通义近，可相互通假。② 《甲骨文简明字典》载："冂，构型不明。金文深化成同，后代孳乳为迥，远也，甲骨文即用此义。"③ 由此可知，冂弓，就是指远射之弓。《说文》："射，弓弩发于身而中于远也。从矢从身。射，篆文从寸。寸，法度也。亦手也。"从《花东》来看，射字结构有两种，一种为从弓、从矢、从双手（"龰"）；另一种为从弓、从矢（"龰"）。显然《说文》中对射的解释有误。上卜辞中"叀冂弓用？射？"弓字作"龰"形，射字作"龰"形。此射字形在《花东》中三见。从照片和拓片上看，"弓"字形清晰可辩，"射"字形也清晰可辩。而且照片上"射"字上之箭头清晰可辩，似平头状，无锋。我们注意到，"龰"射字与"龰"射字同版《花东》37，确有明显的不同之处："龰"射字无双手型，且弓上之箭无锋；"龰"射字有双手型，且弓上之箭锋明显。根据卜辞内容，可知这是主人子在习射。习射有专用的弓矢，冂弓和冂吉弓应相当于西周时期的唐弓和大弓。《周礼·司弓矢》"唐弓大弓以授学射者，使者，劳者"，"恒矢、痹矢，用诸散射"。郑注：散射"谓礼射及习射也。桓矢之属轩輖中，所谓志也"。④ 《仪礼·既夕礼》："志矢一乘，轩輖中，亦短卫。"郑注："志，犹拟也，习射之矢，书云'若射之有志。'"⑤ 志为骨作的矢，《尔雅·释器》"骨镞不剪羽谓之志。今之骨骲是也"⑥ 甲骨金文中的射字所从的矢，有镞作平头无锋，如（《粹》1007，1010）、（《佚》484）、（《甲》

---

① 顾野王：《大广益会玉篇》，中华书局 1987 年版，第 81 页。
② 唐作藩：《上古音手册》，中华书局 2013 年版，第 76 页。
③ 赵诚：《甲骨文简明字典》，中华书局 2009 年版，第 279 页。
④ 李学勤：《周礼注疏》，北京大学出版社 1999 年版，第 343 页。
⑤ 同上页，第 794 页。
⑥ （晋）郭璞注：《尔雅》，上海古籍出版社 2013 年版，第 262 页。

621)、(《京》3962)。金文中的《趠曹鼎》,《鄂侯鼎》中之射字也如此作,这种平头无锋的矢,当是殷人习射所用的志。① 殷墟出土有骨制箭镞,骨类制造的镞数量最多,约有 20400 件,大部分出于大墓中,如侯家庄 HP-KM1001 的翻葬坑内即出 6583 件。② 由此可以推测,"ヒ"应为习射之用弓矢。相当于唐弓和大弓一类。以骨镞之箭来射,进一步说明"子"用此丌弓在进行习射。

《花东》149 卜辞"癸亥卜,子凧用丌吉弓,射"。词意为癸亥日,子凧用丌吉弓,射。子凧为人名,"用丌吉弓,射",当是"用丌弓之中的吉弓,射。"《说文》:"吉 ,善也,从士从口。"最应引起注意的是,前者用丌弓之射为"ヒ"形,而用丌吉弓之射确作"矢"形。此字形首次见于甲骨文,似双手持弓搭箭。有学射之意,《周礼·司弓矢》"学射者弓用中,后习强弱则易也。使者,劳者弓亦用中,远近可也。"从《花东》卜辞中看,"子"学射、习射的地点为"嗌、吕、汅"三地(《花东》7、37、467),虽然"子"的具体身份还没有定论,但"子"的贵族身份得到学者们认可。学射之"射"作"矢"形,与同版"ヒ"形和王卜辞中的"丯"形不同,象双手持弓射箭。原拓片上双手持弓的位置不在同一水平面上,显示是一手在弓附的中间靠下一些(握弓之手),另一手在弓上箭尾处(搭箭之手),十分形象,有学射之意。"学","教也"。是学习,接受教育。《说文》:"教,觉悟也。"甲骨文由双手、房屋形、计数三部分组成("爻"《花东》450)。金文增加了"子"和"攴"(手持器具),表示教孩子或劳动者学建造。金文和小篆有从"攴"和不从"攴"两个字。前者近"教",后者近"学",教学同义。③ 文献中也记载有对射手左右手要求的描述,《索隐》按:《列女传》:"左手如拒,右手如附枝,右手发之,左手不知,此射之道也。"又《越绝书》曰:"左手如附泰山,右手如抱婴儿。"又《礼记·内侧》:"六年教之数与方名……九年教之数日,十年出就外

---

① 胡厚宣:《甲骨探史录》,上海三联书店 1982 年版,第 374 页。
② 中国社会科学院考古研究所:《殷墟的发现与研究》,方志出版社 2007 年版,第 363 页。
③ 熊国英:《图释古汉字》,齐鲁书社 2006 年版,第 128 页。

傅，居宿于外，学书记……朝夕学幼仪，请肄简谅；十有三年学乐，诵诗，舞《勺》；成童（注："十五以上"）舞《象》，学射御；二十而冠，始学礼……博学不教，内而不出。"以此，可以推测"子"的年龄估计在十五岁上下。从身体发育的角度讲，"子"已具备射箭的相应体能和身体素质。从射箭技能的初期学习来看，手把手教学的内涵更多些，譬如持弓、张弓、搭箭、用力大小、瞄准技巧、发箭时机等。初学射箭时，对于学习者双手的位置，身体姿态要求较高。

下面我们再从射箭技能的角度来探讨学射问题。学（教）射之射字作"𝕸"形，突出了射箭时双手的作用，我们查阅了《合集》中 293 片有射的甲骨拓片，发现王卜辞中的射形都无双手之形。从掌握射箭技能的过程讲，在初期学习射箭时，由于对弓箭缺乏感性认识，此阶段，人的姿势和双手同怎样持弓搭箭的位置是其重点学习的内容，强调正确的双手持弓搭箭的方法，初期学射者，由于对弓箭器械掌握不熟练，其注意力多集中在双手的用力大小和动作配合上，这需要一个长期的练习过程，才能达到熟练的射箭技能。而达到熟练的射箭技能后，也就是我们常说的射箭技能形成以后，此时，射手的主要任务是将注意力集中在所射目标上，由于经过长期、反复的练习之后，双手已经娴熟配合，不再是射箭技能中的主要环节。此射箭技能形成的过程古今相通。因此，我们在王卜辞中所见射字都无双手。

另外，在《花东》中记有主人子从事田猎活动的龟甲共 43 版，约占《花东》总数的 7.82%，但"射"的动作并没有出现在这些田猎地中。[1] 如此多的有关田猎的龟甲中，却没有记载作为田猎用词的"射"，我们认为这绝非偶然。以此是否也可以说明一个问题："子"的射箭技能没有完全熟练的掌握，射箭的运动技能还没有形成，无法在实际田猎中展现，应处于以上的学与习的阶段。

学射之形为"𝕸"，弓上之箭镞明显，应是青铜镞的一种。殷墟考古发现中有青铜镞的出现，青铜镞的数量约有 980 个，但成束的镞仅 5 束。

---

① 章秀霞：《花东田猎卜辞的初步整理与研究》，《殷都学刊》2007 年第 1 期。

遗址中、车马坑、马坑、祭祀坑等遗迹都有不同数量的出土。青铜镞主要有五种形式：第 I 式，短脊，镞本与关近平，两翼较宽；第 II 式，长脊，本短于关，有的两翼较宽，有的两翼较窄，圆柱形铤；第 III 式，脊与铤相连，两翼较宽；第 IV 式，有脊有铤，无翼；第 V 式，脊中空，两翼较宽，无铤。其中 III、IV、V 式铤极少见。其中妇好墓出土两束，每束十个，均为长脊式。M5：77 的一束，由上往下排成四排，在镞铤上多数有纤维痕迹。说明在镞与箭杆固定方式上，应以绳索绑定镞铤和箭杆之间。镞长都是 5.6 厘米，[①] 说明镞的加工是同一规格的模制成。镞的形状与骨镞相同。

由此通过以上卜辞记载，我们可以推知，⺆弓做为练习用弓，有优劣之分，或是等级之分。箭做为弓上之矢也有铜镞之箭和骨镞之箭之别。这种以⺆弓体现的射技，当含有学射、习射和教射的内涵。

（二）迟彝弓及射

68. 乙巳卜，在𣵤，子其射？若？

69. 乙巳卜，在𣵤，子�迟彝弓？出日。　　　　　　《花东》37

迟彝弓之弓作"ϸ"形，与⺆弓和⺆吉弓之弓"ϟ"形不同。在《花东》中仅一见，而且与"ϟ"字同版《花东》37。辞义为，子在𣵤地的射活动，是否使用迟彝弓来完成。我们注意到，"ϸ"字形和"ϟ"字形出现在同一版甲骨中，并且是同在乙巳这一天卜问，字形不同，其意也当不同。宋镇豪先生释迟彝弓为慢射。[②] 但没有对其含义加以说明。从字形上看，"ϸ"字比"ϟ"字多出了弓弦。同版上共有 5 个弓字，唯有此一弓字加上了弓弦，是否刻意指示要突出弓弦的作用。迟，迟也。《说文》："迟，徐行也。"《说文》："彝，宗庙常器也。"我们认为迟彝弓乃宗庙中祭祀之用弓。根据其弓形和弓字前之定语，我们认为应相当于西周时期的王弓、弧弓。《说文》："弧，木弓也。从弓瓜声。一曰往体寡，来体多曰

---

① 中国社会科学院考古研究所：《殷墟的发现与研究》，方志出版社 2007 年版，第 295 页。
② 宋镇豪：《商代社会生活与礼俗》，中国社会科学出版社 2010 年版，第 471 页。

弧。"《周礼·司弓矢》："及其颁之，王弓、弧弓以授射甲革，椹质者。甲革，革甲也。"《春秋传》曰："蹲甲而射之。"质，正也。树椹以为射正。射甲与椹，试弓习武也，《圉师职》曰："射则充椹质。"又此《司弓矢职》曰："泽共射椹质之弓矢。"言射椹质自有弓，谓王、弧弓也。引《春秋传》者，事在成十六年，楚之养由基善射之事。云"质，正也。树椹以为射正"者，谓若宾射之正然也。"结合"迟彝"之意和"弓"字形特点（"ʃ"字有弦），从射的技能角度看，子用此弓（"ʃ"字）练习，应主要以张弓瞄准为主，瞄准，即正也。初期学习射箭中瞄准技术，其拉弓之后瞄准目标，是一个徐缓的过程，用以练习臂力与视力相结合，初学射箭时徐徐拉弓弦，逐渐瞄准目标而进行练习。以求身正，体直。这是射箭技能形成过程中不可缺少的一个环节（即徒手练习拉弓弦）。徐徐拉弓以求射正更合事宜。这种描写学习和练习射箭的情境，在甲骨文中也是首见。

子其射之射，作"ᾥ"形，上面已说明，有学（教）射之意。以上卜辞表达的含义为：乙巳日，子先学（教）射，而后准备在"出日"时节用宗庙之大弓以练习射正（质）进行习射活动。"出日"是指特殊时节的祭日。卜辞中特殊时节的祭日可分为两类，一类是在春分秋分祭祀"出日"与"入日"的卜辞；另一类是在"至日"对日神的祭祀。[1] 甲骨文中有祭祀"出日"和"入日"的卜辞：乙酉卜，侑出日入日（《怀特》1569），辛未侑于出日，兹不用（《合集》33006），癸未贞，甲申酒出入日，岁三牛。兹用。癸未贞，其卯出入日，岁三牛。兹用。出入日，岁卯……不用（《屯南》890）。说明"出日"是一个重要的祭祀时节，祭祀地点常在宗庙之处进行，利用宗庙之器（迟彝弓）进行弓矢练习，适合"国之大事，在祀与戎"的当时背景。

（三）疾弓及射

疾字做"ᾥ"形，丁山释为"疾"。宋先生释疾弓为快射。[2] 也未对其含义加以说明。弓字作"ʃ"形。射字作"ᾥ"形。与⃒弓和⃒吉弓之射

---

① 王晖：《商周文化比较研究》，人民出版社 2001 年。
② 宋镇豪：《商代社会生活与礼俗》，中国社会科学出版社 2010 年版，第 471 页。

形相同。

  70. 丙午卜，子其射？疾弓于之？若。一
  71. 戊申卜，叀疾弓用射萑？用。   《花东》37

  如果卜辞中记载的时间发生在同一干支周期内，丙午到戊申，"子"由贞问是否使用疾弓习射到用疾弓实练射萑鸟，中间只差一天。萑作""形，辞义为要用疾弓来射"萑"鸟（以验证学射的实效）。《花东》原辞认为萑是一种头上有冠之鸟。① 单独从一个字来看，萑可以理解为头上有冠之鸟。但将萑字放在上面的卜辞中与事项联系起来分析，萑字的指事之义就尤其明显。我们认为，从""字形上分析，萑字从草从鸟，结合卜辞的内容，从字形上看，可理解为绳索悬挂鸟形，应是为方便习射，将已获的鸟悬挂于某一固定物上，当作被射的目标。我们认为"子"用疾弓配上骨镞（无锋）制的矢在进行习射实物活动。林沄在《说戚、我》文中提到："汉字溯源于图象的符号化，故研究古文字的形体不能不了解当时的实际情状，于省吾先生考释古文字一向主张'以形为主'"。② 陈梦家在《殷墟卜辞综述》"文字"章中认为，"事与物，都是我们象形的对象"，"事物有处于静态的，也有处于动态的，因此，象形字当然不仅是名词而且可以是动词"。③ 甲骨文中还有绳索悬挂物体的字形，如"磬"（作""形《合集》0317），似用手持器击打一悬挂之石状。④ "南"（作""形《合集》0806）原意为一悬挂乐器状。郭锡良先生说："有些处于动态的事物，从事物的角度来抽象就是名词，从动态的角度来抽象就是动词。"⑤ 张今、陈云清认为："原始动词有两个特点：（一）从词汇学角度来看，原始动词的意义中不但包含有行为，而且包含着整个的情境和画

---

 ① 中国社会科学院考古研究所：《殷墟花园庄东地甲骨》，云南人民出版社 2003 年。
 ② 林沄：《说戚、我》，《古文字研究》第 17 辑，中华书局 1985 年版。
 ③ 陈梦家：《殷虚卜辞综述》，中华书局 1988 年版，第 76 页。
 ④ 熊国英：《图释古汉字》，齐鲁书社，2006 年版，第 377 页。
 ⑤ 郭锡良：《远古汉语的词类系统》，山西高校联合出版社 1996 年版，第 83 页。

面。"① 传说纪昌开始学射时，也采用此方法，不过是用悬挂的虱子（一种非常小的昆虫）作为目标。《列子·汤问第五》记载："昌以牦悬虱于牖，南面而望之。旬日之间，浸大也；三年之后，如车轮焉。以睹余物，皆丘山也。乃以燕角之弧，朔蓬之竿射之，贯虱之心，而悬不绝。"② 此过程也与我们现在的练习射箭的过程十分相似，即首先学习练习射静物，而后学习练习射动物，逐渐掌握射箭技能。

"叀疾弓用射隹？用。"辞义为要用疾弓来射"隹"鸟。从卜辞用字或词来看，射有名词和动词的性质，作名词时大多代表武官；作动词时，多指射这一事项。在卜辞中，尤其是在田猎卜辞中，只有出现射字，一般射字后都有动物名词相伴，并常用"获、擒"等字，未见使用"用"字。如"贞其射鹿，获（《合集》10320 正）"，"王其射穆兕，擒（《合集》33373）"等。"用"是命辞，是肯定"叀疾弓用射隹？"这件事情。用某物，此物当是先有后用。由此可以推知，"隹"鸟非射后获，而是射前就有之物。作为射中练习使用的"活"靶，也有侯之意。疾弓相当于西周以后的夹弓和庾弓，《周礼·司弓矢》："夹弓、庾弓以授羿侯，鸟兽者。羿侯五十步，及射鸟兽，皆近射也。近射用弱弓，则射大侯者用王、弧，射参侯者用唐、大矣。庾，师儒相传读庾，本或作庾。凡弩，夹、庾利攻守，唐、大利车战，野战。弱弩发疾矢。"贵族学校的射箭教学内容基本技术中有"参连"：连续射箭的方法。在发箭时，能够同时手指夹住三支箭，以便可以连续发射。这或许是对疾弓最形象的描写，庾弓乃师儒相传之弓，含有上传下学之意。习弓之意可见。

在《花东》卜辞中，以◻弓、迟彝弓、疾弓来射，均有被射的实物，固我们认为是学（教）射和习射过程。由"◻"到"◻"的过程，也是由"学（教）射"向"习射"过渡的一个重要环节。学和习是一个交互的过程，应是我们常说的边学边习。从运动技能形成的理论来讲，一项运动技能的形成需要经过三个阶段，即初步了解和掌握阶段、巩固与提高阶段、

---

① 张今、陈云清：《英汉比较语法纲要》，商务印书馆 1981 年版，第 337—338 页。
② 杨伯峻：《列子集释》，中华书局：1979 年版，第 183 页。

动作定形阶段。最终要掌握一项技能，还与个人的素质（主要是身体素质和心理素质）和技能的难易程度有关，因此要掌握射箭技能，就需要反复的练习，不断的修正，方能达到动作的自动化，射箭也不例外。在同一版甲骨中，记载"射"的不同内容，这在史料中还是首见。这一环节是由学射箭到练习射箭的具体体现。也是此射箭技能初期形成的重要过程。如果按照运动技能形成的规律来划分，我们认为"子"的射箭技能应处于前两个阶段。

在《花东》卜辞中，以🏹弓、迟彝弓、疾弓来射，与西周时期记载的王、弧、夹、庚、唐、大六弓相近，说明西周时期的弓射是对殷商时期弓射的继承和发展，孔子曰"殷因于夏礼，周因于殷礼。"射箭是古代人们生活中的重要内容，"国之大事，在祀与戎"。在对外方国的征伐中，军队里需要射手。在对内王要选拔人才时，也以射手技术高低和礼仪为标准。

三种不同的弓以及不同的矢，反映了"子"在从事射箭活动中，根据射的目的的不同要求，而采纳用不同的弓与矢进行习练。说明"子"从事的射活动已经具有了一种程序化的内涵。

为了能够更清晰地了解《花东》中的弓与射，我们列表如下：

表 2　　　　　　　　　　殷墟花东卜辞中的弓与射

	弓形	射形	卜辞	花东编号
🏹 弓	⟩	⟩	叀🏹弓用？射？	37
迟彝弓	⟩		乙巳卜：在🔲，子🔲迟彝弓？出日	37
疾 弓	⟩	⟩	戊申卜：叀疾弓用射萑？用	37
🏹吉弓	⟩	⟩	癸亥卜：子🔲用🏹吉弓，射，若	149
其 他	⟩	⟩	（略）	2，7，37，124，149，264，288，416，467

从表 2 可知，以"🏹弓和疾弓"练习之射，射字为"⟩"形，而其他版上的射字均为"⟩"形。迟彝弓之弓形"⟩"又有别于其他的弓形"⟩"，说明这三种弓的确有特指的内涵。《周礼·夏官》记载，朝廷司弓矢的官员专门掌理六种弓，在仲夏时呈现。其中唐弓、大弓颁给学射者以及诸臣出使与慰劳远臣。各种弓制的大小，依人的身体和体力而定。《考

工记·弓人》中记载："弓长六尺有六寸，谓之上制，上士服之。弓长六尺有三寸，谓之中制，中士服之。弓长六尺，谓之下制，下士服之。"[①]人各以其形貌大小服此弓。其意说，此以弓有长短三等，人亦有长短三等，而言取其弓与人相称之事。由于甲骨文中没有记载弓大小的卜辞，我们也无据可考，只能根据前面所述弓与箭的功能，参考后世文献来推测《花东》中所记载的弓也应有大小规格的区别。

（四）结语

我们认为，《花东》中所记载子的弓射活动，是按照弓的性能来区分的，根据射箭不同的目的，选择不同的弓矢欲与搭配，若按照卜辞干支记载的时间先后顺序来看，"子"所从事的射活动可以描述为：先用迟彝弓来练习，即徒手练习拉弓以练瞄准。而后以⺆弓练习固定射，且用骨镞制的矢。最后用疾弓和骨镞制的矢来射悬挂之鸟。从射箭技能学习的角度来看，似有循序渐进的过程，其中也有一些程序化的内涵。子用不同的弓以及不同的矢在不同的地方进行习射活动，说明子的射活动中包含有不同的射艺。通过对《花东》卜辞的分析，有利于我们更好地认识"六艺"中射艺的前身及其演变的过程。

（本节内容已发表于《体育文化导刊》2008年第5期）

六 《诗经》中射礼

（一）《诗经》背景及基本情况

《诗经》是我国最早的一部诗歌总集，共收录305篇，它收集了周代最具代表性的和广为流传在各地的诗歌，地域大略分布在今天的山东、河南、山西、陕西，以及湖北、安徽北部等地。[②]《诗经》记载有与"射礼"相关的诗共17篇，其中国风5篇，雅9篇，颂3篇。射礼活动是当时社会背景下的时代所需，也是当时社会尚武崇礼风俗的具体体现，统治者不仅仅通过射礼活动以射会友，用于明君臣之礼；还通过射礼活动广泛选举优

---

① 李学勤：《周礼注疏》，北京大学出版社1999年版，第1183页。
② 刘毓庆译注：《诗经》，中华书局2011年版，第2页。

秀人才，以备国之用。《礼记·射义》载："古者诸侯之射也，必先行燕礼。卿、大夫、士之射也，必先行乡饮酒之礼。故燕礼者，所以明君臣之义也。乡饮酒之礼者，所以明长幼之序也。"又载："是故古者天子以射选诸侯、卿、大夫、士。"① 因此，射礼深受当时社会各阶层广泛关注，并成为当时社会重要的文化内容之一。孔子就身体力行地从事射箭活动。《礼记·射义》记载："孔子射于矍相之圃，盖观者如堵墙。"② 同时，孔子对射礼活动的评价也很高，《论语·八佾》："君子无所争。必也射呼！揖让而升，下而饮，其争也君子。"② 《诗经》中记载的射礼活动，反映了当时人们在开展射礼活动时所采用的技艺、以及射礼等文化内涵。

（二）《诗经》中的射艺

"射艺"属于"六艺"之一，即礼、乐、射、御、书、数，是先秦时期为培养贵族子弟而专门设立的学习课程。《周礼·地官·保氏》载："而养国子以道，乃教之六艺：一曰五礼，二曰六乐，三曰五射，四曰五驭。"其中关于"五射"的内涵，郑司农云："五射，白矢、参连、剡注、襄尺、井仪也。"③ 贾公彦疏："云白矢者，矢在侯而贯侯过，见其镞白；云参连者，前放一矢，后三矢连续而去也；云剡注者，谓羽头高镞低而去，剡剡然；云襄尺者，臣与君射，不与君并立，襄（让）君一尺而退；云井仪者，四矢贯侯，如井之容仪也。"这"五射"即是贵族子弟学习射箭的内容，也是衡量和判断射手技能高低的标准。五种射艺各具特色，又相互联系。《诗经》中描述的射艺有白矢、井仪和参连技能。

1. 射艺之一——白矢

《齐风·猗嗟》言："舞则选兮，射则贯兮，四矢反兮，以御乱兮。"④ 诗中的"贯"指穿透箭靶的兽皮，形容力量大，有深度。在古语中，"贯"字有"穿"的意思，王力认为两字区别在于，"贯"表贯穿义侧重在串连，

---

① 李学勤：《礼记正义》，北京大学出版社 1999 年版，第 1640 页。
② 丰连根注译：《五经四书全译》，中州古籍出版社 2002 年版，第 3062 页。
③ 李学勤：《周礼注疏》，北京大学出版社 1999 年版，第 352 页。
④ 李振甫：《诗经译注》，中华书局 2010 年版，第 134 页。

"穿"表贯穿义侧重在穿过。[①] "射则贯兮"就是指箭射透侯（箭靶）而贯之，即射到侯的箭镞达到"透而不穿"的效果。李学勤认为："云白矢者，矢在侯而贯侯过，见其镞白。"[②] 这也是"白矢"这项技能得名的由来。从"白矢"技艺的效果上来看，射手力度过轻，箭无法射透侯；力度过大，箭就会穿侯而过。对射手来讲，就需要矢借弓力，弓借人威，弓、矢、人需要很好地配合，才会达到"白矢"的效果。其中弓体本身的张力也是一个重要因素。雕弓是当时一种强有力的大弓，《大雅·行苇》言："敦弓既坚，四镞既钧。"刘毓庆注："敦弓：雕弓。坚：坚固。"[③] 《周礼·考工记·弓人》就详细地记载了各种弓制作的选材与工序，天子与诸侯之间的弓艺也有差别："为天子之弓，合九而成规。为诸侯之弓，合七而成规。大夫之弓，合五而成规。士之弓，合三而成规。"[④] 另外箭镞的材质也是能否达到"白矢"的重要因素之一，铁质、铜质箭镞穿透力要强于石质和骨质类箭镞。除了人的素质和弓箭材质之外，射手平时针对"白矢"标准而进行的训练也是非常重要的环节，贵族子弟为了在射礼活动中充分展示自己射箭的才艺，就需要平时针对这一技术要求而进行相应的学习与训练。《礼记·内侧》记载："成童（注：'十五以上'）舞《象》，学射御；二十而冠，始学礼。"《礼记·王制》记载："耆老皆朝于庠，元日习射上功，习乡上齿。"[⑤] 《仪礼·大射》："诱射，将乘矢。"李学勤注：诱犹教也。将，行也。行四矢。[⑥] 《诗经》所言"射则贯兮"就是在称赞射手熟练掌握"白矢"这项技艺的本领。

2. 射艺之二——井仪与参连

《大雅·行苇》："敦弓既坚，四镞既钧。舍矢既均，序宾以贤。敦弓既句，既挟四镞。四镞如树，序宾以不侮。"这是一首专门描述周朝贵族比赛射箭的一首诗。诗中的镞即是箭、矢。《方言》载："关西曰箭，江淮谓之

---

①　王力：《王力古汉语字典》，中华书局 2000 年版，第 1323 页。

②　李学勤：《周礼注疏》，北京大学出版社 1999 年版，第 354 页。

③　刘毓庆译注：《诗经》，中华书局 2011 年版，第 2 页。

④　李学勤：《周礼注疏》，北京大学出版社 1999 年版，第 1183 页。

⑤　同上书，第 403 页。

⑥　同上书，第 197 页。

镞。镞者，铁镞之矢名也。"① 这首诗形象地描述了射艺中"井仪与参连"的内容，以"四镞既钩、既挟四镞、四镞如树"等诗句再现了当时五射中"井仪与参连"的壮观景象。

所谓"井仪"，是指发射至侯的四支箭形成象井字形那样的容仪。李学勤注："云井仪者，四矢贯侯，如井仪容仪也。"② "既挟四镞"是井仪和参连开始的准备阶段，《仪礼·大射礼》载："司射适次，袒、决、遂，执弓，挟乘矢于弓外，见镞于弣，右巨指钩弦。"乘矢即是指四矢。"四镞既钩""四镞如树"是称赞"井仪和参连"的结果，即四支箭均匀分布于侯中，且竖立呈树状，似"井"字形状。所谓参连，是先放一矢，后三矢连续而发，体现发箭的速度，李学勤注："云参连者，前放一矢，后三矢连续而去也。"③

《齐风·猗嗟》也同样记载了"井仪与参连"的内容："舞则选兮，射则贯兮，四矢反兮，以御乱兮。""四矢反兮"正是与"井仪"相对应的。是指"井仪"结束后，取回四支箭矢，古文"反"同"返"。《仪礼·乡射礼》载："取诱射之矢者，既拾取矢，而后兼诱射之乘矢而取之。"诱射乃教射也，这里也用'乘矢.'"要将四支箭射在侯的四个角上，形成"井"字形，也是考验射手射技准确率的一种方式。

《大雅·行苇》和《齐风·猗嗟》记载的"参连与井仪"的诗句，反映了在当时的射礼活动中"参连和井仪"是射箭比赛当中的主要内容，参连是射箭动作开始的阶段，过去有学者认为参连就是连续发三支箭，而忽略了"井仪"的结果是四支箭的效果。"参连"射艺，应是为达到"井仪"的效果中的一个环节。通过《诗经》中记载的参连可知其过程为，先发一箭定位，再连发三箭，最终使四支箭形成"井仪"的效果。这说明当时射礼活动中对射箭的技艺要求相当高，射手要想达到这些标准，需要经过长期不懈地努力方能达到"参连和井仪"的最高境界。

---

① 华学诚汇证：《杨雄方言校释汇证》，中华书局 2006 年版，第 588 页。
② 李学勤：《周礼注疏》，北京大学出版社 1999 年版，第 354 页。
③ 同上。

（三）《诗经》中的射礼

在古代射箭活动中，射与礼是紧密相连的。刘毓庆认为《诗经·行苇》所言背景是："因燕礼而及射礼，两者往往相伴随。"① 《礼记·射义》载："古者诸侯之射也，必先行燕礼。卿、大夫、士之射也，必先行乡饮酒之礼。故燕礼者，所以明君臣之义也。乡饮酒之礼者，所以明长幼之序也。"又载："以燕以射，则燕则兴誉。"② "燕礼"是由王和诸侯一级共同参与射箭活动时要举行的一种活动；而"乡饮酒礼"则是卿以下一级举行的。射礼是射箭活动中对射箭和礼节的总称，即在射箭活动中体现礼仪，又在礼节中衬托射箭。

1. 射礼活动中的身体姿态所表达的礼仪文化

《齐风·猗嗟》："巧趋跄兮，射则臧兮……仪既成兮，终日射侯。不出正兮。"刘毓庆注："巧趋：灵巧的步趋。跄：步伐矫健。则：即。臧：好。因射箭中的，围观者为之叫好，故臧指射中箭。"③程俊英注："趋，快步走。跄，快步走的姿态。毛传：'跄，巧趋貌。'"④ "仪既成兮"是指"井仪"完成的结果。"终日射侯，不出正兮。"描述了射手对射箭的痴迷，并夸奖射手命中率极高。正：指侯的中心，也称"的"。由此我们可以看到，在射礼开始到结束时，始终贯穿着各种礼节，其中对射手的身体仪态有着严格的要求，射手的神态和姿态都表现出其内外修行的德行，《礼记·射义》载："故射者，进退周还必中礼。内志正，外体直，然后持弓矢审固。持弓矢审固，然后可以言'中'。此可以观德行矣。"又曰："其容体比于礼，其节比于乐。而中多者，得与于祭。"⑤《仪礼·大射》："退者与进者相左，相揖。"⑥ 其中的"外体直""容体比于礼"就是对弓箭手身体仪态的具体描述和要求，而"巧趋跄兮"就是对射手"外体直"的详细描绘。可见，一名高超的射手，不仅需要有娴熟的射技，还需要有平时

---

① 刘毓庆译注：《诗经》，中华书局 2011 年版，第 760 页。
② 李学勤：《礼记正义》，北京大学出版社 1999 年版，第 1640 页。
③ 刘毓庆译注：《诗经》，中华书局 2011 年版，第 259 页。
④ 程俊英、蒋见元：《诗经注析》，中华书局 1991 年版，第 287 页。
⑤ 李学勤：《礼记正义》，北京大学出版社 1999 年版，第 1641 页。
⑥ 李学勤：《仪礼注疏》，北京大学出版社 1999 年版，第 330 页。

训练有素的礼节。所谓的"一举手""一投足"都会直接影响射手的最终效果。"巧趋跄兮",是指射手上、下比赛射箭场时步态从容,节奏适中,姿态稳重,仪礼中表现出信心十足的状态,显示胜败皆不失礼。"内志正,外体直"是古人对射礼中内、外兼修的最佳写照,其对中国传统体育文化影响深远,也成为中国传统武术文化始终如一的追求。

另外,比赛胜败乃是常事,胜者对于败者也不能表现出歧视的态度,这样做也是礼节的要求,《大雅·行苇》:"四镞如树,序宾以不侮。"程俊英注:"不侮,不怠慢,态度恭敬。指对射不中的人也不轻慢。朱熹诗集传:'射以中多为隽,以不侮为德。'"① 诗意表示为胜者完成了"井仪"的最高标准,但对败者仍然恭敬有佳。

2. 射礼之中伴舞文化

《齐风·猗嗟》:"舞则选兮,射则贯兮,四矢反兮,以御乱兮。"诗中"舞"与"射"相对应,"选"与"贯"相谐,说明舞、射同伴。《说文》载:"选,择也。"② 程俊英注:"按古代射箭活动包括跳舞的项目。"③ 诗言"舞则选兮",是指在射礼过程中依据不同身份的射手参赛,而选择伴奏不同的乐舞,即在王与诸侯、大夫之射时,需要和不同的乐舞。古者歌、舞、乐一体。"舞则选兮"也是射礼中的一个重要礼节。舞乐在当时社会背景下有着严格的等级制度,《礼记·射义》曰:"其节,天子以《驺虞》为节,诸侯以《狸首》为节,卿大夫以《采苹》为节,士以《采蘩》为节。"疏:正义曰:"此节明天子以下射礼乐章之异。"④《论语·八佾》孔子谓季氏:"八佾舞于庭,是可忍,孰不可忍也!"⑤ 较早的"节"是一种用来敲击以控制乐曲节奏的乐器,后谓和乐之声。《尔雅》载:"和乐谓之节。"⑥《周礼·地官·乡大夫》也记载:"一曰和,二曰容,三曰主皮,四

---

① 程俊英、蒋见元:《诗经注析》,中华书局 1991 年版,第 811 页。
② 许慎:《说文解字》,社会科学文献出版社 2005 年版,第 92 页。
③ 程俊英、蒋见元:《诗经注析》,中华书局 1991 年版,第 288 页。
④ 李学勤:《礼记正义》,北京大学出版社 1999 年版,第 1641 页。
⑤ 丰连根注译:《五经四书全译》,中州古籍出版社 2002 年版,第 3060 页。
⑥ 胡奇光:《尔雅译注》,上海古籍出版社 2004 年版,第 232 页。

曰和容，五曰兴舞。"李学勤疏："兴舞即舞乐。"① 《礼记·射义》载："其容体比于礼，其节比于乐。而中多者，得与于祭。"② 可见，在大射、乡射中，会以参加者的身份不同而和不同乐舞。《仪礼·乡射礼》载："乃奏《驺虞》以射。"《射义》曰："《驺虞》者，乐官备也。"礼射活动中的舞也可能是"弓矢舞"一类的乐舞，《周礼·大司乐》记载："大射，王出入，令奏《王夏》；及射，令奏《驺虞》。诏诸侯弓矢舞。"李注："舞，谓执弓挟矢揖让进退之仪。"③ 射礼当中的乐舞也是当时礼乐制度的一种体现。不仅在用乐上王与诸侯大臣有别，在舞的人数上也有严格的控制，《论语·八佾》阮元疏："云天子八佾、诸侯六、大夫四、士二者。隐五年左传文也云，八人为列，八八六十四人者。杜预、何休说如此其诸侯用六者，六六三十六人。大夫四、四四十六人，士二，二二四人。"④ 孔子叹"是可忍，孰不可忍"就是指季氏在乐舞的人数上冒犯了礼规。

3. 射礼活动结束时的罚酒文化

《诗经·小雅·宾之初筵》："大侯既抗，弓矢斯张。射夫既同，献尔发功。发彼有的，以祈尔爵。"就是一首描述射箭开始到射箭结束的整个过程的诗篇。程俊英注："祈，求。尔，指比赛对手。按射礼，负者饮酒，即郑笺所谓：'射之礼，胜者饮不胜。'相当于现在所谓罚酒。"⑤ 这首诗最后一句"发彼有的，以祈尔爵。"就是指比赛结束后，胜者要罚输者饮酒。诗句"发彼有的"：指射中侯中心。祈：是祈求，爵：是古代饮酒器皿。意思是说，参加比赛的选手希望自己射中箭靶获胜，祈求罚失败者饮酒。射礼活动是以"射艺"为主要比赛内容，并贯穿以各种礼节。比赛的结果就会有输赢，胜者可令人尊敬，参与重要的祭祀活动，甚至晋升为诸侯或大夫。《礼记·射义》载："已射于泽，而后射于射宫，射中者得与于祭，不中者不得与于祭。"⑥ 而败者就要被罚饮酒，且不得参与祭祀活动。杨宽

---

① 李学勤：《周礼注疏》，北京大学出版社 1999 年版，第 297 页。
② 李学勤：《礼记正义》，北京大学出版社 1999 年版，第 1643 页。
③ 李学勤：《周礼注疏》，北京大学出版社 1999 年版，第 592 页。
④ （清）阮元：《十三经注疏》，中华书局 2009 年版，第 5355 页。
⑤ 程俊英、蒋见元：《诗经注析》，中华书局 1991 年版，第 697 页。
⑥ 李学勤：《礼记正义》，北京大学出版社 1999 年版，第 1652 页。

在《西周史》"射礼新探"中写到:"第二番射有主人、宾和众宾参加,着重于比赛。"其礼节中有饮不胜者:"由司射命令弟子奉丰升堂放置,由胜者弟子洗觯,安放在丰上,给不胜者饮酒。"[①]《汉书·李广传》云李广:"与人居,则划地为军阵,射阔狭以饮,专以射为戏。"如淳注曰:"为戏求疏密,持酒以饮不胜者也。"射礼活动开展的目的是明君臣之礼、检验射手的射艺、推崇社会尚武之风。因此,胜者可以得到君王的赏赐,参与祭祀活动,晋升侯爵,败者将罚以饮酒,不得参与祭祀活动,以示警戒。

（四）结语

《诗经》是周代礼乐文明制度的载体,它用精炼的语言和通俗的韵律,展现了两千多年前社会生活的各个层面。通过对《诗经》中"射礼"文化的分析与研究,可知射艺中的"白矢"和"井仪、参连"是当时大射和乡射活动中重要的比赛项目,也是诸侯们力求要达到的最高标准。"井仪"技艺是一种综合技能的体现,应涵盖有"白矢、参连"的技术,因此,在《诗经》中多处对"井仪"技艺加以歌颂和赞赏。《诗经》描述射礼文化的另一部分"礼",则主要集中在对射手进、退射场时的身体仪态要求,以"内志正,外体直"为标准。射礼过程中的乐舞,也集中体现了当时统治者对等级制度执行的严格,以"舞则选兮",来区分王、臣属之间的等级。对于参加射礼活动中的失败者,将被罚饮酒,并且不得参与祭祀活动,这在当时社会背景下是最严厉的惩罚。

（本节主要内容已发表于《体育文化导刊》2014 年第 11 期）

第五节　弹射运动

弹射运动,最早产生于我国新石器时代的一种狩猎工具,流传至今已有五千多年的历史。在新石器时代西安半坡遗址中,考古出土的石、陶两种弹丸的直径多在 1 厘米左右,均为圆球状,多达几百个。大量的弹丸发

---

① 杨宽:《西周史》,上海人民出版社 1999 年版,第 720 页。

现意味着弹弓十分流行。[①] 据《吴越春秋·勾践阴谋外传第九》记载，练兵、射箭高手陈音在回答越王的提问时讲到："臣闻弩生于弓，弓生于弹，弹起古之孝子。……孝子不忍见父母为禽兽所食，故作弹以守之，绝鸟兽之害。故古人歌曰：'断竹属木，飞土逐肉。'"[②] 这里记载了起源较早的弹射向射箭再到弩射的发展的前后脉络，并且简要介绍了弹射起源的主要功效是用于射猎鸟兽。古歌中的"木"即指弹射用的弹弓，"土"指弹射用的弹丸。

一　殷墟出土弹丸的种类

弹射的主要工具为弹弓和弹丸，弹弓可能为竹木一类所做，由于时间太长而腐朽，目前尚未发现殷商时期的完整弓体。殷墟出土弹丸有陶质和石质两种，以陶质的弹丸居多。在殷墟考古报告中也多有弹丸的记载："弹丸。遗址中极常见，大多数为泥质红陶，泥质灰陶很少。质地细腻坚硬，表面光滑。1977年，从探孔中带出弹丸104颗，均呈红色，以2.4厘米居多数。"[③] 从1958年至1961年三年间，在殷墟考古发现中就有多处出土有弹丸的实物，详见表3：

表3　　　　　　　　　　　殷墟出土陶质弹丸统计表

出土地点	数量：个
北辛庄	5
大司空村	22
小屯西地	41
张家坟	5
梅园庄	6
苗圃北地	25
孝民屯"梅园庄一期"	1
孝民屯	5
水渠工地（白家坟东北和王裕口西）	24
合计	134

资料来源：《殷墟发掘报告：1958—1961》：中国社会科学院考古研究所，文物出版社1987年版。

---

① 崔乐泉：《中国体育通史》（第一卷），人民体育出版社2008年版，第29页。
② 张觉校注：《吴越春秋校注》，岳麓书社2006年版，第243页。
③ 中国社会科学院考古研究所：《殷墟的发现与研究》，科学出版社1994年版，第243页。

表 3 所列出殷墟地区出土的弹丸，大部分为泥质红陶，少数是泥质灰陶，只一件灰色发白。质均较硬，表面光滑，直径 1.5—2.7 厘米不等，而以 2.2 厘米，2.3 厘米和 2.4 厘米为最多。此时的弹丸直径比起新石器时期的弹丸直径要大一倍还多。1977 年考古人员在小屯村西北地钻探时，又发现大量陶质弹丸，在大约 300 平方米的范围内，从探孔中带出弹丸 104 颗，均呈红色，直径 1.7—2.7 厘米不等，以 2.4 厘米居多数。[①] 据考古工作者估计，此处附近可能有烧制或储藏弹丸的场所。从所出土陶片观察，此遗址似属殷墟文化第四期。1992 年，在安阳殷墟花园庄东地商代墓葬中又发现有陶质的弹丸："弹丸 1 件。标本 M43：6，泥质红陶。呈圆球形，质地较硬，表面光滑，直径 2.5 厘米。"[②] 2004 年 11 月，安阳文物钻探队在安钢第二炼钢厂西南部基建占地范围内进行文物勘探时，其中三座较大型墓葬中 M13 出土陶弹丸 100 余枚。[③] 相比之下，石质弹丸的数量都很少，形制与陶质的同类器物雷同。[④] 从 20 世纪 40 年代到 90 年代，殷墟出土了大约 340 枚陶质弹丸，从规格上看，以 2.4 厘米左右的弹丸最多，说明弹丸的大小相对集中统一，弹丸的大小应与弹弓的大小以及弓上弹兜的大小有着密切联系。这些弹丸的质地细腻坚硬，表面光滑，说明在制作弹丸的选材上十分讲究，同时也说明经过烧制的陶丸可以提高弹丸的坚硬度和飞行速度，从而提高其杀伤力。出土陶质弹丸数量之多，可见其在当时的弹射活动中使用较为广泛，同时也影射出当时弹射活动的盛行。石质弹丸数量较少，表明其在弹射时较少使用，也许是打磨制作石质弹丸不易这一原因。弹丸作为远射的兵器，其在使用中损耗较大，需要及时的补充，因此，统一制作和烧制弹丸符合弹射的实际需要。

从新石器时代到殷商时期出土的弹丸分析，弹射起源甚早，流传时间较长。弹射活动持续几千年不衰，其生命力之强，说明弹射在当时社会中

---

① 中国社会科学院考古研究所：《殷墟的发现与研究》，科学出版社 1994 年版，第 243 页。

② 中国社会科学院考古研究所：《安阳殷墟花园庄东地商代墓葬》，科学出版社 2007 年版，第 47 页。

③ 国家文物局：《2005 中国重要考研发现》，文物出版社 2006 年版，第 59 页。

④ 中国社会科学院考古研究所：《殷墟的发现与研究》，科学出版社 1994 年版，第 367 页。

占有十分重要的地位。虽然弹弓的杀伤力比起弓箭的杀伤力要小很多，但在当时生产力水平较低的情况下，弹射的远射功效使其得以长期生存下来。这期间弹丸的质地没有太大变化，仍然以陶质和石质弹丸为主，只是弹丸的直径有逐渐扩大的趋势，从出土两种弹丸的直径来看，殷商时期弹丸的直径是新石器时期弹丸直径的二倍多，弹丸直径的逐渐增大，可能与弓体大小的变化有着密切联系。

二　甲骨文"弹"字释义

上文提到，用于弹射的弓，可能时间久远而腐朽于地下，我们不得见之。庆幸的是，我们可以从发掘的甲骨文字中观察到当时弹"弓"的史影，从而了解弹射的基本内涵。《说文》："弹，行丸也。从弓单声。弹或从弓持丸"。王襄认为："古弹字。许说行丸也，或从弓持丸。此象丸在弦上，将发之形。与射字'矢'在弦上谊同。"[①]《故训汇纂》载："弹，行丸弓也《小学搜佚桂苑珠籔》。弹，射也《广韵寒韵》。弹，丸射也《集韵寒韵》"[②]唐豪认为："甲骨文弹字，有作'𐂷'形者，有作'𐂷'形者，可证不规则之弹，与圆形之弹，至殷商犹存并用之迹也。民国十五年，山西夏县西阴村灰土岭，有陶球若干出土，据考古学家判断，其小者即弹丸。"[③]甲骨文中所见"弹"字形有"𐂷"（《花东》63、85）和"𐂷"（《花东》252）形，其中"𐂷"字形的主要特点是弦上中央有一凹兜。而"𐂷"字形，其特点是弦中央为一斜线。甲骨文中的弹字与《说文》中的弹字相互印证。我们通过对此种传统弹射工具考释后认为，甲骨文"𐂷"（《花东》252）形，是一典型的象形文字，直观的表示为它是用于弹射的"弓"字，弦上中央的凹兜就是放置弹丸的地方。《太平御览》卷350《兵部》载："桂苑曰弹行丸弓也，又作弓。"[④] 与此相证的甲骨文材料是北京大学收藏甲骨中有一例编号0071的甲骨，辞曰：作弹。此弹字正如此状。（图44）

---

① 于省吾：《甲骨文字诂林》，中华书局1996年版，第2603页。
② 宗福邦：《故训汇纂》，商务印书馆2003年版，第731页。
③ 唐豪：《中国武艺图籍考》，山西出版集团2008年版，第111页。
④ （宋）李昉：《太平御览》，中华书局1960年版，第1612页。

可证"⊕"字就是指弹射用的弹"弓"，在商代需要有人专门制作此种弹"弓"。而甲骨文"⅄"（《花东》63、85）字，是一指事字，也即是裘锡圭先生说的文字画。字中弦上的一斜线，正是表示弹丸在飞出一瞬间的技术要求，指出是在弹射，后文详述。此种弹射之功法，现在已经很少有人能够掌握了，保护、整理与挖掘这项民族传统体育项目，显得尤为迫切。

图 44　制作弹射用之弓

（《北京大学藏甲骨》0071）

三　殷商时期弹射的种类

（一）习武弹射

殷商时期战争不断，为了在战争中取得胜利，商王经常以各种方式进行武士操练，以备军用。《礼记·月令》中规定："孟冬之月，天子乃命将帅讲武，习射、御、角力。"[①] 以天子之令下达习武、习射，乃国家之号令，属头等大事。可见以各种方式习武、习射，已在军中被广泛应用。甲骨文中记载有习武弹射活动。

72. 戊申卜：子［祼］于妣丁？用。一

子□？一

---

① 李学勤：《礼记正义》，北京大学出版社 1999 年版，第 551 页。

己酉夕：伐羌一，在入？庚戌宜一牢？弹？一（《花东》376
图 45－1）

73. 己酉夕：伐羌一，在入？庚戌宜一牢？弹？一

己酉夕：伐羌一，在入？

庚戌：岁妣庚𡥎一？一

庚戌：宜一牢，在入弹？一，二

庚戌：宜一牢，在入弹？一

庚戌卜：其畀𣪊尹（人名）𩱩（一种酒），若？一

（《花东》178 图 45－2）

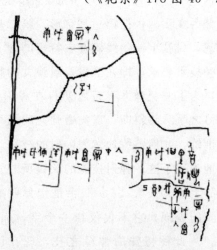

图 45－1　主人"子"主持的弹射活动　　图 45－2　主人"子"主持的弹射活动

　　（《花东》376）局部　　　　　　　　　（《花东》178）局部

　　上卜辞 72 中，裸，是祭名。妣丁是商先妣，伐羌一，是杀伐一羌
人，宜，在卜辞中也作祭名，牢指二牛。从上两版卜辞记载时间上来
看，发生的时间在戊申、己酉夕、庚戌三日（从时间上看，三天是连
续的），主持祭祀和弹射的主人是一个叫"子"的贵族子弟。地点是
"入"地。在古代，"国之大事，在祀与戎"，在举行弹射活动之前，首
先需要对先祖妣丁以"伐羌一"进行祭祀，然后才能举行弹射活动。

　　上卜辞 73 中的"在入弹"语，按卜辞语法分析，其"在＋地名＋动

词"的句法在卜辞中多见，如在人卯（《花东》265），在亦卜（《合集》24247），在桑贞（《合补》11324）等，由此说明"在入弹"之"弹"为动词，是弹射之义。① 此两版上出现的四个弹射之弹字均为"ᛞ"字形，此字形的特点是弓弦中央为一短斜线。从字形上分析，短斜线处正是弹丸所居之处，此处的短斜线，当指弹丸的飞行方式。甲骨文"射"字如"ᚼ"（《花东》37）和"ᚺ"（《合集》00030）形，弓上之箭表示射箭之意。林沄认为："汉字溯源于图象的符号化，故研究古文字的形体不能不了解当时事物的实际情况。于省吾先生考释古文字一向主张'以形为主。'"② 杨树达先生也认为："首求字形无牾，终期文义之大安。"③ 两位先生都认为，考释古文字的根据第一是字形，第二是辞例。通过对此种弹射武技考释后发现，弓弦上一斜线确有它特指的含义，应是表示此种弹射发射弹丸时的一种技术要求，即在弹弓发射弹丸的瞬间，由于弹丸的位置正对弓附的部位，为了避免弹丸飞行之初打在弓附上，要求射手在发射弹丸的一瞬间，持弓之手顺势斜向，以畅通弹丸的飞行路线。这种弹射武技需要经过长期的训练，才能熟练地掌握弹射的技巧。甲骨文弹字"ᛞ"字形的特征，形象地表述了这一弹射技能的关键所在。显而易见，结合弹字形含义，依据卜辞上下文关系，"ᛞ"字是指弹射事项。此弹字的特点，也正是一种文字画的表现，它不仅仅指一个字，而是代表了说明此字内涵的一个"语段。"④ 此种特殊的弹弓之技，现在已很少有人能够掌握了，急须加以保护。

进行弹射活动的地点为"入"地。《花东》卜辞中"入"地是饮酒、享宴、射箭比赛活动的场所，王卜辞中，"入"地是学校和祭祀场所。⑤ 可知"入"地是类似学校、享宴和祭祀的综合性场所，在此地进行的弹射，其性质应是一种习射比武的活动。

---

① 韩江苏：《殷墟花东 H3 卜辞主人"子"研究》，线装书局 2007 年版，第 366 页。
② 林沄：《林沄学术文集》，中国大百科全书出版社 1998 年版，第 12 页。
③ 杨树达：《积微居金文说·自序》，中华书局 1997 年版，第 1 页。
④ 黄天树：《黄天树甲骨金文论集》，学苑出版社 2014 年版，第 4 页。
⑤ 韩江苏：《殷墟花东 H3 卜辞主人"子"研究》，线装书局 2007 年版，第 366—391 页。

　　综上所述，这两版甲骨文记载的大致内容为：由贵族子弟"子"主持了对先祖妣丁的祭祀活动，在"入"地，以伐一羌人为牺牲，占卜庚戌日能否举行弹射活动。而到庚戌日这一天，按照前一日的占卜结果，对先祖妣庚进行岁祭，用一牢祭祀，然后在"入"地如期举行了弹射活动。从 73 卜辞最后一辞分析，畀，有奉送之意，"濰尹"是人名，"𝄞"字像是与酒有关。此卜辞内容显示，弹射活动的结果，可能是让濰尹这个人被罚饮酒。有关"射礼"活动结束时的"罚酒礼"的内容，杨宽先生认为："由司射命令弟子奉丰升堂放置，由胜者弟子洗觯，安放在丰上，给不胜者饮酒。"① 这可能是当时弹射活动结束后，对失败者的一种惩罚，相关罚酒礼的内容，可参看第四节"射礼"内容。

　　（二）田猎中的弹射

　　弹射作为远射的一种武技，在殷商时期的田猎活动中也有体现，卜辞云："丙午卜，贞，弹延兔。（《合集》10458）"。延，有伸展、引长之义。② 《说文》："延，长行也。"这是描述以弹弓武技射猎兔子的当时写照。另外，弹射可能还被用作渔猎的工具，考古发现弹丸时，常伴有鱼标、网坠和鱼钩等出土。③ 可见，经过学习掌握了弹射技能之后，弹射可能具备有一种生产劳动的性质，成为获取生产资料的一种手段。在功能上，弹射武技不象射箭那样具有特强的杀伤力，因此，其在田猎使用中，多选择一些较小的目标作为弹射的对象，尤以鸟兽为多，这也与古弹歌里面的描述基本一致。如《战国策·楚策四》黄雀"俯噣白粒，仰栖茂树，鼓翅奋翼，自以为无患，与人无争也。不知夫公子王孙，左挟弹，右摄丸，将加己乎十仞之上，以其类为招。"④ 《庄子·山木》："庄周游于雕陵之樊，睹一异鹊自南方来者。……褰裳躩步，执弹而留之。"⑤ 《庄子·齐物论》载"见

---

　　① 杨宽：《西周史》，上海人民出版社 1999 年版，第 720 页。
　　② 王力：《王力古汉语字典》，中华书局 2000 年版，第 282 页。
　　③ 中国社会科学院考古研究所：《中国考古学·夏商卷》，中国社会科学院出版社 2003 年版，第 373 页。
　　④ 何建章：《战国策注释》，中华书局 2011 年版，第 571 页。
　　⑤ 王世舜：《庄子注解》，山东出版集团 2009 年版，第 279 页。

卵而求时夜，见弹而求鸮炙。"① 《说苑校证·正谏》："吴王欲伐荆，告知其左右曰：'敢有谏者死。' 舍人有少孺子者，欲谏不敢，则怀丸操弹，游于后园，露其沾衣，如是者三旦（朝）。吴王曰：'子来，何苦沾衣如此。'对曰：'园中有树，其上有蝉，蝉高居悲鸣饮露，不知螳螂在其后也；螳螂委身曲附欲取蝉，而不知黄雀在其傍也；黄雀延颈欲啄螳螂，而不知弹丸在其下也。'"② 《淮南子·说山训》："执弹而招鸟，挥棁而呼狗。"③ 史料中记载的弹弓之技，都说明了弹弓的主要作用是射猎禽鸟。从弹射活动的内容上分析，这种田猎的弹射，带有一种休闲的性质，那些"公子""王孙"，也就是相当于现在的有闲阶层，用弹弓打鸟是他们喜爱的休闲娱乐运动。以弹弓之射的田猎现象，更像是具有一种游猎的性质，个人或多人均可持弓弹丸，随处可击。与目的性特强的田猎活动相比，还是有些区别的。

除成人利用弹射游猎之外，古时的孩童也喜爱弹射活动。如江苏坯县燕子埠东汉彭城相缪宇墓出土的画像石中，有一幅儿童捕蝉图，刻画出六个小儿在大树底下张弹弓（本文所述之弓），举粘竿，捕蝉嬉戏的情境。④画像中小儿所持弹弓，正是殷商时期弹射之弓的一种真实体现。其中一小儿站立树下，双手拽弓，左手持弓附部位，右手张满弦仰视树上，认真审视孩童所持之弓，小儿所持弹弓为满弓状态，且弓上末见有箭矢，说明此小儿在持弹弓发丸射蝉（图46）。可知弹丸活动除在田猎中使用外，也在民间广为流传，成为人们休闲娱乐的一种手段。画像中还有一小儿在一傍习武，动作似仆步持刀状，另两小儿席地而坐仰视树梢，在观察射蝉效果。

（三）用于弹人活动的弹射

殷商时期，商王经常对外发动战争，在战争中被征伐的方国奴隶，常被带回殷商王都，用于杀伐和祭祀活动，在殷墟墓葬中经常会发现人祭现象。如卜辞中的"伐羌一（《花东》178）"，"□祖乙伐十羌（《合集》

---

① 王世舜：《庄子注解》，山东出版集团2009年版，第231页。
② 向宗鲁：《说苑校证》，中华书局2009年版，第212页。
③ 刘文典：《淮南鸿烈集释》，中华书局1989年版，第529页。
④ 杨之水：《诗经名物新证》，北京古籍出版社2002年版，第103页。

41456)"等，用奴隶祭祀，少则一人，多则几十、上百人，在殷墟的大墓葬中，用于祭祀和陪葬的奴隶很多。可想让这些奴隶作为弹射练习的目标，在当时奴隶社会不足为奇。卜辞载："其弹廿人"（《宁》1·291）。"羌弹五十"（《后》下 6·7）。弹为弹击之意，是动词。廿人和五十羌为弹击之对象。"羌弹五十"正常应该说成"弹五十羌"，意思是五十个羌人被弹射。[①]

图 46　汉画像石中弹射

（采自《诗经名物》，第 103 页图 4－9）

以奴隶羌人作为弹射的目标，可能带有战争模拟演练的性质，也可能带有对奴隶们的仇恨或戏弄，其弹人的目的是为了将来在实战中运用。为了熟练掌握弹射技能，统治阶级往往不惜牺牲奴隶的性命，以备在田猎和战争中使用。从被弹射羌人数量之多分析，推测参与弹射的人数也应不少。这种以弹丸弹射人的恶习，文献中也多有记载。《左传·宣公二年》载："晋灵公不君，厚敛以雕墙。从台上弹人，而观其辟丸也。"[②] 《公羊

---

①　赵诚：《古代文字音韵》，中华书局 1991 年版，第 129 页。
②　（清）洪亮吉：《春秋左传诂》，中华书局 2008 年版，第 397 页。

传·宣公六年》："灵公为无道，使诸大夫皆内朝。然后处乎台上，引弹而弹之，已趋而辟丸。是乐而已矣。"注：己，己诸大夫也。[①]《三国志·魏书》载："帝常喜以弹弹人，以此恚景，弹景不避首目。"[②] 这种以弹丸弹射人的性质带有一种恶性的戏弄，令人发指，统治者却以此为乐，反映出殷商时期奴隶们的悲惨命运。

四　结语

从新石器时代到殷商时期，弹射活动的发展经历了一个漫长的历史过程，从出土弹丸质地分析，多以红色陶质弹丸为主，从出土弹丸规格上分析，以 2.4 厘米左右的弹丸最多，说明此一时期在制做弹丸的选材和规格上相对统一。殷墟是殷商时期的都城，弹丸出土地分布于殷墟周边多个地区，说明弹射活动在这一区域非常盛行。从甲骨卜辞内容上来看，殷墟有专门制作弹射用的弹弓作坊。在习射和田猎中还可以看到弹射的身影，说明弹射活动在当时还在广泛开展。弹射用于弹人，是商代奴隶社会等级制度的反映。弹射用于弹鸟，是当时一种休闲娱乐的具体体现，也是弹射活动性质的转变。甲骨文中记载的弹射活动，更进一步印证了这一古老的传统项目在殷商时期仍然具有很强的生命力。

（本节内容已发表于《体育文化导刊》2011 年第 4 期）

---

① 李学勤：《春秋公羊传注疏》，北京大学出版社 1999 年版，第 331 页。
② （晋）陈寿：《三国志》，中华书局 2013 年版，第 130 页。

第三章　休闲体育类

第一节　登高

一　甲骨文"陟"字释义

甲骨文中的陟作"𨸏"形（《合集》H20271）。字形从阜、从步。左边形似山坡形状，右边是两只向上的脚形，因此，陟的本义会意为由低处向高处走。《甲骨文字典》载："象双足循脚窝上升之形，故会登陟之意，与《说文》形同。释义为：陟多作祭名用。"[①] 商承祚认为："金文散盘作'𨸏'形，'𨸏'为山之无石者，右旁像人之双足由下上升之形。"[②]《说文》载陟："登也。从𨸏从步。"[③]《尔雅·释诂》："陟、跻、登，升也。"注释："由低处向高处升，与降相对。《诗·周南·卷耳》'陟彼崔嵬'毛传：'陟，升也。'"[④]《玉篇》："陟，登也，高也，升也。"[⑤] 马如森认为："字象两脚登山之形。本义是登山。引段玉裁注：'释古曰，陟，升也。毛传曰，陟，升也。升者，登之假借。'"[⑥] 可见在古语中，"陟"表示"登高"之义。

---

① 徐中舒：《甲骨文字典》，四川出版集团 2006 年版，第 1509 页。
② 商承祚：《甲骨文字研究》，天津古籍出版社 2008 年版，第 119 页。
③ 许慎：《说文解字》，社会科学文献出版社 2005 年版，第 816 页。
④ 胡奇光：《尔雅译注》，上海古籍出版社 2009 年版，第 72 页。
⑤ 顾野王：《大广益会玉篇》，中华书局 1987 年版，第 106 页。
⑥ 马如森：《殷墟甲骨文实用字典》，上海大学出版社 2008 年版，第 317 页。

二 卜辞中的登山

《合集》收录有"陟"字甲骨74版，多作祭名用，也有用其本义，如：帝其陟（《合集》30387）。意思是讲，上帝来到人间又回到天上。在卜辞中，陟与降对贞，说明了陟的本义：

74. 戊戌卜，喜贞，告自丁陟？

（贞），告自唐降？　　　　　（《合集》22747）。

"喜"是贞人名，丁和唐都是指商先王。上卜辞74中陟、降对贞，说明陟的本意为升高之意。这种陟、降对贞的习惯到《诗经》中仍然可以见到，《诗经·大雅·公刘》载："陟则在𪩘，复降在原。"说明陟的原义仍然在延用。

卜辞中陟作登山的词例不多，有两例记载登山的卜辞云：

75. 要（媚）不陟丘？二告。　　　　（《合集》14792 图 47）

图 47　登高

（《合集》14792）

"要"字从目、从女。"要"字在卜辞中作名词用。余永梁、李孝定释其为"媚"字。① "娶"字在这里，可能是人名。卜辞中有"子娶"
（《合集》14035 正甲），说明"娶"可能也是"子"族之人。由于受词例
的限制，此条卜辞只能显示大意为："娶"这个人，不想去登某高
处（丘）。

　　另外还有一条卜辞显示为商王亲自登山的记载，卜辞曰：

　　　76. 辛未…癸酉王不陟。
　　　77. 壬申卜，王陟山斋，癸酉易日。　　　（《合集》20271 图 48）

图 48　商王登山
（《合集》20271）

　　这条卜辞记载的时间是三天连续的日子，即辛未、壬申、癸酉，卜辞
的内容大概是：商王辛未日不（想）去登山，壬申日商王亲自登山，而癸
酉日可以在山上举行易日的祭祀活动。

　　卜辞中陟字大多作祭名，说明甲骨文中的陟字已被假借。或许登高以
祭，就是远古祭礼的一种方式。但从后世文献来看，陟字所表达的含义还
是作为动词的登山之义为多。《诗经·周南·卷耳》："陟彼崔嵬，我马虺

---

　　①　于省吾：《甲骨文字诂林》，中华书局 1996 年版，第 616 页。

聭。……陟彼高冈，我马玄黄……陟彼砠矣，我马瘏矣。"《诗·召南·草虫》："陟彼南山，言采其蕨。陟彼南山，言采其薇。"《诗经·魏风·陟岵》："陟彼岵兮，瞻望父兮。陟彼屺兮，瞻望母兮。陟彼冈兮，瞻望兄兮。"《诗·小雅·北山》："陟彼北山，言采其杞。"《诗·小雅·车辇》："陟彼高岗，析其柞薪。"《诗·周颂·般》："于皇时周，陟其高山。"《楚辞·九思》载："陟丹山兮炎野，屯余车兮黄支。""陟玉峦兮逍遥，览高冈兮峣峣。"《诗经》《楚辞》中记载的诗歌，正是描写当时人们在各地登高祭祀、休闲的具体活动，其足迹已遍布"南山、北山、高岗和丘陵"。陟作为登高之意在《诗经》《楚辞》中已被广泛应用，反映出当时的人们对登高运动的特殊热爱。在古代，登高可以望远，借以抒发人们的情怀，《淮南子·说山训》载："登高使人欲望，临深使人欲窥，处使然也。"[1] 从甲骨文陟字到《诗经》相关登高的记载，可推知生活在商代社会中的人们同样对登高活动喜爱有佳。

（本节内容已发表于《体育文化导刊》2013 年第 7 期）

第二节　护卫礼仪

一　甲骨文"戎"字释义

甲骨文"𢦏"（《合集》07768）字，即古"戎"字之初文，像一正面武士，一手持戈，一手持盾状，有一种威武、显赫和警戒之意。《说文》："戎，兵也。从戈从甲"。徐中舒认为："商代金文有𢦏（父辛甗），象人一手持盾，一手持戈形，后金文作𢦏（盂鼎），盾字与金文甲字形同，后世遂误以戎字从甲"[2]。丁山认为："其形左手执戈，右手执盾，其为戎字则一也。"[3] 于省吾认为："此字与商器比作伯簋上的字一样，象武士右手持

---

① 刘文典：《淮南鸿烈集解》，中华书局 1989 年版，第 541 页。
② 徐中舒：《甲骨文字典》，四川出版集团 2006 年版，第 1359 页。
③ 丁山：《甲骨文所见氏族及其制度》，中华书局 1988 年版，第 95 页。

戈，左手持盾。"① 张亚初也认为是"戎"字。② 此字从戈、从盾、从大，后省略中间的人形。璩效武先生认为，此字专指西周时期的"旅贲氏。"③《周礼·夏官·司马》中记载："旅贲氏。掌执戈盾，夹王车而趋，左八人，右八人。车止，则持轮。凡祭祀，会同，宾客，则服而趋。丧纪，则衰葛执戈盾。军旅，则介而趋。"疏："注，介，披甲"。释曰："在军为甲士着甲。但此旅贲勇士卫王，故披甲而趋也。"④ 趋：就是一路小跑。《尔雅·释宫》载："门外小步快走称为趋"。⑤ 由此观之，此字更像现今的仪仗队护卫人员，在王出行之时，持戈盾紧紧护卫在王车两旁。车停，则护卫在车两轮之旁守候警戒。在军旅之时，披甲持戈盾更加彰显威武之状，起保护助威之效。《尔雅·释言》记载："戎，相也。"注："戎：相助。郭注：'谓佐助。'"⑥《故训汇纂》载："戎，相也。《尚书·盘庚》'戎毒于远而。'孙星衍今古文注疏引《释言》云。""戎，亦助也。"⑦ 古代帝王出行，都会有各自的卫队，旅贲氏应是军中挑选出来的精英，能够熟练掌握戈盾的使用功效，以起到保护辅佐王的作用。从字的影像和字意上看，可显示这种双手持武器的旅贲氏的威武和气势。

二　卜辞中的护卫

78. 癸酉卜，**設**贞，雀叀今日戎？一二。

　　癸酉卜，**設**贞，雀于翌甲戌戎？一二。　　　　　　　　（《合集》07768 图 49)

79. 王其乎（呼）**亯**戎……[王] 受有佑，**戈**，在□？

　　　　　　　　　　　　　　　　　　　　　　　　　　（《屯南》2286)

---

① 于省吾：《甲骨文字释林》，中华书局 2009 年版，第 348 页。
② 张亚初：《文字研究第十七辑 》，中华书局 1989 年版，第 234 页。
③ 璩效武：《甲骨文字辨释》，中国文史出版社 2010 年版，第 120 页。
④ 李学勤：《周礼注疏》，北京大学出版社 1999 年版，第 824 页。
⑤ （晋）郭璞注：《尔雅》，上海古籍出版社 2013 年版，第 842 页。
⑥ 同上书，第 136 页。
⑦ 宗福邦：《故训汇纂》，商务印书馆 2003 年版，第 839 页。

图 49　"雀"作护卫

(《合集》07768)

上 78 辞中的"殼"是武丁时期的贞人，相关他的卜辞达 1500 条。殼即服务于商王室的占卜机关，也从事其他王事，殼族是商代显赫之族。[①]"雀"在商代也是武丁时期的重要人物，他参与祭祀和战争，并受到商王的关心。"叀"字使主语雀前置，有强调的作用。上卜辞是说让雀这个人担任今天（癸酉日）或是明天（甲戌日）旅贲，可能是商王出行之前选择让谁作卫士的占卜。乎乃呼字，有命令的意思，是商王命令𩵋担任旅贲。上卜辞中的雀和𩵋都是人名，可能两人都是商王的护卫。据韩江苏女士考证，卜辞中有关雀记载共有近 400 条左右，雀是商王的同姓贵族，是武丁时期的重臣。他在王都时，随侍在商王身边，听从商王的调遣，为王事奔波。雀是王室重臣，受到器重。[②] 可见商王选用这种亲族似的人作自己的护卫是相对放心的，也说明了商王对雀的信任和器重。从护卫实用的角度讲，担任护卫商王的人员需要具备一定的武功，并且能够熟练掌握某种兵器。从甲骨文"戎"字形上来看，"旅贲氏"对进攻性武器戈的使用应非常熟练，同时，对于防卫性武器盾的使用也应特别娴熟。《诗经·卫风·伯兮》记载"伯也执殳，为王前驱。"可能就是对"旅贲氏"的实际描述。

(本节内容已发表于《体育文化导刊》2011 年第 6 期)

---

① 韩江苏：《殷本纪订补与商史人物征》，中国社会科学出版社 2010 年版，第 544 页。

② 同上书，第 398 页。

第三节 骑马

一 甲骨文“骑”字释义

《世本》载：“相土作乘马。”[1] 就是指骑马出行。古语常以乘训为骑，“骑，乘也。杜甫《天狗赋》‘天子乘白日’仇兆鳌详注《玉篇·马部》”“骑，乘马也。《集韵·寘部》”“乘马为骑。《楚辞·招魂》‘步骑罗些’王逸注”[2]《易经·屯卦》曰：“屯如邅如，乘马班如…乘马班如，求婚媾…乘马班如，泣血涟和。”[3] 人类驯养马的历史很长，在内蒙古中山市北山大麦地岩画中，就有人类骑马的许多缩影（如图 50）。说明人类很早就认识到了马的特性。甲骨文中有一字作“”（《合集》22283）和“”（《合集》17989）形，像一人骑在马背上之状，两腿分于马的左右，与岩画中的骑者十分相当。文字最初的寓意有可能源自于图画，在图画中专指指事一类，这也可能是文字中指事字的源头。李学勤在《三代文明研究》一书中指出：“岩画在一定意义上跟文字的起源有关，现在全世界都认识到，文字的起源一定是从非文字领域出来的，而非文字总是从一些陶器、石器以及像岩画这样的符号领域演化来的。”[4] 周有光认为：“文字起源于图画。”[5] 布龙菲尔德指出：“一个图画到了已经约定俗成时，我们不妨称之为字。一个字是一个或一套固定的标记，人们在一定条件下描绘出来，因而人们也按一定方式起着反应。”[6] 王毓红文《从岩画内在形式结构探寻中国文字之根》更是深入分析了二者的关系：“大量考古发掘和文献资料以及甲骨文内在的形式结构都证明：贺兰山岩画是中国文字演变历程中从结绳记事到甲骨文中间的一个重要的过渡环节。它与甲骨文在结构的基本类型、象形造字法、结构表义方式、简化趋势及书写方式等方面一

① （汉）宋衷注：《世本八种》，中华书局 2008 年版，第 19 页。
② 宗福邦：《故训汇纂》，商务印书馆 2003 年版，第 2546 页。
③ 陈襄民等：《五经四书全译》，中州古籍出版社 2000 年版，第 5 页。
④ 李学勤：《三代文明研究》，商务印书馆 2011 年版，第 8 页。
⑤ 周有光：《世界文字发展史》，上海世纪出版集团 2003 年版。
⑥ 宋潇潇：《语言象似性的古文字学证据》，《云梦学刊》2014 年第 1 期。

脉相承。"① 因此，依据岩画和甲骨文字形可将"ᘙ"字释作"奇"字，乃"骑"字初文。唐冶泽认为："唐殷先生释为骑马之形，即奇字初文，应该不错。一般认为，战国以前的马只是用来驾车而不用于骑乘。但这好像不大符合情理。殷周北方、西方都是游牧民族，骑马是极普通的事情，肯定会影响到中原民族，所以当时的人们不可能不懂得骑马。"② 《说文》："骑，跨马也。从马奇声。"王力认为："骑，跨马，骑马。《战国策·赵策二》：'今吾将胡服骑射，以教百姓。'亦指两腿跨坐其他东西。《庄子·大宗师》：'乘东维，骑箕尾，而比于列星。'《史记·袁盎错列传》：'百金之子不骑衡。'司马贞索隐引韦昭曰：'衡，车衡也；骑，谓跨之。'文选汉扬雄羽猎赋：'乘巨鳞，骑京鱼。'"③ 从岩画到文字的发展过程中，我们都可以看到，骑，表示一人一马的形式。姚振武在研究上古集体量词及其地域分布中就指出："骑，指一人一马。"④ 《史记·项羽本纪》："于是项王乃上马骑。"张守节正义："凡单乘曰骑。"⑤ 由图画向文字转变过程中，关键是能够抓住某一事物的特征，然后进行抽象与概括，这就需要对原图画进行净化。吴慧认为："从文字图画到象形字的产生，一个关键的因素是图形的净化，即概括性的象征取代了图画式的描绘，简洁的线条取代了投影式的块面结构，并抓住事物之间的矛盾和形体上的不同特点，在比较和对比中突出其形体特征。"⑥ 骑字就是由人类骑马的图画净化后产生的文字。

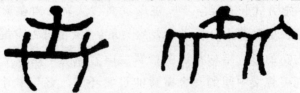

图 50　中山市北山大麦地苦井沟骑者岩画

(采自《原始体育形态岩画》，第 211 页，图 2-11-33，图 2-11-37)

---

① 王毓红：《从岩画内在形式结构探寻中国文字之根》，《西夏研究》2014 年第 2 期。
② 唐冶泽：《甲骨文字趣释》，重庆出版社 2006 年版，第 110 页。
③ 王力：《王力古汉语字典》，中华书局 2012 年版，第 1686 页。
④ 简帛文献语言研究课题组：《简帛文献语言研究》，社会科学文献出版社 2009 年版，第 26 页。
⑤ 宗福邦：《故训汇纂》，商务印书馆 2003 年版，第 2546 页。
⑥ 吴慧：《辩证统一：汉字构型及其文化意蕴》，《殷都学刊》2014 年第 3 期。

二　卜辞中的骑马

甲骨文中的"骑"字多作名词用，多指人名"子骑"。如：乙卯卜，贞子骑（《合集》22289）。显然，"子骑"也属于子姓贵族。在殷墟考古发掘中，常发现有大量的马坑，还有马、狗、人共葬的坑。在 1936 年殷墟第12 次发掘中，小屯 C 区 M164 墓内发现埋有一人一马一犬；其人装备有兽头铜刀，弓形器，镞，石，玉策等；其马头部有当卢，额饰等羁饰。石璋如先生认为这种现象供骑射的成分多，称之为"战马猎犬"。① 从殷墟考古来看，殷商时期车马已经很多，这从殷墟考古发现的车马坑中可以得到证实（详细内容可参考第四节《驾车》一文）。那么人们骑马出行就应该是非常自然的一件事情。吕思勉说："世无知以马驾车而不知骑乘之理，亦无久以马驾而仍不知骑乘之理。"② 因此，由岩画到甲骨文骑字和殷墟大量葬马坑可知，殷商时期人们应该已经掌握了养马、训马和骑马的技术，或许骑马的技术没有被广泛运用于生产、生活和战争之中。卜辞当中可见有使马的记载：

> 80. 其有奔马。用？　　　　　　　　　　　（《花东》381）
>
> 81. 戊午卜，子又乎逐鹿，不奔马。用？（《花东》295）
>
> 82. 丙辰卜，即，贞叀弋出于夕，御马？（《合集》23602）

奔马即指快马、疾马。御马即使马。《说文》："御，使马也。"由卜辞可见，商人选马、训马、使马、骑马确实已经存在。上卜辞 81 中，似在田猎中使用马匹。使马、训马可能多用于军事体育训练中，罗琨认为："甲骨文中有'教'、'庠射'、'学马'，都是指训练部队，教练车马、射手的意思。"③ 从考古材料和骑字表意功能上讲，商代骑马之术已经被人们掌握。

（本节内容已发表于《体育文化导刊》2013 年第 7 期）

---

① 宋镇豪：《夏商社会生活史》，中国社会科学出版社 2005 年版，第 330 页。

② 吕思勉：《先秦史》，上海古籍出版社 1982 年版，第 364 页。

③ 罗琨：《商人战争与军制》，中国社会科学出版社 2010 年版，第 433 页。

第四节　驾车

驾车在古代简称为"御"和"驭"。西周时期的"御"属于"六艺"之一，即礼、乐、射、御、书、数，是先秦时期为培养贵族子弟而专门设立的学习课程。《周礼·地官·保氏》载："而养国子以道，乃教之六艺：一曰五礼，二曰六乐，三曰五射，四曰五驭。"其中关于"五驭"的内涵，郑司农云："云鸣和鸾者，和在式，鸾在衡。按《韩诗》云：'升车则马动，马动则鸾鸣，鸾鸣者和应。'云逐水曲者，谓御车随逐水势之屈曲而不坠水也。云过君表者，即褐缠斾是也。云舞交衢者，衢，道也，谓御车在交道，车旋应于舞节。云逐禽左者，谓御驱逆之车，逆驱禽兽使左，当人君以射之，人君自左射。"[①] 这"五御"即是贵族子弟学习驾车所要掌握的具体内容，也是衡量和判断御手掌握技能高低的标准。五种御艺各具特色，又相互联系。

关于车的种类，西周时期分类就已经非常详细。车，在古语中也称路。《故训汇纂》路字条记载多条："路，车也。"[②]《周礼·春官·巾路》载："掌公车之政令，辩其用与其旗物而等叙之，以治其出入。王之五路：一曰玉路，金路，象路，革路，木路。王后之五路：重翟，锡而朱总；厌翟，勒面缋总；安车，雕面鹥总，皆有容盖。"[③] 这些规定皆是当时礼制社会的需要，其中也不乏战车的礼制。

从先秦史料来看，战车用于田猎和战争，尤为突出。车战到春秋战国时期达到高峰。目前我国境内发现的最早的战车是殷商时期的遗存，属于殷墟一、二期之际，从其完整的、复杂的结构来看，此时的车子已经非常先进。《周礼·考工记》载："一器而工聚焉者，车为多。"[④] 车子的制造过程，也是体现当时社会生产力水平的一种象征，车子集多种工种于一身。

---

① 李学勤：《周礼注疏》，北京大学出版社 1999 年版，第 354 页。
② 宗福邦：《故训汇纂》，商务印书馆 2003 年版，第 2218 页。
③ 李学勤：《周礼注疏》，北京大学出版社 1999 年版，第 713—718 页。
④ 同上书，第 1065 页。

殷商时期的车子主要是木质结构，但其许多配件却是青铜所制，其特点是两轮较大，独辕，有直衡和弯衡两种，在衡两端上缚轭，用来驾马，方形车箱（也有圆形，古代车箱称舆），车箱的门大都开在后面。（如图 51）从考古材料分析，殷商时期车马主要体现的是贵族身份地位的标志，而发展到西周时期则成了礼制的有机组成部分。因此，殷商与西周时期的车马在形制和内涵上有着明显的不同。这种不同体现在驾马的数量，车兵的配置等方面。

在殷墟遗址中，出土的大量车马坑格外引人注目，这些车马坑真实地再现了殷商时期车马的形制。在这些出土车马坑中，有近三分之一的车马坑中伴随有兵器，可见其作为田猎和战车在殷商王朝中发挥着重要作用。

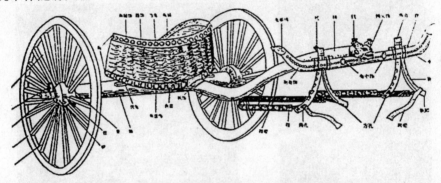

图 51　殷墟车子的基本结构

（采自《商代社会生活与礼俗》，第 330 页）

一　甲骨文"车"字释义

殷墟考古发现大量殷商时期的马车（如图 52）。甲骨文"车"字（《花东》416）和金文"车"字（毛公鼎）都作"🚗"形，基本上与考古的车形一致，直观说明甲骨文中的车字是象形字。孙诒让认为甲骨文"车"字："改金文车本象驷马车之全角，其意至精，不徒可证"说文"之讹，且可改正古驷马车制……。车字左边两"申"形状象车的两轮，旁两划象毂端之键而轴贯之。其中划特长，夹于两轮舆轴午交者，辕也。辕曲为梁形，前出而连于衡，故右为两轭形。长划与辕午交者衡也，两旁短划下歧如半月者，轵与轭也。盖衡缚于辕，轵缚于衡，而轭又缚于轵……古龟甲文与金文同。"[1] 郭沫若认为："车字象双轮一辕，辕端有衡，于衡之两端更有一轭，所以义马头者也。观此可证殷人一车只驾二马。"[2] 两位先生都从古"车"字的象形中详细地解释了车的构造以及马的使用，可证殷商时期驾车之实。两匹马分别于车辕的两边（图 53），从安钢出土车马坑中驾车的两匹马的装饰上看，其配饰十分华丽美观，彰显了车主人生前的地位和财富。另外，在殷墟考古发现中，多处发现有殷商时期车辙的痕迹。皆说明了在殷商时期车、马车存在的事实。

图 52　殷墟安钢二炼车马坑遗址（采自《2005 中国重要考古发现》，第 61 页）

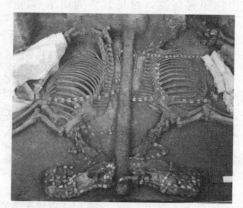

图 53　驾车两马（采自《2005 中国重要考古发现》，第 61 页）

二　从考古资料看殷商战车的主要形制为二马驾车

迄今已发现的商代晚期车马坑近 60 余座。解放后，从 1953 年至今，共发掘了商代晚期的车马坑 41 座。[3] 约占发现总量的 68%。就目前统计来

---

①　于省吾：《甲骨文字诂林》，中华书局 1996 年版，第 3175 页。
②　同上。
③　中国社会科学院考古研究所：《中国考古学·夏商卷》，中国社会科学出版社 2003 年版，第 411 页。

看，在殷墟出土车马坑 60 余座中，出土地点有宗庙区、王陵区及殷墟外围区域，分别分布于殷墟大司空村、孝民屯、郭家庄、刘家庄和梅园庄。而且考古还发现殷商时期诸侯国地出土的车马坑，这些车马坑全是一车两马的形制，说明在商代晚期，用于驾车之马的数量为两匹。现将解放后殷墟发现的部分车马坑列表如下：

表 4   **殷墟出土车马坑统计表**

年代	出土地点	编号	车数	殉马数	殉人数	随葬兵器及工具等	备注
1953	大司空村	M175	1	2	1	铜戈（斲），石戈，铜镞 22，骨镞 10 枚，铜刀，锛，弓形器 2	
1959	孝民屯南	M1	1	2	1		
1959	孝民屯南	M2	1	2		车舆内随葬铜弓形器一件	
1966	大司空村	M292	1	2	1	车舆内随葬有铜戈、镞（10 枚一束）、弓形器、兽头刀、锛、马鞭柄等	
1972	孝民屯南	M7	1	2	1		
1972	白家坟西	M43	1	2		车舆内出土有矢箙（内装铜镞 10 枚）和铜弓形器以及戈、锤、刀、马鞭等	
1972	白家坟西	M151	1	2			
1977	孝民屯东南	M698	1	2	1		
1981	孝民屯南地	M1613	1	2			
1985	大司空村南	M755	1	2			
1985	大司空村南	M757	1	2			
1987	郭家庄西南	M52	1	2	2		
		M58	1	2	2		
		M146	1	2		铜戈 2，骨管，蚌环 5	
		M147	1	2		铜戈 2，铜镞 12，弓形器，骨管 4，蚌环 8	
1993	梅园庄东南	M1	1	2	1	铜镞 2，骨牌饰，骨环，金泊，骨器 2	
1995	梅园庄东	M40	1	2	1		
	梅园庄东	M41	1	2	1	铜镞 16，铜刀、锛、铲、凿、策柄，弓形器，石锤，骨管，兽牙饰，蚌泡 2，蚌环	
2003	孝民屯		1	2	1		
小结			19	38	13		

资料来源：杨宝成《殷墟文化研究》：128—129、中国社会科学院考古研究所《殷墟的发现与研究》：139—140、宋镇豪《夏商社会生活史》：312—314

从表 4 中可以看出，在当时政治、军事、文化中心殷墟，出土的车普遍以马为动力（也有少数以牛、羊为动力的），说明当时的人们已经认识到了马匹的特性。用两马驾车，也说明了当时的人们已经学会了如何挑选和驯养马的技术，这些车全是一车二马的形制，出土地有宗庙区、王陵区，说明了这些车马坑的性质应为商王的陪葬品或祭祀用品。从以上考古材料可以看出，殷商时期的王都殷墟，出土车马皆为一车两马的形制，说明晚商时期用于乘车和战车皆为一车两马。殷墟所出土的车马，其特点是车轮较大（轮径在120—150厘米），独辕，有直衡和弯衡两种，在衡两端上缚轭，用来驾马，方形车箱（舆），车箱的门大都开在后面。两马驾车当是殷商时期的主要形制。随车马一起的殉人有一人，也有两人（解放前发现的车马坑殉人有三人）部分车出土伴有兵器和车马器。

另外，殷墟以外地区也出土有晚商时期的车马坑，如1986年，在西安老牛坡商代晚期墓地中发现一座车马坑（编号M27），坑内埋1辆车，2匹马。① 1998年，在山东滕州前掌大商代墓地先后发现商代车马坑，清理了两座保存完好的车马坑。一号车马坑，内埋1辆车，2匹马，1个人。殉人置于车厢下。车厢内出土有铜弓形器、骨制策柄、象牙饰、铜戈、镞等。二号车马坑埋1辆车、2匹马。②

殷墟以外殷商时期的方国地出土的车马坑皆为一车两马，说明当时诸侯用车与商王用车在驾马数量上并没有明显区别，车马只是贵族阶层特有的一种权力或工具，车马的礼制在殷商时期可能尚未形成。

三 从甲骨文看殷商战车的主要形制也是二马驾车

甲骨文"车"字（《花东》416）和金文"车"字（毛公鼎）都作"🚗"形，它是从上向下俯瞰车的全景象形，在对"车"字的概括中，只是将车子的两个车轮又特写为侧向的，这样更显得直观易识。

从甲骨文来看，商代马车普遍也是两马驾驭。甲骨文中有不少与两马相关的卜辞，如：《合集》36985、37514上记载有左、右马的卜辞，由于此两版甲骨文字过繁，这里不作详解。我们把《花东》60、367列举如下：

83. 乙丑，自贮马又刍？

---

① 刘士莪、宋新潮：《西安老牛坡商代墓地的发掘》，《文物》1988年第6期。
② 杨宝成：《殷墟文化研究》，武汉大学出版社2002年版，第142页。

亡其**剢**贮马？一

隹左马其又**剢**？一

右马其又**剢**？一

（《花东》60 图 54）

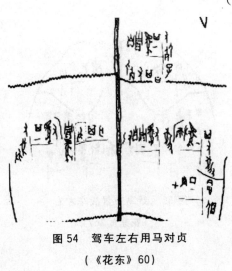

图54　驾车左右用马对贞

（《花东》60）

上83辞中的贮是地名，在甲骨文中，"右""有""又"为一字（"**ʔ**"《合集》0391），经常互用，但要根据其在卜辞中的位置和前后文的意义来确认。以上卜辞中的"又"字，皆读为有，**剢**字象以刀砍杀猪之形，其意与不吉之事有关。《花东》卜辞的主人是一个名为"子"的人。主人"子"对来自贮地（方国名）的贡马进行占卜，左右马进行对贞，83卜辞主要意思是说：乙丑这一天，贮（方国名）地进献的马，是用于车的左边呢？还是用于车的右边（担心不吉祥）？说明"子"对此事十分重视。同时，也说明驾车的两匹马用于左右在当时是很有讲究的。这可能关系到马车的速度和马车行驶中的平衡问题。

84. 癸亥卜：新马于贮见？一二

于贮见？一二

　　　　新马子用右？一
　　　　新马子用左？一
　　　　贮见子用右？一
　　　　贮见子用右？一

（《花东》367 图 55）

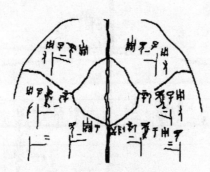

图 55　新马安置战车左右

（《花东》367）

　　上 84 辞中的"新马子用左"是倒装句，应是子用新马（于）左。新马是诸侯或方国（贮）新贡来之马，这种马应该是经贡马者挑选后特意赠送或进献给"子"的，以供"子"专用于驾车。故"子"特别重视，多次对此事进行占卜，是用于（车）左好呢？还是用于（车）右好？

　　刘一曼、曹定云先生曾对一些车马坑中马的年龄作过初步鉴定，同坑二马的年龄大多接近。分置于辕左、右的两匹马，马架的长度与宽度大多基本相近，表明原来马的高度也大体相似。① 这些迹象表明，驾车的马不是任意配置的，而是经过精心筛选的，除要求两马大小、体力相近外，可能还对两马的颜色匹配有要求。由于殷商时期车的特点是单辕，因此，两马的体格大小和力量大小直接关系到车的左右平衡以及车速问题。在文献中，用于祭祀、战争和田猎的马也要经过筛选方能使用，《尔雅·释畜》记载："'既差我马'，差，择也。宗庙齐毫，戎事齐力，田猎

----

　　① 刘一曼、曹定云：《殷墟花东 H3 卜辞中的马》，《殷都学刊》2004 年第 1 期。

齐足。"①《诗·小雅·车攻》载:"我车既工,我马既同。"《毛传》:"攻,坚也。同,齐也。""田猎齐足,尚疾也。"

从以上甲骨文材料中可以看出,殷商时期,战车的主要形制是两马驾一车,用于驾车的马分置于辕的两侧,两马驾一车在卜辞中称为左马和右马。甲骨文中所记载的车马与殷墟考古车马坑中马的数量相一致,进一步说明了晚商时期用于驾车的马匹数量只有两匹。双马驾车是殷商时期的主要特征,所谓驷马驾车的形式,当是西周以后的建制。因此,驾马数量是殷商与西周时期的一个明显区别。这可能是受当时生产力水平的限制,也可能是西周以后车马礼制形成的原因。

四　殷商战车武士的武器配置

以上已经论述了殷商时期的车马为一车两马形制,这些车马中有乘车,也有战车。车也指兵车,《汇纂》载:"车,戎车也。兵车也。"战车也称兵车,《周礼·曲礼上》:"兵车不式。武车绥旌。注:武车也兵车。"②据我们统计,在已发现的商代晚期的车马坑中,有18座车马坑放置有兵器,这种车大概是用于作战的战车,车上的兵器大多为铜质的,少数是玉、石或骨质的。有镞、戈、盾牌等。③这18座战车占出土车辆的近三分之一。出土兵器的位置大多在车舆内及附近,在这些战车中,全为一车两马形制,一战车随葬的人员有三人,也有一人。从已发表的资料中以下表4的11驾车的资料最有代表性。需要特别说明的是,解放前1936年YM20出土的车,石璋如先生已经更正为2车4马。当时发表的材料是1车4马。④依此,有学者多认为殷商时期已有四马驾车的形制。这个结论在学术界还颇具影响,经常被引用。相关史料中记载有关车上武士人数和武器配置也不够详细,如《周礼·夏官》载太仆之职:"王出入,则自左

---

① 胡奇光、方环海撰:《尔雅译注》,上海古籍出版社2004年版,第404页。

② 李学勤:《周礼注疏》,北京大学出版社1999年版,第81页。

③ 中国社会科学院考古研究所:《中国考古学·夏商卷》,中国社会科学出版社2003年版,第416页。

④ 李伯谦:《商文化论集》,文物出版社2003年版,第370页。

驭而前驱"；有"戎右"之职，"掌戎车之兵革"。[①]《尚书·甘誓》："左不攻于左，汝不恭命。右不攻于右，汝不恭命。御非其马之正，汝不恭命。"[②] 从以上史料记载的车上三人情况可略知一、二。从考古材料来看，出土车马坑中的殉人有一人、二人和三人，显示此一时期车上的人员不是特别固定，从战争实战的角度分析，一人驾驭空车，连驾再射，恐怕不太现实。一驾一士（二人），似有可能。但从出土兵器数量上来看，又不像是一人的装备。因此，结合相关文献，我们还是从三人一乘战车的形制进行分析。如表5：

表5　　　　　　　　　　　　殷墟出土战车统计表

编号	时间	出土地点	车数	马数	葬人	随葬兵器及工具（出自车舆内及附近）
YM20	1936年	小屯宫殿区	2	4	3	铜戈2，石戈，石镞10，铜镞30，弓形器2，兽头刀3，砺石3，玉策柄2
YM40	1936年	小屯宫殿区	1	2	3	铜刀，铜镞20，骨镞11，弓形器，骨锥2，砺石，玉策柄
YM45	1936年	小屯宫殿区	1	2	1	铜镞，骨镞2，砺石，玉策柄2
M175	1953年	大司空村	1	2	1	铜戈（斯），石戈，铜镞22，骨镞10枚，铜刀，锛，弓形器2
M292	1966年	大司空村	1	2		铜戈，镞10，兽头刀，弓形器，锛，策柄
M43	1972年	白家庄西北	1	2		铜戈2，矢箙（内装铜镞10），弓形器，铜刀，铜锤，策柄
M146	1989年	郭家庄西南	1	2	1	铜戈2，骨管，蚌环5
M147	1989年	郭家庄西南	1	2	1	铜戈2，铜镞12，弓形器，骨管4，蚌环8
M1	1993年	梅园庄东南	1	2		铜戈2，骨牌饰，骨环，金泊，骨器2
M41	1995年	梅园庄东南	1	2	10	铜镞16，铜刀、锛、铲、凿、策柄，弓形器，石锤，骨管，兽牙饰，蚌泡2，蚌环
合计			11	22		兵器：铜戈10，石戈2，铜镞124，石镞10，骨镞12，刀8

　　资料来源：杨宝成《殷墟文化研究》：128—129、中国社会科学院考古研究所《殷墟的发现与研究》：139—140

　　综合表4和表5分析，随葬人员有一人，也有二人、三人。随葬一人，是御手的可能性最大。随葬二人，有可能此一时期也存在一驾一士的形制。随葬三人，就是一驾两士的形制，除御手之外，另两人就有可能是车上武士。如果按史料中记载的车上有三人参战，那么，居中者应为御手驾

---

　　① 李学勤：《周礼注疏》，北京大学出版社1999年版，第828页。
　　② 罗庆云、戴红贤译注：《尚书》，远方出版社2006年版，第48页。

车，表4中列出的11辆战车中有7辆战车出土有策柄（马鞭柄），约占64％。《礼记·曲礼上》记载："君车将驾，则仆执策立于马前……执策分辔，驱之五步而立。孔疏："策，马杖也。"《礼记·曲礼上》又载："献车马者执策绥。"① 尤其引人注目的是，这些策柄不仅有木质的、青铜材制的，还有玉制的，说明了御手身份的特殊性。如殷墟小屯164号马坑出土的一根竹木策，外包金叶，两头安玉石饰。② 用金、玉来装饰一个策柄，其豪华、奢侈之度体现了贵族阶层的权势。有学者认为此时御手的社会地位很高。策柄为御马之器，由本、末和杆三部分构成，持青铜、玉制策柄驾驶战车，非一般人所能为。《礼记·王制》记载有一技之长的御车士可以终身做御手。《礼记·王制》记载："凡执技以事上者，不贰事，不移官。"御手要驾驭好战车，不仅要熟习驾车的马性，还要熟习车性，这就需要对御手进行先期的学习和系统的训练。《礼记·王制》："有发，则命大司徒教士以车甲，凡执技论力，适四方，嬴股肱，决射御。"③《礼记·月令》中规定："孟冬之月，天子乃命将帅讲武，习射、御、角力。执弓挟矢以猎。"④ 大司徒之职，相当于现今的教师、教练。以天子之令下达习御，应该是国家之头等大事，或有习武备战之需。这其中不仅将帅要习御，商王本人也参与学习和练习，甲骨文中就有商王亲自对马匹训练的记载，如"王学马无疾。（《合集》13705）"。（图56）可见在殷商时期，上至商王，下到驭手，都需要学习驾控战车的基本技术。一直到春秋战国时期，驾车和射箭两项技能仍然是当时社会活动的重要内容，孔子不仅提倡"六艺"，而且自己都能熟练掌握这两种技术。《论语·子罕》载达巷党人曰："大哉孔子！博学而无所成名。"子闻之，谓门弟子曰："吾何执？执御乎？执射乎？吾执御矣。"⑤ 可见孔子对自己的执御技术还是比较认可的。

---

① 李学勤：《礼记正义》，北京大学出版社1999年版，第94页。
② 宋镇豪：《商代社会生活与礼俗》，中国社会科学出版社2010年版，第331页。
③ 李学勤：《礼记正义》，北京大学出版社1999年版，第410页。
④（清）孙希旦：《礼记集解》，中华书局1989年版，第555页。
⑤ 陈襄民：《五经四书译注》，中州古籍出版社2000年版，第3125页。

图 56　商王学马

(《合集》13705)

　　下面再具体分析一下车上三人的分工与合作。史料记载，三人当中居右者为持戈长兵。在伴随车马坑出土的兵器中，未见有长兵器矛的出现，这一现象说明当时战车上主要以长兵器戈为主，最起码到殷商晚期依然如此。戈的优势是可以将对方士兵从车上钩斫下来，并可抓获。矛的进攻性在车战方面可能不如戈。戈是我国古代特有的一种兵器，戈的功能是多样的，根据戈的结构分析，戈缘的上刃可推击，缘锋可啄击，缘的下刃可钩斫。从攻击的角度来讲，戈可以从多种角度用来杀伤对方。但从戈兵器最有效的方法上讲，其主要功效是可以将车上的兵士钩斫下来。对敌方来讲，身体上最易钩斫致命的部位，主要是人的颈部，其次是上肢，特别是脖颈最易遭致命的伤害。一旦挥戈至对方身上某一部位，就有可能将对方拉下车来。另外，双方对阵交战，战车的一个回合，主要是两车相错时才能交手，车右距离对方车上的人员至少也有 3 米以外，车右要想挥戈击到对方，就需要有力大过人之处方能胜任车右的位置。《谷梁传·成公五年》载："伯尊来辇者，辇者不辟，使车右下而鞭之。"清阮元注："凡车，将在左，御在中，有力之人在右，所以备非常。"[1]《公羊传·宣公六年》记载："赵盾之车右祁弥明者，国之力士也。"注："礼，大夫骖乘有车右，

————————

① （清）阮元：《十三经注疏》，中华书局 2009 年版，第 5251 页。

有御者。"① 《吕氏春秋·仲夏纪》："周昭王亲将征荆，辛馀靡长且多力，为王右。"② 三人中居左者为射手，表 4 中出土有铜镞和骨镞，尤其值得注意的是 M43 车舆内出土的矢箙（内装铜镞 10 枚），与殷墟妇好墓出土成束的镞数量一致。说明 10 枚为一束是殷商时期箭的基本单位。这件矢箙为殷墟首次发现，矢箙用皮革制成，这明显是射手的装备。从每车出土铜戈的数量上分析，M43、M146、M147 出土铜戈的数量均为 2 件，暗示战车上当时可能有两人持戈，当然也可能一人备双戈（持一戈，备一戈）。我们认为，除御手外，两人各持一戈的可能性要大一些。因为以战车上三人情况来分析，御手驾车，持戈是很不方便的。居右的甲士本身持戈，应为车上进攻之主力，其持双戈作战的可能性也不大。那么，只有居左的射手有持戈的可能。从进攻与防御角度来看，弓箭本身只有远射进攻的能力，而无任何近身防御之功能。试想两车近距离交战时，弓箭所能发挥的作用就不太明显了，持戈而战，既可进攻，也可防守。试想，两车相错，弓箭手正好面对对方的车右，如果对方车右向弓箭手进攻，弓箭手将以何武器来防守呢？从考古材料分析，在殷墟考古发现中，尤其是在小屯北 M20 墓葬中，有两组戈与镞同置一起。这种战车上左右两甲士各持一戈的形制，到西周时期仍然在沿用。杨泓在《中国古兵器论丛》一书中写道："从西庵那辆战车的出土情况可以反映出来，这辆战车上，放有两组青铜器，靠右侧的一组只有一柄戈；靠左侧的一组有戈，钩戟各一件，箭镞十枚和铠甲一副。这两组武器的出土位置，正说明了车上乘员的位置。"③ 除了戟之外，这一西周时期随车马出土的组合兵器，基本上与殷商时期的车马坑出土的兵器相一致。从实战的角度分析，居左的武士不可能单单只担任射手一职。由此可见，居左的甲士应是战车上的主将。《谷梁传·成公五年》载："伯尊来辇者，辇者不辟，使车右下而鞭之。"清阮元注："凡车，将在左，御在中，有力之人在右，所以备非常。"④ 这名主将在主射的同时，

---

① 李学勤：《春秋公羊注疏》，北京大学出版社 1999 年版，第 333 页。
② 许维遹：《吕氏春秋集释》，中华书局 2009 年版，第 140 页。
③ 杨泓：《中国古兵器论丛》，中国社会科学出版社 2007 年版，第 114—119 页。
④ （清）阮元：《十三经注疏》，中华书局 2009 年版，第 5251 页。

还持戈备战，其装配较高。因此，从考古材料和实战的需要分析，殷商时期战车上居右和居左的两位甲士应各持一戈备战，居左的射手同时也是持戈主将，他的装备要比居右的武士强大。

除上述常规兵器之外，在车马坑里，还伴出有青铜兽头刀，这种青铜兽头刀形制特别，刀体上两面饰有夔纹和阴线纹，类似的兽头刀在殷墟还有发现，这应是车上甲士为近身作战而备的武器。殷人视死如生，因此他们常将自己生前所用之物随墓陪葬。另外，2004 年 11 月，在殷墟以西安钢一次出土七座车马坑中（材料未列入上表），中间的 M3 的车舆前左侧发现青铜箭簇 30 枚。车舆前部右侧发现一把青铜短剑（如图 57），通长 30—35 厘米，这也是在殷墟地区首次发现此种短剑。[①]由此可见，殷商战车上甲士的武装配置十分周全，有备远射的弓箭，较近钩斫使用的戈，贴近可用的兽头刀和短剑，以及为防护所穿铠甲。这种集远射、长兵和短兵于一身的装备及车上左右武士的分工，在殷商时期基本已经形成较为固定的模

图 57 车马坑 M3 青铜剑
（采自《2005 中国重要考古发现》，第 61 页）

式，这种配置可能给西周以后战车的配置造成深远的影响。

目前，在学术界有关殷商时期战车上三人乘一车的主要问题集中在车舆的问题上。根据考古发现殷商时期车舆的大小和纵深，可能难以同时乘载三人。针对这个问题，学者们进行了多方讨论，尚未形成共识。我们的意见是，殷墟出土的车舆有大、小两种。大的如郭家庄 M146，舆广 1.68—1.72 米，进深 1.06—1.09 米，面积约 1.8 平方米。车厢高度多在 0.5 米左右。[②] 这种大的车舆一般较宽，三人同乘车舆内是肯定容不下的，如果两人背靠背就能容两人。宋镇豪先生认为车上三人的位置是："尊者

---

① 国家文物局：《2005 中国重要考古发现》，文物出版社 2006 年版，第 60 页。
② 中国社会科学院考古研究所：《中国考古学·夏商卷》，中国社会科学出版社 2003 年版，第 415 页。

居右，仆者在中，陪乘者在左。"① 我们认为，从殷墟出土车的结构来看，所有车的舆门都开在后面，两武士从后门上下车应非常便利。我们考察了本地的一些较简单的马车和牛车后发现（不同的是现在的车是双辕），御手通常并不坐在车舆内，而是坐在车舆前靠左的位置，或是坐在车舆的前沿上。这种现象给我们启示，当时的御手有可能也不在车舆内。殷墟发现的车舆栏杆的高度一般都在45厘米以下，假设当时的御手坐在车舆的前沿（车轼）上面，面向前驾车，车舆内空间就足够容纳下两武士背靠背待战，这样三人就形成了一个相对固定的三角形格局，此格局可能在殷商时期开始形成。因为从殷墟出土车马坑伴出兵器的数量上来看，除御手配置以外，至少是应为两人的装备。

五 用于田猎和战争中的战车

田猎是殷商时期商王经常亲自参与的主要活动之一。有关田猎的卜辞有四千条之多，可见当时田猎活动十分盛行。在田猎时用车，更象是一种实战的训练，《周礼·大司马》详细记载了四时通过狩猎活动教民习战阵的情况，所谓"仲春教振旅…遂以搜田""中夏教茇舍……遂以苗田""中秋教治兵……遂以弥田""中冬教大阅……遂以狩田。"郑玄注云："兵者凶事，不可空设，因搜狩而习之，凡师出曰治兵，入曰振旅，皆习战也，四时各教民以其一焉。"②《谷梁传·昭公八年》云："秋，搜于红，正也。因搜狩以习用武事，礼之大者也。"③《左传·襄公三十一年》传云："譬如田猎射御贯，则能获禽，若未尝登车射御，则败绩压覆是俱，何暇思获？"阮元注："贯，习也。"④ 这是强调车战要从车猎中训练出熟练的驾驶技术。在田猎期间，由于追逐猎物激烈，也可能发生车与车的碰撞事故。在殷墟甲骨文中有一片甲骨记载这样一种场景：小臣叶驾的车出了毛病，撞着了王乘的车，子央从所乘的车上坠落下来。卜辞云：

① 宋镇豪：《商代社会生活与礼俗》，中国社会科学出版社2010年版，第330页。
② 李学勤：《周礼注疏》，北京大学出版社1999年版，第759页。
③ （清）阮元：《十三经注疏》，中华书局2009年版，第5288页。
④ 同上书，第4377页。

85. 癸巳卜，**設**，贞旬亡忧。王占曰：乃兹亦有求（咎）。若偁。甲午，王逐兕（犀牛），小臣叶车马硪**𡢁**王车，子央亦**陟**（坠）。"

（《合集》10405 图 58）

图 58　商王车与臣子车相撞

（《合集》10405）

这是一版非常有名的甲骨。无独有偶，经董作宾先生据六片甲骨残辞缀合而成的结果显示与《合集》10405 记载的内容基本一样：

86. 癸巳卜，**設**，贞旬亡忧。王占曰：有求（咎）。五日丁卯，王**猒敄**，**祝**车马□，**祝**坠在车，禽马亦有坠。"[①]　　　　《合集》10405

可知商王和其他高级贵族均有自己的专用猎车，在田猎时不巧发生了车马相撞，以至于造成车翻马仰人坠之祸。另外，使用战车田猎过程中，

---

① 宋镇豪：《夏商社会生活史》（上），中国社会科学出版社 1994 年版，第 331 页。

也有练习实战时的射箭需要，"六艺"中的"御"，有五种驾车的技术，其中第五为"逐禽左"，这是五种驾驭技术的最高境界，也是体现当时射和御最佳结合的技术，以此获得猎物称之为上杀。此种技术是驭手在田猎、征战中要尽可能把猎兽以及步行奔走的敌人驱赶到车马的左方，好让车上的弓箭手开弓射物达到最佳角度，这是田猎和实战的需要。《周礼·地官·保氏》："云逐禽左者，谓御驱禽兽使之，当人君以射之，人君自左射。故《毛传》云：故自左膘而射之，达于右，为上杀。"① 与此相应的是，卜辞中就有相关记载：

87. 癸未卜，王曰，贞有兕在行，其左射，获。（《合集》24391）

88. 射左豕，擒。　　　　　　　　　　　　　　　　（《合集》28882）

这应是卜辞中记录商王射箭水平之高的上杀表现。同时也强调了当时"逐禽左"技术在田猎活动中的实战表现。可见"六艺"中的这种"逐禽左"的思想是深受殷人影响的。《诗·驷骥》："公曰左之，舍拔则获。"左之，向左去。命令车夫的话。舍拔：即放箭。在实战中，不仅御手要与射手密切配合，左射与戎右之间的相互配合也十分重要。《春秋左传·庄公十一年》："乘丘之役，公以金仆姑射南宫长万，公右歂孙生搏之。"② 这是描述在乘丘一战中，庄公用名叫金仆姑的射手射中了宋国的南宫长万，庄公的车右歂孙将其活捉的场面。

在动物中，兕和豕都是体积较大，性情猛烈的野兽，在田猎时要抓捕这种动物，一般都要先使用弓箭射杀，然后再使用其他方法围捕。田猎时使用战车，一是训练御手实战时的驾驭技巧，以及御手和射手高超技术的密切配合。二是为了居高射杀、追逐猎物之便利。

"国之大事，在祀与戎。""戎"事关乎国家生存兴衰。战争中使用战车，在史料中多有记载，如《淮南子·本经训》："于是汤乃以革车三百

---

① 李学勤：《周礼注疏》，北京大学出版社 1999 年版，第 354 页。

② （清）阮元：《十三经注疏》，中华书局 2009 年版，第 3842 页。

乘，伐桀于南巢。"① 《吕氏春秋·简选》："殷汤良车七十乘，必死六千人。"②《诗经·商颂·玄鸟》："武汤孙子，武丁靡不胜。龙旗十乘"。文献记载的在战争中使用战车的数量上与甲骨文中差异较大，甲骨文所见车数最多一次是"六车"（《合集》11452）。有关商王对外战争的卜辞中也有战车的记载，如武丁时期在征伐敌国宙时，卜辞云"癸丑卜，争，贞自今至于已我𢦏宙。王占曰：丁巳我弗其𢦏，于来甲子𢦏旬有一日癸亥，车弗𢦏，之夕□甲子允𢦏"（《合集》6834），胡厚宣认为这是用车作战。③ 因为宙方位于晋南河曲一带，距离殷都直线距离约有 700 多里之遥，估计当时马车一天的进军行程，平均约为 60 多里。④ 商王占卜征伐期间自己的战车是否安全。还有一片殷商晚期卜辞记商军与危方作战，殷商军队获得大胜，虽抓获危方首领美，俘虏 24 人，馘首 1570 多个，但在战利品中只有"车二丙（辆）"（《合集》36481），这就说明双方在对抗时都使用过战车作战，但数量上并不多见。

六 余论

综上所述，殷商时期战车基本情况为两马驾一车，三人一战车的形制开始出现，当车上有三名甲士共同作战时，御手居中，不在舆内，而在舆前，推测应是坐在车舆的前沿上，容易居高而驾。其主要任务是驾控车马，此种技能的掌握，需要通过学习"五御"来完成；居右为持戈长兵，其主要任务是钩杀对方敌人，需要超人的力量和相应的武技；居左为弓箭射手，同时持戈。其主要任务是远距离作战时以弓矢主射，但当短兵相接时，持戈可以攻或防。如若双方更近身作战，还可以用兽头刀、短剑之类的短兵器同对方进行格斗和厮杀。由此可见，殷商时期双方对作战时可能需要的各种兵器的配置是很周到的。长短兵器相互配合，可以取长补短，以增强军队的整体战斗实力，正可谓"兵不杂则不利"也。（《司马法·天

---

① 刘文典：《淮南鸿烈集解》，中华书局 1989 年版，第 257 页。
② 许维遹：《吕氏春秋集释》，中华书局 2009 年版，第 184 页。
③ 中国社会科学院：《甲骨学一百年》，社会科学文献出版社 1999 年版，第 587 页。
④ 宋镇豪：《夏商社会生活史》（上），中国社会科学出版社 1994 年版，第 331 页。

子之义第二》）从卜辞中来看，殷商时期用于战争中的战车，在数量上还
不是太多，从车子的木质结构和较大车轮上分析，车子的车速也不会很
快，更何况还有当时的路况也会影响车的行驶状况。由于受当时生产力水
平限制，大批量生产车子的条件可能还不具备，因此，只有在殷商王朝的
贵族中才有可能得到享用行车和战车的特殊权力。

　　三代时期，马车的发展经历了一个漫长的过程，二里头遗址发现了我
国夏代的车辙印（车距比殷商时短），到西周时期开始出现了四马驾车的
形制，如陕西长安县张家坡二号车马坑1号车，北京房山琉璃河一号车马
坑都是四马驾车的形制。① 春秋战国时出现了六马驾车的形制（图59）。②
周新芳博士通过对周代战车驾马数分析后认为，将帅驾四，天子驾六是特
殊礼仪，真正战场上冲锋陷阵的战车主流仍然是二马之驾。③

图 59　洛阳东周墓地出土天子驾六

（采自《2003 中国重要考古发现》，第 82 页）

（本节内容已发表于《军事历史研究》2013 年第 3 期）

---

① 杨泓：《中国古兵器论丛》，中国社会科学出版社 2007 年版，第 114—119 页。
② 国家文物局：《2003 中国重要考古发现》，文物出版社 2004 年版，第 98 页。
③ 周新芳：《周代战车驾马数探析》，《管子学刊》2009 年第 2 期。

第五节　游泳运动

先秦以前的游和泳有所区别，即水上漂浮为游，水下潜行为泳。甲骨文中有游、泳二字，但未见其连用，游、泳二字在甲骨文中也不表示现在的游、泳之意。

一　甲骨文中"游"字的相关寓意

游，甲骨文作"𣃦"（《铁》132.1）（《合集》30624）形。即"斿"字。从"𣃦"、从"子"。甲骨文中的"𣃦"作"𣃦"形，本义为"旗帜"。罗振玉、王襄、屈万里和白玉峥皆释"𣃦"为游。① 《甲骨文字典》载："从𣃦、从子，象子执旗之形。小篆从水，乃后来所加。《说文》：'游，旌旗之流也。从𣃦，汗声。遊，古文游。'"② 《玉篇》："斿，旌旗之末垂者。"《汉书·五行志下之下》："君若缀斿，不得举手。"颜师古注引应邵曰："斿，旌旗之流，随风动摇也。"③ 在甲骨文中的游字多作地名用，未见甲骨文中游作游泳之游义讲。如："贞王往斿（《合集》05769 正）。""贞于斿禽（《合集》15786）。"是讲商王前往斿地或在斿地从事田猎相关活动。"斿"字本意作旗帜讲，文献中也有记载。《周礼·春官·巾车》载"建大常，十有二斿，以祀。"④ 从甲骨文斿字的字形和《说文》来看，"游"字初义并非游泳之游，而是会意旌旗飘动之状。这种旌旗飘动之状犹如水面波动之形。可能被后人借以游水之游。《古通假字字典》载："斿，读为游，双声叠韵。石鼓文《汧沔》：'满又（有）小鱼，其斿㲛㲛。'又鱼颠匕：'出斿水虫。'按《左传·桓公二年》：'鞶厉游缨。'《文选·东京赋》李善注引游作斿。"⑤ "游"字为形声字。《说文》曰游从汗声，这一结论非常重要，为我们探讨古代游

---

① 于省吾：《甲骨文字诂林》，中华书局 1996 年版，第 3059 页。
② 徐中舒：《甲骨文字典》，四川出版集团 2006 年版，第 732 页。
③ 宗福邦：《故训汇纂》，商务印书馆 2003 年版，第 992 页。
④ 李学勤：《周礼注疏》，北京大学出版社 1999 年版，第 714 页。
⑤ 王晖：《古文字通假字典》，中华书局 2008 年版，第 207 页。

泳运动源头提供了重要线索。《说文》："游，旌旗之流也。从㲀，汓声。遊，古文游。"在上古语音中，音同通假。也即游与汓相通。游与汓在字形结构上相差象征旗帜的"㲀"形。汓（音 qiu）字见于甲骨文中，字形结构象孩童游于水上之形，作"浮"（《乙》9032）形和"㝍"（《合集》19362）形。《玉篇》载："汓，人浮水上也。"[1]《甲骨文字典》解字："汓，从水从子，与《说文》汓字篆文同。《说文》：'汓，浮行水上也。从水从子。古或以汓为没。汓或从囚声。'"[2]《新编甲骨文字典》载："《说文》：'汓，浮行水上也。从水从子。古或以汓为没。汓或从囚声。'《集韵》：'亦作泅。'《韵会》释：'泅本作汓。'卜辞用其本义，动词，泅水也。"[3] 马如森认为："从水、从子，字象子于水中游。本义是游水。"[4] 赵诚也认为："象人游于水中，即游本字。"[5] 由此可知，汓和泅音同、义近。甲骨文"浮"字（《乙》9032）是一会意字，"子"代表孩童，寓意轻、小，容易浮在水上。故《说文》曰"浮行水上也"。在古音中，汓、泅、游皆属于幽部字。通过以上分析，可知甲骨文中的汓字最初表示"游"的本义。卜辞载：

89. 癸丑卜，不汓。不汓？（《乙》9032）。

意思是说，占卜癸丑这一日不适宜游水。游水是一项需要通过学习才能够掌握的技能，没有掌握此技能就去进行游水，其风险是很大的，往往与生命息息相关。因此，商人在游水之前也要进行占卜，以卜问游水的吉凶。相传先祖炎帝的女儿女娃就是因游水而溺。《山海经·北山经》记载："女娃游于东海，溺而不返。"[6]《诗经·周南·汉广》："南有乔木，不可休思。汉有游女，不可求思。"汉指汉水。游女就是喜爱游水的女子。这是《诗经》中描述会游水的女性的诗句，说明我国早期女子就已掌握了游水

---

① 顾野王：《大广益会玉篇》，中华书局 1987 年版，第 88 页。
② 徐中舒：《甲骨文字典》，四川出版集团 2006 年版，第 1199 页。
③ 刘兴隆：《新编甲骨文字典》，国际文化出版集团 1993 年版，第 713 页。
④ 马如森：《殷墟甲骨文实用字典》，上海大学出版社 2008 年版，第 250 页。
⑤ 赵诚：《甲骨文简明词典》，中华书局 2008 年版，第 352 页。
⑥ 冯国超译注：《山海经》，商务印书馆 2010 年版，第 141 页。

的技能。在古代，游水还可作为出行的选择方式，当时的人们已学会根据河流的深浅而选择用舟、还是游泳。《诗经·邶风·谷风》载："就其深矣，方之舟之。就其浅矣，泳之游之。"临居江河之边的吴越人更加擅长游泳，《韩非子·难势》："夫待越人之善海游者，以救中国之溺人，越人善游矣，而溺者不济矣。"① 《列子·说符》："人有滨河而居者，习于水，勇于泅。"② 《管子·轻重甲》："能游者赐千金，未能用千金，齐民之游水，不避吴越。"注："不避吴越，谓齐人游泳技术之高，不在吴越人之下也。"③ 这是为满足军事体育需要而招募会游泳技能的水兵之举。先秦时期的史料，说明了我国早期人们已经根据所居住的水环境而掌握了游水的生存技能。从史料中可以发现，游水技能或用于人们的日常生活，或用于国与国之间军事之争，游水技能已成为人们生活中不可或缺的一部分。

二 甲骨文中"泳"字的相关寓意

甲骨文"泳"字作"㳄"形（《合集》03176）和"㳙"（《合集》04913）形。《甲骨文字典》载："从彳从人，人之旁有水点，会意人潜行水中之意，为泳之原字。《说文》：'永，长也。象水𨔤理之长。'《诗》曰：'江之永矣。'按训长乃借义，谓象水𨔤理之长亦不确。'甲骨文中永有三义：一期贞人名。二作人名。三为地名。"④ 由此可见，泳字在甲骨文中也不作游泳之泳讲。商承祚先生认为："石鼓文'佳舟以泳'，字亦当释'永'，'永'孳乳为'泳'，说文训为'潜行水中'，段玉载谓'邶风'传云：'由膝以上为涉'然则言潜者，自其膝以下没于水言之，所谓泳也。"⑤ 《说文》："泳，潜行水中也。"扬雄《方言》："潜、涵，沉也，楚郢以南曰涵，或曰潜，潜又游也。晋郭璞注：潜行水中，每为游也。"⑥ 《尔雅·释水》："潜行为泳。"⑦ 《故训汇

---

① （清）王先慎：《韩非子集解》，中华书局 2011 年版，第 393 页。
② 杨伯峻：《列子集释》，中华书局 2011 年版，第 266 页。
③ 马非百：《管子轻重篇新诠》，中华书局 2011 年版，第 523 页。
④ 徐中舒：《甲骨文字典》，四川出版集团 2006 年版，第 1199 页。
⑤ 于省吾：《甲骨文字诂林》，中华书局 1996 年版，第 2310 页。
⑥ 华学诚汇证：《扬雄方言校释汇证》，中华书局 2006 年版，第 659 页。
⑦ 胡奇光：《尔雅译注》，上海古籍出版社 2009 年版，第 2 页。

篹》载："泳，潜行水中也（《列子黄帝》）。潜行水中为泳（《慧琳音义》）。泳，潜行也（《文选左思》）。"[1] 以潜、沉释泳，说明泳、潜、沉为同义复词，示意水下潜游，类似我们今日的濮泳运动。甲骨文中有一字，象一成年人在水中之状，从人从水，字作""（《佚》616）形，左边是一侧向的人形，右边为水状，会意人在水中。徐中舒释为"伓"字。《甲骨文字典》解字："从水从人，与《说文》伓字篆文同。《说文》：'伓，没也。从水从人'。段注：此沉溺之本字也。"[2] 《新编甲骨文字典》又载："从水、从人，即《说文》伓字，音溺。《玉篇》释伓为溺之古文。《正字通》为伓，人在水下，其义更明。"[3] 在古文中没字也作沉讲。《说文》："没，沉也。"沉，又作潜、涵。《方言》又载"潜：沉没，又谓没水游渡。今义犹然"[4]。也就是说，甲骨文中的"伓"字与后来的"没""沉""潜""泳"字在音义上相近，为同义复词，可以相互注解，都表示在水下潜行之义。《诗经·小雅·鹤鸣》："鱼潜于渊，或在于渚。"《诗经·周南·潜》："猗与漆沮，潜有多鱼。"《诗经·周南·汉广》："汉之广矣，不可泳思。"谢灵运《江妃赋》："或潜泳浮海。"《庄子·达生》："若夫没人之未尝见而便操之也。"《列子·说符》："吴之善没者能取之。"都表示在水下潜游之义。

《史记·始皇本纪》："始皇还，过彭城，斋戒祷祀，欲出周鼎泗水，使千人没水求之，弗得。"[5]"善没者""没水"，就是指擅长潜泳之人。秦始皇为了获得周天子之鼎，不惜动用千人没水寻求，说明有数千人掌握了潜泳的技能。由于潜泳技能之特殊，因此也被称为勇猛之士。《晏子·春秋》记载一位名叫古冶子的勇士，能在水中长距离潜行："潜行，逆流百步，顺流九里，行鼋而杀之。"[6]

综上所述，在甲骨文中未见游泳二字连用的卜辞。甲骨文中的游、泳两字并不代表现今的游泳之意，在甲骨文中，游的原意是表示旗帜之意；

---

[1] 宗福邦：《故训汇纂》，商务印书馆 2003 年版，第 1246 页。

[2] 徐中舒：《甲骨文字典》，四川出版集团 2006 年版，第 1201 页。

[3] 刘兴隆：《新编甲骨文字典》，国际文化出版公司 1993 年版，第 714 页。

[4] 华学诚汇证：《杨雄方言校释汇证》，中华书局 2006 年版，第 660 页。

[5] 司马迁：《史纪》，中华书局 2013 年版，第 314 页。

[6] 石磊译注：《晏子春秋》，黑龙江人民出版社 2003 年版。

而泳字原意则是表示水坙理之长。在卜辞中，表示游，即浮游在水上的字是汙字，意为水上浮游。表示在水下潜游的字是休字，意为在水下潜泳。从甲骨文中可知，早在殷商时期，人们就已经掌握了在水中游和泳的技能。在古代，游和泳是两种不同的水上游泳技能，游表示水上浮游，泳表示水下潜行。就具体游和泳的动作而言，可从故宫所藏战国水战铜纹壶中略知一二，类似我们现在的自由泳技术。远古时期依水而居的人们，应该是首先掌握这两种技能的人，因为掌握游和泳的技能，便于人们从水中获取丰富的生活资料，这或许就是人们最初学习和掌握游和泳技能的原动力。

（本节内容已发表于《成都体育学院学报》2012 年第 11 期）

第六节　划船运动

一　甲骨文"舟"字释义

古代人用舟已经很久。《世本》载："古者观落叶，因以为舟。"① 《淮南子·说山训》："见窾木浮，而知为舟。"② 这是记载古人根据观察事物变化而发明舟船的认识过程。这种认识过程是人们经过长期的观察和实践才得以实现的。《周易·系辞下传》载："刳木为舟，剡木为楫，舟楫之利，以济不通，致远以利天下，盖取诸涣。"③ 作为划船用的桨，有长短之别。《古今韵会举要》载："短曰楫，长曰棹。"④ 《说文》载："楫，舟棹也。"从史料来看，说明我国古代先民深知划船动力的来源。甲骨文舟字作"𠦝"（《合集》04925）形。为象形字。形似一原始舟的形状（非独木舟状）。我国目前发现最早的一条独木舟，可追溯到距今七八千年的新石器时代。在余姚河姆渡文化里，发现了划船的 6 支木桨。⑤ 最引人关注的是

---

① （汉）宋衷注：《世本八种》，中华书局 2008 年版，第 358 页。
② 刘文典：《淮南鸿烈集解》，中华书局 1989 年版，第 538 页。
③ 陈襄民等注译：《五经四书全译》，中州古籍出版社 2000 年版，第 238 页。
④ （元）熊忠：《古今韵会举要》（卷 22），中华书局 2000 年版，第 372 页。
⑤ 浙江省文物考古研究所：《河姆渡—新石器时代遗址孝感发掘报告》，文物出版社 2003 年版。

萧山跨湖桥遗址出土的独木舟。（如图 60）同时期还有划船用的木桨。（如图 61）说明我国东南沿海地区是发明、使用独木舟最早的地区之一。[①] 1982 年在山东荣成泊于松郭家村西南的毛子沟出土了一只商末周初的独木舟，此舟用一段原木凿空修整而成，保存情况完好，舟长 3.9 米，头、尾及中部宽度分别为 0.6 米、0.7 米、0.74 米，舟身平面近似长方形，舟底纵剖面呈弧线形，舟中有凿出的两道低矮的木楅，将舟分为三个舱：头舱最大长度 0.84 米；中舱最大，长 1.3 米；尾舱最大长度 1 米，后部形成台阶。[②] 由此可见，我国舟船活动由来已久。

图 60　跨湖桥遗址独木舟遗迹
（采自《中国文明起源的比较研究》图 14）

图 61　浙江余杭卞家山遗址出土木桨
（采自《2003 中国重要考古发现》，第 37 页）

二　卜辞中的划船

甲骨文有这样一组字，象是舟上有人持杆行舟之状。作"㲋"形（《合集》06788，11466，11468，11469，11470，471，472，473，474，475，19758，20611，20619）、"㲋"形（《合集》11467）、"㲋"00655

①　王震中：《中国文明起源的比较研究》，中国社会科学出版社 2013 年版，第 68 页。
②　王永波：《胶东半岛上发现的古代独木舟》，《考古与文物》1987 年第 5 期。

（《合集》正甲，00303）。此字从大（正面人形），或从人（侧面的人形），从一竖，从舟。大表示人，人手中持物表示苇或楫。从字形结构上可知，当时的人们行舟主要技术是人站立舟上，持苇撑舟而行，此种持苇撑舟而行的动作，现在北方地区的河渠之上依然能够看到。舟上撑苇之人称为舟人。《诗经·邶风·匏有苦叶》："招招舟子，人涉卬否。"毛传："舟子，舟人，主济渡者。"舟人就是撑控舟船的人。舟人所持苇也称楫或棹。棹长度较长，棹的使用方法是将杆头一端插入水中支撑，用力推之，使舟向相反的方向滑动；楫为划船所用船桨，较短，其使用方法是将楫插入水中，靠水的阻力为动力，用力向后滑动。划舟用楫可能是单楫，也可能用双楫。《商君书·弱民》："背法而治，此任重道远而无马牛，济大川而无舡楫也。"也就是说，在古代行车要靠牛马为动力，行舟船要靠划楫为动力。关于甲骨文"🚣"字，邵英释其为"输"，有运输之意。① 杨升南释为"荡"字，② 有荡舟之意。徐中舒先生将"🚣"字释为"斻"字："象人持桡驾舟之形，正面和侧面的人同。当为'斻'之本字。《说文》：'斻，方舟也。从方，亢声。'《说文》以斻为舟名，非其本义。斻、航、杭古代通用。《诗·卫风》'一苇杭之。'毛传：'杭，渡也。'此即用其本义。释义：渡也，以舟济水也。"③ 徐先生所言极是。蔡运章先生也释其为"航"字。④ 陈年福也释为"航"字。⑤ 吾从徐、蔡之说。王力认为："斻，集韵寒刚切，音杭，两船相并。引申为以舟渡水。后汉书杜笃传：'造舟于渭，北斻泾流。'李贤注：'斻，舟渡也。'"⑥ 又载："航，船相并。渡，也作'杭'。"⑦ 在古音中，航、杭、斻皆属于阳部字，音通意近。扬雄《方言》载："过、度谓之涉济。过度：戴震《方言疏证》尔雅释言：'济，渡也'。疏引方言此条并注，'度'皆作'渡'，义同。按：广雅释诂二：

① 邵英：《古文字形体考古研究》，科学出版社 2010 年版，第 163 页。
② 杨升南：《商代经济与科技》，中国社会科学出版社 2010 年版，第 293 页。
③ 徐中舒：《甲骨文字典》，四川出版集团 2006 年版，第 955 页。
④ 蔡运章：《甲骨金文与古史研究·释航》，中州古籍出版社 1993 年版。
⑤ 陈年福：《甲骨文词义论稿》，上海古籍出版社 2007 年版，第 65 页。
⑥ 王力：《王力古汉语字典》，中华书局 2000 年版，第 419 页。
⑦ 同上书，第 1030 页。

'过、涉，渡也'。又释诂三：'渡，过也'。是'过度为同义复词'。涉济：按：'涉'、'济'皆'渡'也，亦为同义复词。涉济亦作济涉。后汉书张禹传：'当过江行部，中土人皆以江有子胥之神，难以济涉。'"① 《汉书·翟方进传》："我念孺子，若涉渊水，予惟往求朕所济渡。"② 颜师古注："言我当求所以济渡之，故奔走尽力，不惮勤劳。"由此可知，甲骨文中的斻字有航行、渡济之义，作动词用。卜辞云：

90. 甲戌卜，☐贞，方其斻于东？九月。（《合集 20619》图 62-1）

91. 庚午卜，☐贞，☐衣斻河，无若？十月。（《合集》20611）

92. 辛酉卜，方其斻东？二告。　　　　（《合集》11467）

93. 申卜，方其斻于东？　　　　　　　（《合集》11468 图 62-2）

94. 〔贞〕勿令☐丘斻由取舟，不若？二。　（《合集》00655）

图 62-1 乘舟航行

（《合集》11468）

图 62-2 乘舟航行

（《合集》20619）

上揭卜辞中的"☐""☐"都是贞人，"方"字有并舟之义，《说文》："方，并船也。""斻"作动词，为航行之义。"河"指古代黄河。航行的方

---

① 华学诚汇证：《杨雄方言校释汇证》，中华书局 2006 年版，第 9 页。

② 班固：《汉书》，中华书局 2012 年版，第 3428 页。

向为东方，古代洹水临殷墟都城，首先流向东方，其流向与古代黄河相通。卜辞云："𝄞行东至河"（《合集》20610），宋镇豪先生释为：贞问取𝄞道东去黄河。① 综上所述，上卜辞内容的辞义大至可能是商王乘舟要去黄河一带视察或进行渔猎活动。

从上甲骨文字形和卜辞来看，殷商时期水上的舟船活动非常广泛，甲骨文中划船运动的方式是以苇撑舟而行。划船运动发展到春秋战国时期已用楫划水。用楫还是用苇划船，也可能根据河水的深浅采用不同的划水工具，浅水区域用苇，深水区域用楫。战国羽人竞渡纹铜钺上，为四人一组坐姿带羽冠集体竞划之状（图63）。战国宴乐渔猎攻战纹青铜壶为四人一组半站姿状集体竞划，水下还有善泳的水兵，似自游泳状（图64）。从图像中观知，舟人划楫时的动作，动感性很强，神态英勇，动作协调一致，奋力之神可见。

图63　羽人竞渡纹铜钺上以楫划舟　　　图64　战国宴乐渔猎攻战纹青铜壶（局部）

（鄞县云龙镇甲村石秃山出土）　　　　　（采自《中国体育通史》第一卷）

第七节　鱼猎活动

一　甲骨文"鱼"字释义

远古时期，天然水资源十分丰富，水中生物更是自然繁衍而生，尤其各种鱼类为多。在与自然抗争过程中，人们学会了从水中获取生活资料的

---

① 宋镇豪：《商代社会生活与礼俗》，中国社会科学出版社2010年版，第313页。

本领，即从事鱼猎活动。鱼猎活动中又尤以捕鱼最受人们青睐。经鉴定，殷墟考古发现鱼类有鲤鱼、青鱼、草鱼、赤鱼、颡鱼。这五种鱼类皆当地所产，分布很广，今河南北部尚盛产之。[①] 甲骨文中的鱼字是象形字，就象一条竖状的鱼，作"魚"形（《合集》00667），另外还有其他多种形体，如"𩵋"形（《合集》0169）、"𤋳"形（《合集》10475）。王襄认为："契文之渔，最初为多条渔状，盖先民见水中有鱼，捕而食之，始制此字，所谓渔猎时代。"[②] 徐中舒认为："象鱼形，金文与甲骨文形同。释义有三：一是水虫，二读为渔，捕鱼义，三为祭名。"[③] 甲骨文中见捕鱼的方法有以网捕鱼，以钩钓鱼。

二　用网捕鱼

殷墟考古发现有制作鱼网用的网坠，（图 65）证明殷商时期捕鱼用网的存在。甲骨文网字作"网"形（《合集》10666），就是网的象形。殷商时期，用于捕鱼的方法已比较成熟，以网捕鱼就是其中的一种。除了使用网以外，在田猎中也常用网捕兽，卜辞曰："其网鹿。"（《合集》28329）当然，这两种网在结构和材料上是大不相同的。用网捕鱼，可以大大提高捕鱼的效率。因此，甲骨文中有专门的以网捕鱼的字，作"𤓯"形（《合集》00052）。此字从鱼、从网、从双手，非常形象地示意在以双手撒网捕鱼，这是将捕鱼中的要素组合成的一个字，属于指事的范畴。根据字的构型可隶作𤉰字（《合集》10478，10479，15455，28426，28428，28429，28430，28432，T03062。）郭沫若、孙海波认为："𤉰象手张网以捕鱼之形。"[④]《新甲骨文编》也释此字为𤉰。[⑤] 在殷墟卜辞中，𤉰字作动词讲，表示以网捕鱼的活动。卜辞云：

　　95. 其𤉰？　　　　　　　　　　　　　　（《合集》28428 图 66 - 1）

---

① 伍献文：《记殷墟出土之鱼骨》，《田野考古报告第 4 册》1949 年版。
② 于省吾：《甲骨文字诂林》，中华书局 1996 年版，第 1745 页。
③ 徐中舒：《甲骨文字典》，四川出版集团 2006 年版，第 1254 页。
④ 于省吾：《甲骨文字诂林》，中华书局 1996 年版，第 1754 页。
⑤ 刘钊、洪扬：《新甲骨文编》，福建人民出版社 2009 年版，第 632 页。

96. 癸酉卜，宗其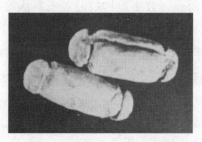，其祝？　　　　（《屯南》03062 图 66-2）

| 图 65　殷墟妇好墓出土网坠 | 图 66-1 以网捕鱼 | 图66-2 以网捕鱼 |
| （采自《殷墟妇好墓》） | （《合集》28428） | （《屯南》03062） |

上卜辞中的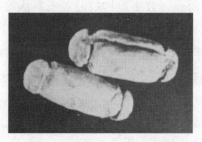字作动词讲，就是指以网捕鱼之事。一次以网捕鱼的数量应该较多。甲骨文所见获鱼数量最多一次为三万条，这可能是用网捕鱼的最佳结果。卜辞曰：

97. 癸卯卜，𧰼获（鱼其）三万，不？　　　　（《合集》10471 图 67）

图 67　获鱼三万

（《合集》10471）

卜辞中的"𤉲"是武丁时期的渔官，能够捕获三万条鱼，说明了当时以网捕鱼的技术已经十分成熟，同时也说明当时的水资源十分丰富。这或许是渔猎活动中最大的一次收获。

三　钓鱼

钓鱼活动在我国起源甚早，早在旧石器时代就发现先祖从事渔猎活动。在我国西南四川珙县发现的岩画中，就有先人钓鱼活动的刻画。（图68）到新石器时代，钓鱼的技术基本已经掌握，在我国辽宁长海广鹿岛小珠山遗址中发现了钓鱼用的鱼钩。（图69）印证了我国钓鱼活动至少已有6000多年的历史。

图68　岩画中钓鱼图

（采自《2008中国考古重要发现》，第16页）

图69　石器时代的鱼钩

（采自《中国岩画发现史》，第383页）

钓鱼是一项需要技术和心理的综合活动，从钓鱼的工具上来讲，基本的需要是渔杆、渔线、渔钩、渔符和渔饵。殷墟考古发现中有骨质的渔钩发现。郑州二里岗遗址出土一件青铜鱼钩。[1]印证了此时期钓鱼活动的存在。甲骨文中表示钓鱼的字作"𩼓"形（《合集》00048），字形从鱼、从鱼线、从杆、从手，非常直观地将钓鱼的主要特征描述出来，按字形可释

---

[1]　河南省文物局文物工作队：《郑州商城》，文物出版社2001年版，第620页。

为"鯲"字，即为钓鱼之意。《新甲骨文编》释其为"钓"字。① 《玉篇》载："钓，饵取鱼。""鯲"字从甲骨文到金文，再到小篆的发展过程中，基本上保持了字形的原状，其发展脉络为：🐟（甲骨文）—🐟（金文）—🐟（小篆）—鯲（楷书）。"鯲"字在甲骨文中多数作名词讲。王襄、屈万里、孙海波认为此字："从又持竿取鱼。"② 作名词讲时，卜辞云：

98. 贞众有灾，九月在鯲？　　　　　　　　（《合集》00048）

99. 贞弗其擒，九月在鯲？　　　　　　　　（《合集》10944）

100. 牧入十，在鯲？　　　　　　　　　　　（《合集》14149 反）

鯲在这里作地名用，可能鯲地就是一处以钓鱼而闻名的场所。卜辞中记载鯲字表示钓鱼为动词的是商王亲自钓鱼的活动。卜辞云：

101. 贞……王其……自鯲（🐟）于（丘），多若？

（《合集》33162 图 70）

102. 🐟……其每，鯲？　　　　　　　　　（《合集》27946）

上卜辞是讲商王亲自在丘地钓鱼的事实。钓鱼需要的工具有线绳，线绳的强度关系到是否能够钓起较大的鱼，否则就会线断鱼跑。《诗经·小雅·采绿》："之子于狩，言韔其弓。之子于钓，言纶之绳。其钓维何？维鲂及鱮。"注曰"韔：弓袋。鱮：大头鲢。"③ 鲂鱼和大头鲢鱼都是个头较大的鱼类，用钓鱼的方法来钓此种鱼，需要较好的鱼杆和线绳。诗中在讲，钓鱼技术如何？要看线绳的质量。《诗经·召南·何彼矣》："其钓维何？维丝伊缗。"缗指钓鱼的绳子，维丝伊缗就是丝做的钓鱼绳。《诗经》中描述钓鱼的诗句很多，反映了此一时期人们对钓鱼活动的青睐。《诗经·国风·竹竿》："翟翟竹竿，以钓于淇。"钓鱼活动一直以来深受人们

---

① 刘钊、洪扬：《新甲骨文编》，福建人民出版社 2009 年版，第 744 页。

② 于省吾：《甲骨文字诂林》，中华书局 1996 年版，第 1752 页。

③ 周振甫译注：《诗经译注》，中华书局 2010 年版，第 354 页。

的喜爱，在汉画像中仍然能够看到此项活动的掠影（图 71）。

图 70　商王钓鱼

（《合集》33162）

图 71　滕州马王石椁钓鱼

（采自《图说山东汉画像石》，

第 14 页图 1－42）

　　从甲骨文中可知，殷商时期人们在水上捕鱼的活动开展广泛，从网鱼和钓鱼活动中都可以了解到殷商时期的人们从事的各种活动，从这些活动中可以观测到当时传统体育活动钓鱼的早期缩影。

第四章　其他类

第一节　文字篇：论"止戈为武"的形成和会意

中华文明历史悠久，博大精深。中华武文化更是源远流长，丰富多彩。长期以来，关于武的本义学术界争论颇多，众说纷纭，归纳起来大致有以下三种意见：一是许慎《说文》中的止戈为武说："夫武，定功戢兵。故止戈为武。"[①] 二是于省吾先生的止戈征伐说："武从止从戈，本义为征伐示威。征伐者必有行，止即示行也。征伐者必以武器，戈即武器也。"[②] 三是《释名》中武、舞同源说："武，舞也，征伐动行如物鼓舞也。故乐记曰'发扬蹈历太公之志也。'"[③] 许慎之说只是许慎根据他所处的时代背景，依据《左传》记载，对武字进行会意。于省吾先生从武的字形分析着手，对武的本义进行研究，但缺乏对武字音和甲骨文卜辞中武意的进行探讨。而且，在甲骨文中的武，并无作征伐之意使用。也即是说，将武的征伐之意放在卜辞中是讲不通的。武、舞同源说，只是从两者发音上进行了比较研究，从音训的角度形容武的外貌特征。这三种说法在学界颇具影响，且被学者各引其说。认真审视这三种观点，发现其互不相联，皆没有从武字整体的形、音、义上进行全面系统的分析。一个字产生时的形、音、义并不是孤立的，三者之间是相互联系的。只有综合地考虑三者之间

---

① 许慎：《说文解字》，社会科学文献出版社 2005 年版，第 710 页。
② 于省吾：《甲骨文字诂林》，中华书局 1996 年版，第 866 页。
③ 王先谦补：《释名疏证补》，中华书局 2008 年版，第 109 页。

的关系，并结合武字在卜辞中的意义，才能求得武字的本义。笔者力求从组成武字的两字素着手，在重新认识组成武字两字素的基础上，结合相关文献史料，以探讨早期武的相关含义。不足之处，真诚希望得到方家指正。

一　组成"武"字两字素的再认识

甲骨文中的武字作""（《合集》17090）形。从平面上看，属于上下结构，从立体上看，也可视为前后结构。构成甲骨文武字的两个字素是两个常用的象形字，可以分别识读。字素，是构成汉字的形与音义相统一的最小的结构要素。① 从会意字和形声字的角度分析，"十"为意符，""为声符，有时声符同时也兼有意符。下面就对这两字素分别展开讨论。

甲骨文中的"十"（《合集》03806）字，即现在的"戈"字。是兵器戈的象形字，徐中舒先生认为："为戈之全体象形，中竖为戈秘，秘中之横划为戈头，秘上端斜出之短划为秘冒，秘下端为铜镈。"② 戈作为独体的象形字，其演变过程为""（陶器和金文族微图《籀文》）—"十"（甲骨文线条《合集》03806）—""（《金文》宅簋）—""（《篆文》）—"戈"（《楷书》）。从戈的单字形上看，其从象形图案到线条字的演变过程中，讹变并不大。从殷墟出土戈的形制来看，戈字中一长横的左边代表戈头的上下缘，一长横的右边代表戈头的内（殷墟出土实物有直内和曲内）。木秘由竖直形变成向右侧的弯曲状，这一变化十分明显。木秘上头饰由一短横到一捺，戈最下部随着戈秘弯曲，由一短横变为一撇代表镈（殷墟出土有青铜镈实物）。因此，戈作为单字时，其原戈体上的各个要件没有发生改变，也可以说，戈字在历史的发展过程中，没有因为字的变形而少笔划；也没有因为其他需要而添加笔饰。而武字中的从戈的因素变化却很大，其演变过程为"十"（甲骨文）—""（金文）—""（小篆）—""（楷体）。我们可以看到，楷书中的戈字素已经发生了质的变化。但

---

① 李圃：《字素理论及其在汉字分析中的应用》，《学术研究》2000 年第 4 期。
② 徐中舒：《甲骨文字典》，四川出版集团 2006 年版，第 1356 页。

通过对比可以发现，作为单字的戈，与武字中的戈在篆文以前的形体还是基本一样的。虽然武字中从戈的字形形体发生了较大的讹化，但人们依然可以识别出武中从戈这一要素的存在。这也为我们研究武字从戈这一要素奠定了基础，即武字从戈这一字素是可以确定的。

单独的戈字在甲骨文里面有多种含义。一般对戈的识读有以下几种观点。《甲骨文字典》对戈有四种解释："一是兵器，二是方国，三是人名，四是神祇。"① 另在金文中，戈也常代表族徽。作为兵器的戈，是中国古代特有的一种兵器，先秦以前十分盛行。《世本》《周礼》《荀子·议兵》中记载的五兵史料中，戈兵器都是排在第一位的。这说明戈在古代兵器中占有十分重要的位置。作为方国和人名的戈，可能是借用戈字之音，也可能是以戈为族徽的氏族。本文着重探讨的是作为神祇的戈（后文详述）。

下面在分析一下组成甲骨文武字的另一个字素，现学界普遍认为是从"止"，其来源主要是深受《说文》的影响。甲骨文中武字结构的下部从"屮"字。许慎没有见过甲骨文，他依据篆文，识为止，为停止、偃息之意。后学者也多将甲骨文中的"屮"字隶定为"止"字，但意义与许慎之说截然相反，认为"止"是足趾之"趾"，有行动之意。且认为就是后起的"趾"字。需要说明一点的是趾字在《说文》中尚未出现。"屮"字在《甲骨文字典》中有四种释义："一是人足；二是方国名；三人名；四祭名。"② 未见单独的"屮"有行动之义。徐先生在解字中乃将"人足"识为"止"。我们认为，长期以来认为武字中的"屮"字识读为"止"，是造成甲骨文武字失音和义的关键所在。徐中舒和于省吾等前贤都认为"屮"是"人足"，这一点得到学界的共识。但识武字中"屮"为"止"实有不妥。原因在于释"屮"为"止"其形不确，从而造成其义不详，其音不明。于省吾和徐中舒先生对甲骨文字考释历来主张以形为主。下面我们从新对甲骨文中的"屮"字进行考释。首先，我们从字形上来看，"屮"（《合集》40373）字在甲骨文中习见，据统计，与此字相关的卜辞有60多条，也就

---

① 徐中舒：《甲骨文字典》，四川出版集团 2006 年版，第 1356 页。
② 同上书，第 125 页。

是讲，单独的"ᗱ"字在甲骨文中的使用频率还是较高的。从形状上讲它象我们人类足的影像，即我们常说的人类的脚印状。它是古陶文字"🐾"①的线条形式，甲骨文中还有几例保存着与这种形体相近的字形。如《合集》20221、20233、20346 反、21408、19812、《屯南》2462。从形状上分析，它前宽后窄，符合足的生理形状，即包括脚趾和脚掌两部分。从解剖学的角度来看，人类成年人的脚趾只占整个脚的四分之一左右，另外的四分之三是我们脚掌部分，而脚掌又包括脚弓和脚踵。从甲骨文象形来看，"ᗱ"应是我们人类足迹的整体象形。我们人类脚趾状，从大拇趾到小趾正是一斜面形，脚趾下面的一圆弧状就是脚撑和脚后跟的部分。从结构上讲，"ᗱ"字包括脚趾到脚后跟。徐中舒先生在《甲骨文字典》解"ᗱ"字中写到："象人足"。确切的讲，应该是"象人之足迹"。从形状上分析，甲骨文中的"ᗱ"含有趾意，但不应单单只指趾意。它是表示前有脚趾，后有脚跟的足印整体之形。因此，从足的整体形状上分析，甲骨文中"ᗱ"字应为人足迹状，字形上更接近"𧾷"字。即后来的"𧾷"字，我们认为应是"疋"字初文，"𧾷"字后主要作偏旁用。古代疋、足相通。金文的"足、疋"本是一字。《说文》："足，人之足也。在下，从止口"。《说文》："疋，足也。上象腓肠，下从止。《弟子职》曰：'问疋何止？'古文以为《诗·大疋》字：亦为足字；或曰胥字。一曰：疋：记也"。在金文中"足"（《金文编》兑簋）、"疋"（《金文编》免簋），足字上部皆写作圆形（似人类膝盖的膑骨状）。疋和足下部都作"𧾷"形，"𧾷"字和甲骨文中的"ᗱ"字在形状上更接近或是更确切。"𧾷"字的左下端是一半弧形，作"乚"形，即"ᗱ"字表示脚后跟轮廓的圆弧状，且左下端为一连笔状，作"乚"形，而绝非一直横形。这一细节尤其重要，它是识别"ᗱ"字素的关键所在。在金文"武"（"𤦂"武生鼎）、"足"（"足"兑簋）、"走"（"𧺆"休盘）等从"𧾷"的字中，其左下皆是半圆弧状的一笔。而金文中的"止"字，其最下一横，全是直笔，皆作"止"形。且左边一短竖笔从不与下面一横连笔写。容庚先生《金文编》收录的 80 个

---

① 高明：《古陶文汇编》，中华书局 2010 年版，第 2 页。

"之"字下面一横全作此状，书中注曰：止同之。① 即在金文中形状上的"止"形，并不识为"止"，而识为"之"。而且，在《金文编》里，将"止"字以四划编入书目。而将"止"字以三划编目，以说明两字的区别，这是非常有道理的。说明容庚先生已经注意到了这个问题。《金文编》里的武（"武"）字从"止"字，也以七划编目，而现文的武字为八划（这一划的差别主要是在"止"字与"止"字上）。相对金文中"止"字而言，《金文编》里"止"字只收录一例（召伯簋二）。说明"止"作单字时，在金文中使用率已经很低，与甲骨文中此字较高使用率正好相反。到金文时"止"字多以作偏旁使用，与"走"旁，"辵"旁，"辶"旁复合使用。如：武（休盘）、䟒（伯趞父簋）、䟐（赵孟壶）、䟗（趞鼎）、䟙（越�）、䟚（秦公簋）、䟛（中山王、兆域图）、䟜（王孙钟）、䟝（禹鼎）等。而"止"字作为单字的使用率确很高。结合甲骨文字形来看，"止"应是甲骨文"止"（《合集》046 正）的对应字，而"止"字的对应字才是"止"字。从甲骨文来看，"止"字应源于"止"字。徐中舒先生在《甲骨文字典》"之"解字中写到："从止在一上，止为人足，一为地，象人足于地上有所往也，故《尔雅·释诂》：'之，往也。'当为其初意。"② 在甲骨文里，"止"字和"止"字容易区分，而线条化后的金文"止"和"止"就非常容易混淆。造成两字混淆的原因，是由于"止"字下面一直横与"止"字下面连笔的半圆弧在线条化的金文中发生了重叠，或者是省笔。即"止"字下面再加一横，就成为金文中的"止"字，由于两字形十分近似，后又由于字形讹变，已经看不出原"止"字中的"足印"形状。"止"字便被"止"字取而代之，或混为一体相互借用。王晖先生在《古文字通假字典》中认为："止读为之，双声叠韵，郭店楚简《五行》简一〇：'亦既见止，亦既觏止，我心则□。'虽未明言，此实引《诗·召南·草虫》，止毛诗同，马王堆帛书本《五行》作之。又楚器昭王之諆鼎：'邵（昭）王止諆（媓）之馈鼎。'又有同铭。按古文字止作止，之作止，字形相近；之又

---

① 容庚：《金文编》，中华书局 2010 年版，第 414 页。

② 徐中舒：《甲骨文字典》，四川出版集团 2006 年版，第 678 页。

止，从一会意，故二字或通用，或混用。文献中很多址字也应读为之。"①
两个字在甲骨文中同出于"ᐜ"字。因此，我们可以说，要是武字从戈、
从止，在甲骨文中的武字就应当从"址"字。可甲骨文中从武的字只有
"ᐜ"字，从而证明了武字形体中从止这一字素的误识。虽然《金文编》
里收录的只有一例"址"字，但《金文编》里从"址"的字很多，且都保
留其原貌。如作为偏旁的"走"（ᰡ）、辵字结构的下部，仍然都保留了较
为原始的"ᐜ"字的形状"址"，即现在表示足状的"止"字。"止"字已
不作独立的单字使用，而多以偏旁出现。另外，两字的差异还可以从陶文
里找到证据，高明主编的《古陶文汇编》中有"址"字（编号3.918、
3.926、3.1033），也有"止"字（编号3.768、3.831）。② 可见，在造字之
初，两字的形状是有明显不同。以下是"ᐜ"和"址"变化过程：

"址"（甲骨文）—"止"（金文）—"止"（小篆）

"ᐜ"（甲骨文）—"址"（金文）—"止"（小篆）

可以看出，"址"字在演变过程中，其下部的一直横始终保持未变。
而"ᐜ"字下部的圆弧状也始终保持到小篆时期。在金文中形似"止"的
字，后读为"之"，而金文中形似"址"的字，确识为"止"。又由于止、
之两字音近（止和之都是之部字），造成两字在使用上混淆不清。这也是
造成武字结构从属难解的主要原因所在。综上所述，从象形的角度分析，
释"ᐜ"为"址"即"止"字更为准确。

我们再从甲骨文中看看，疋、足之形是如何简化为"ᐜ"形的。《说
文》："疋，足也。上象腓肠，下从止。"《说文》："足，人之足也。在下，
从止口。"③《说文》对这两个字的解释中，都说到了从"止"这一字素。
这说明许慎认为这和武字中从"止"应是同一概念。说明《说文》将其归
为一类字。其实从金文看都应该从"址"字即"止"字。《释名·释体》：
"足，续也，言续胫也。"按《说文》和《释名》，足、疋是包括我们现在

① 王辉：《古文字通假字典》，中华书局2008年版，第24页。
② 高明：《古陶文汇编》，中华书局2010年版，第2页。
③ 许慎：《说文解字》，社会科学文献出版社2005年版，第710页。

称之为小腿以下的全部，即包括我们的膝、小腿和足。杨树达先生认为手、足在甲骨文中有特指："肱、掌、指全部为手，股、胫、跖、跟全部为足。"① 足字上面的"口"形在金文里是空心的"○"状或实心的"●"状，乃表示人类膝盖之状。在甲骨文中疋作"ᒐ"（《合集》13693）、"ᒐ"（《合集》13694）、"ᒐ"（《合集》19956）形。跟我们现在的小腿加足形的侧面之状完全吻合。也就是说"足"和"疋"属于上下结构，上部的"口"和"一"表示膝到小腿的部分，而下部的"ᒐ"（ᒐ字的侧向）则代表我们的脚。这样的习刻，显然在甲骨刻辞上是非常不便的。因此，以上这三种形体在甲骨文中极少见，而且以上三种"疋"形，在甲骨文中全是一期的字形。然而，卜辞中相关贞问"疾疋"的词例却很多。如"贞，疾疋（ᒐ）"（《合集》13693），"贞，疾疋（ᒐ）"（《合集》13694），"贞，疾疋（ᒐ）"（《合集》06529、07537、13682、13683、13684、13685、13686、13687、13688、13689、13691、13695、13713、40373。《林》2、9、7、《遗》340）。从统计学的角度来看，"疾疋（ᒐ）"占绝对优势。那么，商王不断贞问"疾疋"是何用义呢？我们认为，疾疋，即疋疾之意，也就是现在人们所说的腿痛。"疾疋"在甲骨文中的用法是一样的，都表示贞问疋是否有疾病。由于学者多认为"ᒐ"即"止"字，随即认为就是"疾止"，就是脚趾病了。显然这只是对字面上的认识。我们认为这要从当时人们生活的习惯和现代解剖学角度来分析这个问题更能说明其中的原因。从人体解剖学各个部位分析，人类下肢最常见而且影响人们生活的疾病是"膝关节炎"，即人们俗称的"腿痛"，可能当时的人们还没有认识到形成这种常见病的原因。这种疾病发病的原因主要有两种因素造成：一是气候、环境因素；二是长期劳累或损伤。殷商时期，安阳殷墟的气候条件相当于现在的南方气候环境，空气潮湿，易患关节炎一类的风湿病。殷王为了扩大和巩固自己的疆域，不断对外征伐，长期奔走，鞍马劳顿，劳累过度，也会造成腿部膝盖的损伤，现俗称膑骨老损。古往今来，"腿痛"表现出来的症状大致是一样的，它虽然不危及人类的生命，但对人类日常生活和行动影

---

① 杨树达：《积微居小学述林全编》，上海古籍出版社 2007 年版，第 128 页。

响很大，并且治疗的效果也不尽人意。与此类似的疾病还有"疾目"（《合集》13619）、"疾齿"（《合集》00591）等。有的是环境卫生造成的，有的是不合理使用造成的。由于这些"疾病"造成了人体的诸多不适，因此带来的精神痛苦也在所难免。另外，从殷墟考古发现中，人们已经认识到殷商时期人们的座寝习俗，是依席跪坐，即踞坐。妇好墓出土的玉跪人就是很好的例证（图72）。人们经常跪坐与立起的动作，有"疾疋"症状的人是非常不便的。"疾疋"就会影响到他们的正常生活。膝关节的病状自古就引起人们的重视，《黄帝内经》中讲到："膝伸不屈，治其楗。坐而膝痛，治其机。立而骨解，治其骸关。膝痛，痛及拇指，治其腘。坐而膝痛，如物隐者，治其关。膝痛不可屈伸，治其背内。"[1] 很显然这些是后人已经掌握了治疗膝关节病的具体方法，同时也说明了膝关节病常见，是我们肢体中常见的"毛病"，其表现的症状不同，需要有针对性的治疗。商王不断卜问此事，说明商王的"腿疾"症状经常发生。因此，我们可以看到甲骨文中如此多的有关"疾疋"的卜辞。同时，也为我们认识疋、足字在甲骨文中的简化提供了帮助和支持。疋字简化过程为："〻"（《合集》13693，一期）—"〻"（《合集》13694，一期）—"〻"（《合集》19956，一期）—"〻"（《合集》06529）。需要注意的是，甲骨文中"〻"字下部"〻"是侧向形的，而小篆中的疋下部是正向形的。为了书写便利，这种省体也是甲骨文中常用的。另外，甲骨文中的旋字，作"〻"形（《合集》0301），从〻、从疋。其疋形就是正向的"〻"形，有关甲骨文中字体的简化很多，这里就不繁举。因此，我们认为，在甲骨文中，疋字从字形到字意上，其最后简化为"〻"形。此形体即规范易写，又表音、意。综合以上分析，我们认为，甲骨文中武字，不从"止"字，应从"〻"字，即〻字初文，人类足迹之象形。

　　为了进一步证明武字从疋这一概念，下面我们再从武字从音关系上进行探讨。赵诚认为："声音形象之所以被称为记号，不外是具有一定的概念的缘故。……在记号中，声音是它的能记部分，意义是它的所记部分。

---

[1]　姚春鹏译注：《黄帝内经》（上），中华书局2011年版，第470页。

这就很符合于科学。"① 姜亮夫说到古文字时也认为："即使是表音部分，也是以其形所有的音为音，而不是单纯的作音标的符号。"② 叶玉英也认为："人们造字时必然非常重视文字的标音作用。在甲骨文中，形声字就已经超过 20％，假借字被大量使用，也出现部分双声符字，一些象形或会意字实际上也含有表音成分，凡此种种都表明古人在造字之初就已经非常重视使用表音的造字方法。"③

前面已论证过，武字应从戈、从疋。因此，武可能从疋音。在古音中武与疋俱鱼部字，而且，武、疋之间也有通假关系可寻。上博简"疋"读作"胥"（《容成氏》简 1），读作"疏"（《用曰》简 3）。郭店楚简《老子》甲本简二八："古（故）不可得而新（亲），亦不可得而疋。疋马王堆帛书《老子》甲、乙本，王弼本皆作疏。按《说文》：'疋，疋记也。'段玉裁注：'记下云'疋也'，是为转注，后代改疋为疏耳。'疋，疏古今字。"④ 另外，疏与𤕟（wu）通假。长沙子弹库战国楚帛书乙篇："𧺰乃上下朕㳠（腾传），山陵不𤕟，乃命山川四𣵠（海），囗熏㷱（气）囗𤍽，以为亓（其）𤕟。'𤕟不见于字书，但字从爻，武声，武与疋俱鱼部字，𤕟，饶宗颐《楚缯书疏证》读为𣲔。《玉篇》：'𣲔，通也，达也。'今通作疏。《国语·周语下》：'疏为川谷，以导其气。'古人以为国必依山川，川原塞，国必亡，故对山川之疏否极为重视。"⑤ 饶宗颐先生将𤕟读为𣲔，是很有道理的。高明认为："𤕟乃𣲔字之别体，《说文疋部》：'𣲔，通也。'段玉裁注：'此与云部疏音义皆同。'《玉篇》引《月令》：'其器𣲔以达。'令《月令》作疏，诸书枑疏字，《太玄》作枑𣲔。缯书'朕愽山川不𤕟，'犹言朕忧山川固塞不通。"李零认为："𤕟，从武与从疋同（古音皆鱼部），"⑥ 由此可证，疋与武有通假关系。从这里我们可以看出，疋、武字在古音中是

① 赵诚：《探索集》，中华书局 2011 年版，第 223 页。
② 姜亮夫：《古文字学》，浙江人民出版社 1984 年版，第 113 页。
③ 叶玉英：《古文字构形与上古音研究》，厦门大学出版社 2009 年版，第 6 页。
④ 王辉：《古文字通假字典》，中华书局 2008 年版，第 24 页。
⑤ 同上书，第 24 页。
⑥ 徐在国：《楚帛书诂林》，北京师范大学出版集团 2010 年版，第 138 页。

相近或相通的。从形、音上来讲，疋、武在最初使用上一定有着内在的关联。周延良认为："根据文字学上同音借代，同音通假的原则，古文字在相互通假，借用的过程中，应该存在意义上相互影响，渗透的可能。"①

我们再从甲骨文中以武字形构造相同的几个字进一步分析，即现在所谓的偏旁。发现这些字的"ψ"（疋字，古音鱼部字）字形都在各字的下部，类似于我们现在的偏旁部分。武字作"ξ"形（古音鱼部字），与之构形相同字还有"ξ"（楚字，《合集》10682，古音鱼部字）、"ξ"（途字，《合集》00068，古音鱼部字），"ξ"（徒字，《合集》00068，古音鱼部字），"ξ"（步字，《合集》33148，古音铎部字）、"ξ"（逆字，《合集》00112，古音铎部字）"ξ"（旋字《合集》6465，古音元部字）。以上诸字释读皆出于《甲骨文字编》。② 金文还有"ξ"（疋字，古音鱼部字），"辵"（辵字，古音鱼部字，与屠通假）这些在甲骨文、金文构形上相同的字，其远古发音皆为鱼部字，其中鱼、铎对转，鱼、元对转，音近也是这些在结构上相似的字一个共同的特征。这也可以证明，甲骨文中的"ξ""ξ""ξ""ξ""ξ""ξ""ξ"字皆从"ψ"音。《说文》："楚，一名荆也。从林疋声"。《说文》："徒，步行也。从辵，土声"《说文》："步，行也。"《说文》："辵，步行也"。这些在结构上相似的字，读音上不仅相近，意义上也相近，都与足迹、行动相关联，这应该都与"ψ"字素有着密切的关联。叶玉英在《古文字构形与上古音研究》一书中指出："我们想要知道一个字在甲骨文里读什么音，只能依靠谐声偏旁和通假资料提供线索。第一，在古人的用字观念里，同谐声的一组字的读音与它的声符的读音本应相同，并且以用作声符的那个字的读音为代表……同谐声的一组字必有同样的来源，后世同一谐声偏旁的字之所以不同音，是后世的音变造成的。第二，除了同音通假之外，还有一部分属于同部位的邻位通假和同词根的音近通假。"③ 朱声琦也主张："谐声必同声，谐声偏旁相同的一组谐声字，

---

①　周延良：《夏商周原始文化要论》，学苑出版社 2004 年版，第 12 页。

②　李宗焜：《甲骨文字编》，中华书局 2012 年版，第 503 页。

③　叶玉英：《古文字构形与上古音研究》，厦门大学出版社 2009 年版，第 6 页。

其声母也必然相同或相近。”[①] 两位学者的研究，也证明了在甲骨文中存在结构一样的一组字形，在发音上有着相同的源头。从而也证明了武字从“”字素得音这一关键要素。另外，以上甲骨文“楚”字下部，就是字素“”，李宗焜《甲骨文字编》也释“”字为“楚”。[②] 陈年福先生也将“”字素释为“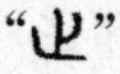”字，从而释甲骨文“”（《合集》13764）和“”（《合集》6465）形为旋字，其下部“”结构也释为“疋”。[③] 由此可见，甲骨文中的“”字在作偏旁时，是可释作“疋”字用的。

综上所论，我们认为，武字形在甲骨文中是上下结构，“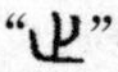”字在戈鐏下面，作“”形。金文开始出现将“”字放在戈缘的下方，作“”（《金文编》2040）和“”（《金文编》2040）形。篆文武字作上下结构，为“”（《说文》）形。武字上部从戈字素，下部从疋字素。武从疋音，意为足迹之意。《尔雅·释诂》：“武，足迹”。《尔雅·释训》：“武，迹也。”[④]《玉篇》：“武，健也、迹也、力也。”[⑤]《广雅》：“武，迹也。”[⑥]

二　疋、戈会意的武字本义

确立了武字从戈，从疋。我们再来探讨武字的会意之义。会意是许慎《说文》中的造书之一，所为会意，即：“会意者，比类合谊，以见指撝，武、信是也”。甲骨文中有许多会意字不识、难解，主要是因为我们不了解远古人们的思想，我们现在难以会意，或是错误会意某一个字，也是缺乏深入研究先人们的原始观念和原始宗教信仰所造成的。姜亮夫指出：“会意字的主要作用，不是表现在结构各部分的‘形体写生’。它是看不见的意象之属性（德业）的影示（显示和暗示），只是借实物象形来作为构成此一意像‘本质的属性’的图样。”[⑦] 姜先生不仅看到了会意字的外在形

① 朱声琦：《段氏注（说文）重韵不重声》，《山东师范大学学报》1996 年第 1 期。

② 李宗焜：《甲骨文字编》，中华书局 2012 年版，第 503 页。

③ 陈年福：《甲骨文词义论稿》，上海古籍出版社 2007 年版，第 244 页。

④ 胡奇光：《尔雅译注》，上海古籍出版社 2009 年版，第 22、187 页。

⑤ 顾野王：《大广益会玉篇》，中华书局 1987 年版，第 81 页。

⑥ 王念孙：《广雅疏证》，中华书局 2004 年版，第 108 页。

⑦ 姜亮夫：《古文字学》，浙江人民出版社 1984 年版，第 113 页。

式——合体表意，而且看到了合体后面深层次的东西。会意字不是构件的简单相加，而是在构件原有意象或字义的基础上的再抽象。在这个过程中，人的思维起着重要的作用，"联想、会悟"是不可或缺的因素。

张学成进一步认为："从会意字的形意关系上看，大致可以分为两类：有些会意字的形义关系是直接的，各个构件所含意义融合表示整体构形所指的意义，如弄，逐，牧，获，保等。有些会意字的意义与构件之间则存在一定的距离，意义并不是通过构件的简单相加所能表现的，必须通过联想，会悟方能领悟其初义。因为先民在造字之时并不是凭空捏造，而是'近取诸身，远取诸物'，是对当时现实生活的一种反映。因此不可避免地揉进了当时的社会制度、社会习俗、生活习惯、文化背景、思维方式等文化因素。……会意字在一定程度上可以说是中华民族古老文化的产物。古老文化成为造字的隐性构件，深入地分析会意字成为观察汉民族文化的又一窗口。同时，传统古老文化诸如社会制度、宗教、思维方式等因素的介入，使得会意的思维过程更复杂，更玄妙。"① 两位学者都认识到会意字的形会和文化背景下的意会两个层面。这对于我们深入地分析会意字是很有帮助和指导意义的。

我们了解了会意字的概念和其深层次的内涵，那么，止、戈会意的武字是何义呢？《尔雅·释诂》："武，足迹"。《尔雅·释训》："武，迹也"。这里指的"足迹""迹"，是指谁的"足迹"呢？是指人类、鸟兽、植物或是神一类的其他事物？《尔雅》中并没有一个详细地解释。要探其深究，我们还是需要回到武字中来看这个问题。从字面结构上分析，武字中的戈字素是义符，直观的从字形上会意，武字应是"戈"的"足迹"。"戈"作为意符，应有更深层次的文化内涵。陈梦家在《殷墟卜辞综述》第二章文字中指出："文字的认识必须结合着社会历史文化的全貌的认识才可以互相校正。"② 于省吾先生也谈到："中国古文字中的某些象形字和会意字，往往形象地反映了古代社会活动的实际情况，可见文字的本身也是很珍贵

---

① 张学城：《"会意"特点揭橥》，《河池学院学报》2008年版，第3期。
② 陈梦家：《殷墟卜辞综述》，中华书局2008年版，第69页。

的史料。"①

前文已经提到，戈有神祇之意。即当时的人们有对戈的神秘崇拜。卜辞中就有记载：

103. 己亥卜，㱿，贞日戈以齿王？一。

日戈以齿王？三。

贞勿日戈以齿王？　　　　　　　　　　　　　《合集》17308

对以上卜辞的认识有不同意见，一种观点认为，戈代表方国戈族，意为戈族以象牙贡纳商王。而徐中舒先生认为这是以神戈崇于商王的时代背景。② 我们认为徐先生所说极是。戈作为中华民族特有的古代兵器，其发生发展经历了一个漫长的历史过程。早期的人们对戈崇拜，有多种因素。常玉芝先生认为，卜辞中有对"四戈"崇拜的记载，并认为："四方神、四巫的所指是一样的，即是指四方的空间之神，而四戈、四方、四土的所指是一样的，即是指的四方的地域。"③ 陈梦家说："四戈与四巫，都是神名，所谓四巫当指四方之巫，如东巫、北巫等。"④ 卜辞载：

104. 甲子卜：王从东戈乎侯戈？

乙丑卜：王从南戈乎侯戈？

丙寅卜：王从西戈乎侯戈？

丁卯卜：王从北戈乎侯戈？　　　　　　　　《合集》33208

105. 丙寅卜：求于四戈？　　　　　　　　　　《合集》8396

106. 壬寅卜：求其伐归。叀北☒用。二十示一牛、二示羊、氐四戈羴？　　　　　　　　　　　　　　　　　　《合集》34112

---

① 于省吾：《甲骨文字释林序》，中华书局2009年版，第5页。

② 徐中舒：《甲骨文字典》，四川出版集团2006年版，第1356页。

③ 常玉芝：《商代宗教祭祀》，中国社会科学出版社2010年版，第153页。

④ 陈梦家：《殷墟卜辞综述》，中华书局2004年版，第578页。

上100卜辞讲四方与四戈联用，也是指四方之神。杨树达认为："甲骨文之四方，因其神人命名之故，知其与四时互相合，殆无疑问。"① 有关戈的神话大多与传说中的神有关，戈作为神使用的神器，人们认为戈器中蕴藏着一种非常有魔力的神灵。在湖北荆门桥战国墓中出土一件带有"兵癖太岁"铭文和太岁神像的铜戈，戈上图像与兵祷图的太一神图像颇为相近，这意味着通过扮神和祷咒辟兵御敌的仪式早在战国时期已经流行。② 另据陈晓华统计："商代青铜器上以'戈'为铭文的礼器多是代表'族徽'，有一些可能就是对'戈'神器的崇拜而以戈为图腾。在原始瓷器上也常发现有刻象形字'戈'的图案，一般都刻在陶器肩部，极少数刻于器底，其形态与铜器上的族徽戈没有区别。这就是原始人们对'戈'神的崇拜意识。"③ 另外，在殷墟和其他地区出土有商代玉戈中，其中还有"金镶玉戈"形制，学者多认为此乃礼器用器，或是对神戈崇拜的滥觞。

这些以戈为神器的崇拜，其中不乏来源于先民的原始传说，因为戈与传说中的神有着密切联系，这在《山海经》中多有记载，显示戈是诸神的随身用器：

《山海经·海外南经》："羿与凿齿战于寿华之野，羿射杀之。在昆仑虚东。羿持弓矢，凿齿持盾，一曰戈。"

《山海经·大荒西经》："有人无首，操戈盾立，名曰夏耕之尸。故成汤伐夏桀于章山，克之，斩耕厥前。耕既立，无首，走厥咎，乃降于巫山。"

《山海经·海内经》："北海之内，有反缚盗械，带戈常倍之佐，名曰相顾之尸。"

《山海经·海内北经》："有人曰大行伯，把戈，其东有犬封国。贰负之尸在大行伯东。"

《山海经·海外西经》："形天与帝至此争神，帝断其首，葬之常羊之

---

① 杨树达：《积微居甲文说》，上海古籍出版社2007年版，第81页。
② 胡新生：《中国古代巫术》，山东人民出版社2010年版，第441页。
③ 陈晓华：《戈器、戈国、戈人》，《人文杂志》1999年第4期。

山。乃以乳为目，以脐为口，操干戚以舞。"注曰："戚：戚戈一类。"①

我们传说中的轩辕黄帝也是以戈为器。《史纪·五帝本纪》："于是轩辕乃习用干戈，以征不享，诸侯咸来宾从。"②

除了文字记载以外，清代学者根据《山海经》中记载，绘制了相应的诸神图像，在清代《山海经绘图广注》中，绘图里有祖状之尸就是随身带戈的（图73）。这些都说明了戈器常与诸神相伴，是神之兵器，具有神灵，最起码三代以前如此。以戈的实物，来代表无形的神灵，便于人们对神的祭祀，即用有形之物，象征无形的神，这是人类原始崇拜的需要。因此，原古的人们将戈器（实物）作为一种神祗（虚物）而崇拜是存在的。潜明兹认为："神话形成过程中，原始人的特殊心理是重要的中介。原始初民抽象的能力很低，形象思维和类比的能力很强，因此，他们常常将两种以上的具体事物相互联系与类比。在现在人看来毫不相干的事物，在原始人的心目中却有关系。神话想象并不是凭空的妄想，胡想，归根到底，乃是决定于氏族社会现实的需要。"又说，在这些神话中："人可以拟物，物可以拟人。"③ 也就是说，戈可以拟人，即见戈思神的原始概念。

陈文敏在《汉字起源与原理》一书中认为："甲骨文武写作'♪'，秦篆武字也是这个结构，'♪'字上方的戈并非象兵器戈之形，而是象天神戈之形。'♪'下面的'ψ'，表示天神戈的脚印。"④ 陈文敏是从文字起源的角度，探讨文字之间转注关系而得出的上述结论，陈认为，戈器是由字发展而来的。即先有字戈，然后依字造器。并认为戈是商周时期三天神的太阳神戈。

还有一种示戈为神的观点，我们认为，甲骨文中的"╁"字，直观上看，又形似"╋"形。这种十字形的崇拜，在世界各地都有发现，是原始民族早期对上天无形的自然力量的崇拜。丁山先生认为："天神，古或曰帝，或曰上帝，或曰昊天上帝。"又说："上帝，希伯来教以来均以十字架为象

① 冯国超译注：《山海经》，商务印书馆 2010 年版，第 10 期。
② 司马迁：《史纪》，中华书局 2006 年版，第 3 页。
③ 潜明兹：《中国古代神话与传说》，中国国际广播出版社 2010 年版，第 6 页。
④ 陈文敏：《汉字起源与原理》，古籍出版社 2007 年版，第 235 页。

征。"十字架之来源，据宗教家研究，演自埃及十二宫之白羊座，故原始十字架图，均与白羊结为一体，嗣乃演变为耶稣钉死十字架上。薛曼尔《神之由来》则谓"十字为一切原始民族所崇敬之符号，象野蛮人生火之钻凿形。由于人间钻燧生火经验而想象日月之光明温暖亦生于钻凿，因以十字架代表耶稣——日月之神。"① 无独有偶，在甲骨文中，作为天干第一的甲，也写作这"十"形，而且，在甲骨文卜辞中，上甲是作为商人要祭祀的高祖，丁山先生对此问题作了详细的考释后认为："商代的'高祖上甲'，本是日神，也是天神；这位天神，甲骨文正写成十字架形。以十字架象征上帝，公元前一千六七百年左右，成汤建立殷商王朝的时代，就以上甲代表上帝。"② 丁山先生的考释是很有道理的。甲骨文中的"十"字，形似十字形，与西方十字架形类似。以此象征神祇，代表原古人们要祭祀的帝神。因此可证，无论是东方的神与戈，还是西方的十字崇拜，都暗示着戈与神，神与戈之间，确实存在密切的关联。这里面都蕴含着原古人们的认识能力和原始宗教信仰的内容。这些史料都不同程度地说明，以有形的戈替代无形的神，也就是以戈示神的现象，在当时社会背景下是存在的。自然神话学派的代表人物马克思·缪勒认为："首先古人的脑子里已有关于无限的意识，同时又有天生的表达欲望，对无限的表达必须要借助隐喻或象征的力量，同时能够驾驭'无限'这个本体的喻体，只有那些在已知世界里已经看上去难以企及的东西，或者干脆借助这些东西难以企及的特性来表达无限。"③

武字中的戈字示神，那么武字中的止字，就是神的足迹。止即"止"形，为人之足迹整体象形。前文已经论述过，它是"止" （《合集》13693）、"止"（《合集》13694）、"止"（《合集》19956）字的简体。我们分析了甲骨文中武字在卜辞中的形体，发现甲骨文中武字从"止"有以下几个特点：一是武字中的"止"形只有向上的形状，没有向下和向左右的形状；二是武字下部只有一足形状，没有发现武字下部从双足的现象；三是

---

① 丁山：《古代神话与民族》，商务印书馆 2006 年版，第 122 页。

② 同上书，序，第 21 页。

③ ［英］E. E. 埃文斯—普理查德：《原始宗教理论》，孙尚扬译，商务印书馆 2002 年版，第 201 页。

武字下面此"⼂"形状只有左足状，而无右足状。这三个特点说明了甲骨文中的武字形体已经十分稳定，没有其他异体，最起码殷商时期如此。从字形构造上讲，武字已基本定型。下面我们来分析一下这几个特点可能所蕴含的文化内涵。特点之一，突出直观形状（足迹）与表音（疋音）。其二，上面已经分析了戈代表神或上帝，那么，此处的"⼂"，就是神之足迹，神是无形之状，就以人之足迹替代。但又要与人之足迹有别。在原始人们的观念中认为神多为一足。这样神和人的足迹区别就十分明显了。在《山海经》中就多有神为一足的记载：

《山海经·西山经》："……有兽焉，其状如禺而长臂，善投，其名曰嚣。有鸟焉，其状如枭，人面而一足，曰橐𢄃，冬见夏蛰，服之不畏雷。"

《山海经·西山经》："……有兽焉，其状如赤豹，五尾一角，其音如击石，其名如铮。有鸟焉，其状如鹤，一足，赤文青质而白喙，名曰毕方，其鸣自叫也，见则其邑有讹火。"

《山海经·西山经》："是多神魁，其状人面兽身，一足一手，其音如钦。"

《山海经·中山经》："又西二十里，曰复州之山，其木多檀，其阳多黄金。有鸟焉，其状如鸮而一足，彘尾，其名曰𩿧踵，见则其国大疫。"

《山海经·海外北经》："柔利国在一目东，为人一手一足，反膝，曲足居上。一云留利之国，人足反折。"

《山海经·大荒东经》："东海中有流波山，入海七千里。其上有兽，状如牛，苍身而无角，一足，出入水则必风雨，其光如日月，其声如雷，其曰夔。"

《山海经·海外南经》："毕方鸟在其东，青水西，其为鸟人面一脚。一曰在二八神东。"[①]

相传上古先民神是上帝高祖夔，上帝高祖夔也是只有一足，也有说夔是一种独脚怪兽。《吕氏春秋·察传》《国语·鲁语下》都有记载。《说文》："夔，神魖也。如龙，一足；象有角手人面之形。"夔如龙，而龙又是神话思维中太阳神的动物化。甲骨文字里的夔字就是一足之状，作

---

① 冯国超译注：《山海经》，商务印书馆 2010 年版，第 10 页。

"￥"形（《合集》14368、14369、14371、14372等）。

以上人兽和一、人鸟和一、人龙和一的诸神的一个共同的特征是，诸神多为一足。如此多的有关神为一足的记载，绝非偶然，这是原始先民在当时社会背景下的一种共识。这些传说中的神为一足的现象，在远古人们的思想意思中是有广泛基础的。而且此一时期的人、神、祖是相通的，即当时的人神和一的思想。其三，象征左足之左的寓意。在原古时期人们有尚左的习俗，常将"左"示为尊贵之位，尤其商人有尚左的习俗。罗琨认为："商人尚左，'上行左'里的上行应是左行。"①《周礼·春官》："小宗伯之职，掌建国之神位，右社稷，左宗庙。"《周礼·曲礼下》："执主器，操币、圭璧，则尚左手。注：尚左手，尊左也。"②《周礼·考工记》："匠人营国……左宗庙。"在古代社会生活中，宗庙的地位是至高无上的。《老子》曰："吉事尚左，凶事尚右。偏将军居左，上将军居右，言以丧理处之。"《淮南子·缪称》："凡高者贵其左，注曰：天道左旋。注曰：臣道左君。故下之于上曰左之，臣辞也。下者贵其右，故上之于下曰，右之，君让也。"③《左传·桓公八年》季梁曰："楚人上左，君必左。"④《左传·宣公十二年》："楚子为乘广三十乘，分为左右，许偃御右广，彭名御左广。王乘左广以逐赵旃。"《史记·魏公子列传》中记载无忌驾车去请隐士侯嬴，特意留出左边的座位给侯嬴，以示尊重："坐定，公子从车骑，虚左，自迎夷门侯生。"先秦以前的尚左为尊的社会风尚，也证明了甲骨文中的武为神之迹的尊贵之处。武字中从"￥"的三个特点，和戈意符的示神，都有力地证明了，武字为神或帝或祖先的足迹。用现在的词性来讲，武字最初词性为名词。

通过以上分析，结合《尔雅》释武，可以认为，早期武字是会意为上帝的足迹。《诗经·大雅·生民》曰："厥初生民，时维姜嫄，生民如何？克禋克祀，以弗无子。履帝武敏歆。"注："帝武，上帝脚步。"⑤是说周族

---

① 罗琨：《商代战争与军制》，中国社会科学出版社2010年版，第419页。
② 李学勤：《周礼注疏》，北京大学出版社1999年版，第103页。
③ 刘文典：《淮南鸿烈集解》，中华书局1989年版，第331页。
④ （清）阮元：《十三经注疏》，中华书局2009年版，第3808页。
⑤ 周振甫译注：《诗经译注》，中华书局2010年版，第397页。

女始祖姜嫄踩踏了天神的脚印，"感而孕"，生下周族始祖周弃（后稷）。这里的帝，即是远古人们信奉的上帝。《史纪·周本纪》："姜嫄为帝喾元妃。姜嫄出野，见巨人迹，心忻然说，欲践之，践之而身动如孕者。"① 这是周族人认为自己就是"帝"之子孙的当时写照。《诗经·大雅·下武》："昭兹来许，绳其祖武。"注："祖武：乃祖迹，祖业。祖先之迹。"② 屈原《离骚》："及前王之踵武。"踵武：指先王之足迹。③ 通过以上史料记载，我们认为，止、戈会意的武字的初义，就是"帝之足迹"之义。

三　甲骨文中的武字用法

甲骨文中武字的用法，几乎全是作为先王的美称或谥号使用。《甲骨文字典》释武意有两种寓意："一是商王谥号；二是方国名。"在甲骨文中不见"武"用于征伐之义。武的征伐之义，应是引申之义。甲骨文中的武义应更接近其初义，即"帝之足迹"之义。关于商代是否有给死后的先王以谥的惯例，这个问题也需要进一步的探讨。一般认为，西周开始，才制定了相应的谥例。《辞源》"谥"字条解释"谥法"时说："上古有号无谥，周初始制谥法"。④《仪礼·士冠礼》记载："古者生无爵，死无谥。"⑤《礼记·檀弓上》："死谥，周道也。"⑥ 商代诸王在生前不称帝，也不称武。卜辞里的帝除了表示天神上帝和禘祭之外，大都是对先王死后的称谓。如帝丁、帝甲、帝乙、帝武乙、文武帝等。以上都不同程度地说明，早在殷商时期，就已存在对死后商王称"谥"的惯例。据不完全统计，甲骨文中有武字的卜辞约有 150 多条。除去卜辞中残辞以外，作为方国名用很少，如"……武其来告（《合集》10989 正）""贞以武刍"（《合集》456 正）。另外还有《合集》738、17090、22075 等，其余全都是以先王号为武的称谓。经我们统计，卜辞中以武为号的先王有三位，分别是武丁（殷商中兴

---

① 司马迁：《史纪》，中华书局 2006 年版，第 3 页。
② 周振甫译注：《诗经译注》，中华书局 2010 年版，第 390 页。
③ 林家骊译注：《楚辞》，中华书局 2012 年版，第 6 页。
④ 《辞源》，商务印书馆 2012 年版，第 3177 页。
⑤ 李学勤：《仪礼注疏》，北京大学出版社 1999 年版，第 59 页。
⑥ 李学勤：《礼记正义》，北京大学出版社 1999 年版，第 219 页。

之王)、武乙和文武丁。常玉芝先生研究认为:"武丁之武只有到第五期卜辞中才出现。"[1] 刘起钰认为:"武丁就是在丁日被祭祀的一个王,'武'为所加美号。但在其子祖庚、祖甲时,还只称父丁;到他孙子禀辛、康丁以下直至第五代孙帝乙时,都只称祖丁;到帝辛时才称武丁。"[2] 这其中又尤以占卜武乙和文武丁卜辞最多(应是帝乙、帝辛时期的卜辞),约占95%余。武乙又称帝武乙,文武丁也称文武帝,且同一版甲骨上同时贞问武乙和文武丁。并且多以甲日卜武乙,以丙日卜文武丁。这显然是殷商晚期对这两位先王祭祀中常用的号。由此看来,对故去的先王称"武"的习惯应源于殷商末期,即帝乙、帝辛时期。那么,武字以先王并列是何用意呢?在殷商晚期武字频频出现以先王武乙和文武丁相称,说明此一时期,已经形成了一种惯例。在这150多版卜辞中,先王号用武、祖、帝并列的现象很多,说明"武"仍然保持有"上帝的足迹"的原意,用以昭示先王与上帝相关,即暗示为上帝的足迹,明为"上天之子孙"。以下是占卜武乙、文武丁、祖甲(武丁)的卜辞:

107. 丁酉卜,贞:王宾执自上甲至于武乙,衣,亡尤?

(《合集》35439)

108. 甲午卜,(贞)武乙(竞其)牢?(注:武乙为合文)

乙未卜,贞王竞武乙彳伐,亡尤? (《合集》35436)

109. 贞武祖乙竞其牢?(注:武乙为合文) (《合集》35921

) 图74

110. 甲申卜,贞武(乙竞)其(牢)?

丙卜辞,贞武丁竞其牢?

癸卜辞,贞祖甲竞其牢,兹用?

甲口卜,贞(武)祖乙宗其牢? (《合集》35930)

111. 癸口卜,贞(祖甲)竞其牢?

---

[1] 常玉芝:《商代宗教祭祀》,中国社会科学出版社2010年版,第153页。

[2] 刘起钰:《谈高宗肜日》,《殷都学刊》1985年增刊。

丙申卜，（贞）武（延其牢）？　　　　　　　　（《合集》35935）

112. 癸卯卜，贞祖甲延其牢？

（甲）口卜，贞武乙延其牢？　　　　　　　　（《合集》35939）

113. 丁卯卜，贞文武丁宗延其牢？

甲申卜，贞武祖乙延其牢？　　　　　　　　　（《合集》36083）

114. 丙申卜，贞文武丁（延其牢）？

（甲）辰卜，贞武祖乙宗延其牢。兹用？（注祖乙为合文）

（《合集》36088）

115. 丙子卜，贞文武丁延其牢？

丙申卜，贞文武丁延其牢？

甲辰卜，贞武祖乙延其牢？　　　　　　　　　（《合集》36089）

116. 丙午卜，贞文武丁宗其牢？（注：武丁为合文）

甲寅卜，贞武祖乙延其牢？（注：祖乙为合文）

（《合集》36094）

图 74

　　相关这样的卜辞文例很多，且卜辞用词和句型大体相同，这里就不繁举。我们可以看到此一时期武字用于先王天干之前的频率非常高，即武＋天干。如此高频率地使用武字，说明武字在这一时期有着特殊的指意。郭小武先生认为："社会文化的高热点是极高频实词存在的直接动因和充要条件。'社会文化的高热点'宜作广泛而抽象的理解，举凡能够引起人们高度关注和高度重视的事物、事件、状况、数量、关系、理念等均在其中。"[①] 这说明殷商晚期已经形成了一种惯例，即称谓死后的先王庙号为武。从卜辞中可以看到，武、祖、帝并列使用，印证武的字义仍然保持着较原始的本义，即武乃上帝之迹。常玉芝先生通过对卜辞中帝的研究后认为，帝＋天干的用法，说明"帝"作庙号。其中用到后世对先王称谓有：

---

① 郭小武：《古代汉语极高频字探索》，《语言研究》2001 年第 3 期。

称武丁为父丁和帝丁；称祖甲为帝甲；称康丁为帝丁；称文武丁为文武帝。[1] 为了更直观理解这一问题，我们列晚商武丁以后的世系一表如下：

（史料记载）武丁——祖庚——祖甲廪辛——康丁武乙——文丁——帝乙——帝辛

（卜辞记载）帝丁——帝甲——帝丁——武乙、文武丁、帝乙

需要说明的是，上表中上下不是一一对应的关系，即卜辞中记载的先王，是后世先王对他们的称谓。即在世的先王对死后先王的占卜所用。也就是说，文武时期以前至武丁后这一时期，卜辞中对先王死后多称帝。而帝乙、帝辛时期对先王既称帝，也称武。说明此时期的帝和武是并列的概念，也印证了武字乃上帝之迹的存在。

在上举卜辞中还有一个共同的特点，就是对这些先王常用祭祀为"㝵"祭，祭品多为牢。这种祭祀的主要目的是卜问，死后的先王是否能够"㝵"于上帝之左。刘桓先生认为："自夏代以来，人们对于至高无上的上帝的信奉所形成的神秘观念是，只有统治者死后可以升天，因而能宾于上帝之所，在上帝之左右。"又说："宾祭的目的是要祭祀上帝，借以求得保佑，维护统治秩序，使得心想事成。"因为借助这种"宾"祭，"沟通了天帝，先王，也使自己的权威得到了宗教意义上的证明"。[2]

卜辞中还有一特别现象，就是甲骨文中记武乙、文武丁、祖乙时，常用合文记录，也有分文记录现象。而且作合文时，作为天干的丁和乙都写在且（祖）和武字中戈的左边（图74）。这是一种比较固定的记法，也是当时背景下的约定俗成。即在世的先王祈求能够让死后的先王，常伴在代表神戈或祖一旁，以达到死后的先王也能够辅佐在上帝之旁的意愿。这应该与上述宾祭有着相同的概念，商王希望死后能够宾于上帝左右，当是殷商晚期诸王共同祈求的最终归宿。

四 结语

综观以上论述，我们认为，甲骨文中将武字作为死后先王的谥号，是

---

① 常玉芝：《由商代的"帝"看所谓"黄帝"》，《文史哲》2008年第6期。
② 刘桓：《甲骨集史》，中华书局2008年版，第3页。

代表先王是上帝的子孙，有"履帝武敏"的传承，告诫当时的臣民，先王是上帝之子。在生前为王，替天行道。死后可以陪伴在上帝之旁，以佐事上帝。能够在死后佐事上帝，是商王非常重视的一件事情。通过对组成武字两字素的分析，结合甲骨文中武字的用法，可知武字本义为"帝之足迹"，武最初的词性为名词。甲骨文中的武字，是后世商王对死后的先王的祭祀所用庙号，武、帝、祖并列使用，说明疋、戈会意武的本义，依然代表"上帝之迹"。

图 72　青玉踞坐人

（采自《殷墟妇好墓》彩版 22）

图 73　《山海经绘图广注》中祖状尸

（采自《山海经》，第 436 页图 15 - 8）

图 74　武祖乙合文（武与乙合文，乙在戈左）　　武祖乙合文（祖与乙合文，乙在祖左）

（《合集》35921）　　　　　　　　　　　（《合集》36094）

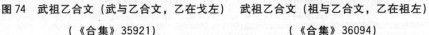

（本节已发表于《殷都学刊》2013 年第 4 期）

第二节　武器篇:殷商五种常用兵器

古代"五兵"在先秦时期泛指代表军队常规武器的总称,具有当时兵器的时代特征。即在军队中使用较为广泛。随着历史的演变和战争对于兵器的不同需要,以及通过战争实践,人们对兵器在战争中的实效性不断进行改善,渐渐形成了在不同历史阶段五兵内容的丰富内涵。如传说中的蚩尤作五兵,《世本》载:"蚩尤以金作兵,戈、矛、戟、酋矛、夷矛。"金:指青铜类。①《周礼·司兵》载:"司兵掌五兵、五盾,各辩其物与其等,以待军用。"郑司农云:"五兵者,戈、殳、戟、酋矛、夷矛。"此为车之五兵。步卒之五兵,则无夷矛,而有弓矢。②《考工记·庐人》载:"戈、殳、戟、酋矛、夷矛乃云六建既备,车不反复。"注:六建,五兵与人也。又《司马法》载:"弓矢围,殳矛守,戈戟助。凡五兵,长以卫短,短以救长。"③《谷梁传·庄公二十五年》又载:"天子救日,置五麾,陈五兵。"阮元注曰:"五兵,矛、戟、钺、楯、弓矢是也。"④《后汉书·百官志》引《汉官仪》:"尉、游徼、亭长皆习设备五兵。五兵:弓弩,戟,楯,刀剑,甲铠。"

从以上史料可以看出,各家所举五兵内容不很一致,总体上分析,商周之前的五兵注重进攻的实效,而且以长兵器和弓矢为主。而春秋以后,五兵则兼顾攻守,以长短兵配合,加强防守之兵的配置。由此可见,五兵内容的演变,体现了不同时期人们对于战争的认识和理解能力。如果按兵器名称归类后分析,《世本》中记载的五兵只有三种兵器,即戈、矛(酋矛、夷矛)和戟。《周礼·司兵》中记载的五兵也只有四种兵器,即戈、殳、戟和矛(酋矛、夷矛)。《司马法》中的记载则五兵俱全,即弓矢、殳、矛、戈、戟。而到汉时,五兵的内容则含有八种兵器,即弓、弩,

---

① (汉)宋衷注:《世本八种》,中华书局2008年版,第359页。
② 李学勤:《周礼注疏》,北京大学出版社1999年版,第840页。
③ 同上书,第842页。
④ (清)阮元:《十三经注疏》,中华书局2009年版,第5180页。

戟，楯，刀、剑，甲、铠。在现已出版的甲骨文中没有相关记载五兵的内容，殷墟出土的青铜兵器种类较多，有戈、矛、殳、镞、胄、刀、钺等，从出土数量上排序，依次为镞、戈、矛、钺、刀、胄和殳。殷墟以外地区出土一件戟。从这些兵器中可以看出这一时期五兵的特征。按《司马法》中的记载，五兵内容在殷商时期皆已存在。

一 戈

戈是我国古代特有的一种兵器，早在夏代二里头遗址中就发现有青铜制的戈。《释名·释兵》记载："戈，句子戟也。戈，过也。所刺捣则决过，所钩引则制之，弗得过也。"[①] 在商代，戈属于长兵器，其基本结构是由青铜戈头与木柲组成，木柲又包括柲帽和镈。（图75）殷墟出土戈长度大约在1米左右，显然是步兵的装备。甲骨文字中由许多字是以戈字组成的偏旁，说明"戈器"在当时十分盛行且普遍得到商人的认同。戈的历史可以从新石器时代中看到早期戈的形制，到殷商时期，青铜戈的形制发展更为多样，殷墟出土青铜戈的数量较多，按戈内的形制可分为三大类，即直内戈，曲内戈和銎内戈，前两种是以木柲夹内而装，后者是插入銎中而装。每一种形制又可分为若干小类。戈头的各部分名称为：锋、援、上刃、下刃、脊、胡、穿、阑、内（图76）。援又包括上援和下援，早期的戈无胡。按戈的形制，可将其分为三大类。A型直内戈（图77-1），主要特点是木柲包戈内，然后用绳子绑缚，大多数无胡。通长在21—24厘米。援长在15—17厘米，重在0.2—0.4千克。A型直内胡戈（图77-2），主要特点也是木柲包戈内，然后用绳子绑缚。其显着特点是有长胡，数量很少，殷墟花园庄东地M54只有两件，大小与直内戈相当，胡长在10—12厘米之间。B型曲内戈（图77-3），主要特点也是木柲包戈内，然后用绳子绑缚。但其曲内后都有纹饰，呈鸟首歧冠状，十分威严和凶悍。殷墟M54出土的这种戈多数铸有"亚长"铭文。通长在28—30厘米，援长在20厘米左右。C型銎内戈（图77-4），主要特点是戈内有銎可装柲。标本

---

① （东汉）刘熙、（清）毕沅疏证、王先谦补：《释名疏证补》，中华书局2008年版，第237页。

M54：246、248 的銎内都带有残长的木柲。[1] 銎后也分直、曲两种，并且也有纹饰。銎腔径在 2.3—3.2 厘米左右不等，銎腔呈椭圆形。

关于銎腔呈椭圆形的探讨，这要从戈的使用方法上来考虑。戈的主要功效是勾、啄，其使用中关键问题是需要以戈锋为着力点，那么在挥戈的时候，一般是由上而下的弧线用力，使用者手握椭圆形的木柲，就可以直接感知到戈锋的方向所在，避免在使用中难以击中目标。如果木柲呈圆形状，那么使用者在使用时就很难辨别戈锋的位置所在。将戈的木柲设计为椭圆形，便于在实践中的使用。

从数量上讲，现在已发现商代青铜戈约 2430 件。[2] 殷墟出土青铜戈约 800 余件，占总数的 $\frac{1}{3}$。其中花园庄东地墓葬出土 84 件戈，上述 A、B、C 三种类型都有。以 C 型最多（44 件，约占总数的 52%）。其次是 B 型（27 件，约占 32%），C 型最少（13 件，约占 16%）。[3] 妇好墓出土戈的总数为 91 件。侯家庄西北冈 HPKM1004 的戈压在盔、矛之上，共有 69 件，分三排放置：一排在西，21 个，锋向南，柄向东，一排在东，29 个，锋向北，柄向东，一排在东北段，19 个，锋向西，柄向南。这是殷墟发现中保存完好的一组现象，戈柲全长 1 米，蔚为壮观。[4] 其余约 600 件出土于殷墟各区域。

戈兵器的主要功效是用于勾、啄和推。戈援的上刃可推击，援锋可啄击，援的下刃可钩斫。从攻击的角度来讲，戈可以从多种角度用来杀伤对方。戈兵主要装备在步兵和车兵中。甲骨文中的戈人类似步兵，如"叀戈人射。兹〔用〕"（《合集》33002）。"辛丑卜，方，贞叀羽令以戈人伐呂方戈。十三月。"（《合集》39868）。戈在车马坑中常伴出在车舆左右，说明戈用于车战的实事（详见车章节）。戈作为常规兵器在史料中

---

① 中国社会科学院考古研究所：《安阳殷墟花园庄东地商代墓葬》，科学出版社 2007 年版，第 148—150 页。

② 郭妍利：《商代青铜兵器研究》，社会科学文献出版社 2014 年版，第 33 页。

③ 中国社会科学院考古研究所：《安阳殷墟花园庄东地商代墓葬》，科学出版社 2007 年版，第 148—150 页。

④ 中国社会科学院考古研究所：《殷墟发现与研究》，科学出版社 1994 年版，第 308—309 页。

也有记载。《史记·周本记》记载："称尔戈，比尔干，立尔矛，予其誓。"[1]《诗·大雅·公刘》载："弓矢斯张，干戈戚扬，爰方启行。"[2]《诗·秦风·无衣》："王于兴师，修我戈矛。"从出土青铜戈和史料记载可知，戈兵器在当时的确是军中常用之兵器，它在战争中发挥着非常重要的作用。从史料中看，先秦时期戈的使用较为广泛，汉以后戈兵器渐渐退出历史舞台。

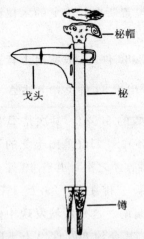

图 75　戈兵器的基本结构

（采自《商代青铜兵器研究》，第 34 页图 1）

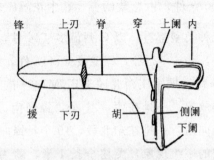

图 76　戈首部位名称

（采自《商代青铜兵器研究》，第 34 页图 1）

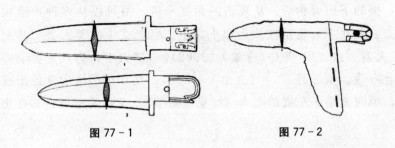

图 77 - 1　　　　　　　　　　图 77 - 2

---

① 司马迁：《史记》，中华书局 2006 年版，第 82 页。

② 周振甫译注：《诗经译注》，中华书局 2010 年版，第 405 页。

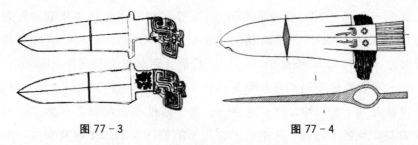

図 77 - 3　　　　　　　　　　　　　　図 77 - 4

图 77　1　A 型直内戈　2　A 型直内胡戈　3　B 型曲内戈　4　C 型銎内戈

（采自《安阳殷墟花园庄东地商代墓葬》，第 145—151 页图 1—6）

二　矛

从目前考古材料显示，青铜矛的出现明显要晚于青铜戈的出现。殷墟出土的青铜矛显示，其构造也由矛头和木柲组成，矛头的基本结构包括锋、刃、叶、脊、钮（也称系）、骹（图 78）。按矛头的形制，大致也可分为三大类。A 型矛（图 79 - 1）。刃后端呈圆弧形。骹体较长，截面呈椭圆形，中部两侧有半环形耳。通长在 22—26 厘米，銎腔外径 2.6—3.2 厘米之间。重 0.3 千克左右。B 型矛（图 79 - 2）。其特点是，双叶至中部，呈亚腰形。两面叶中部有三角形凹槽，双叶底部各有一圆形穿孔。通长在 24—26 厘米，銎腔外径在 3.5—4 厘米。重 0.3—0.5 千克。C 型矛（图 79 - 3）。数量少，只有 4 件。其特点是，形体较小，双叶正中有矛头状凹槽，无半环形耳，也没有铭文。通长在 18—21 厘米之间，銎腔外径在 2—3.4 厘米。重 0.2 千克。

据统计，目前出土的青铜矛的数量大约有 1490 件。[1] 殷墟出土青铜矛在出土数量上与戈相当。共约 900 余件，约占出土总量的 $\frac{1}{2}$ 余。仅侯家庄西北冈 HPKM1004 号大墓出土的就有 731 件青铜矛（约占总数的 49.1%），绝大部分放在南墓道最北段和墓坑近南道口一带和夯土中，其中 360 多件放置散乱；另有 360 件分成 36 捆，每捆 10 件，有绳缚扎，矛

---

① 郭妍利：《商代青铜兵器研究》，社会科学文献出版社 2014 年版，第 77 页。

锋一律向下，都是未装柄的新器。① 安阳殷墟花园庄东地商代墓葬发现的铜矛，共 78 件，其中 36 件有铭文"亚长"二字。② 以 A 型最多（52 件），B 型次之（22 件），C 型最少（4 件）。其余分别出土于殷墟各个区域。

矛的主要功效是用于直刺和扎挑。《释名·释兵》记载："矛，冒也，刃下冒矜也。下头曰镈，镈入地也……椠，速椠也，前刺之言也。"③ 可知矛的主要功效就是直刺。从结构上看，矛的前锋锐利，中部有脊棱，双叶有刃，锋刃即尖锋和两刃，以矛中间凸起来的一条脊为中线，左右伸展成带侧刃的矛叶；两刃的前端，则攒聚成一个锐利的尖锋。殷墟出土青铜矛的骹腔内一般有残存的腐朽木柲痕迹。目前所发现最早的青铜矛出土于湖北盘龙城，从时间上讲，与殷墟出土青铜矛有相似之处。因此，有学者认为殷墟的矛来源于我国南方地区，在殷商后期才较多使用。④ 这是因为在早期妇好墓中，出土的大量兵器未见有青铜矛的身影。商代矛在结构的演变倾向为：一是矛叶由窄变宽，由短而长；二是矛叶加宽。⑤ 矛作为作战用的兵器在史料中也有记载。《史记·周本记》："称尔戈，比尔干，立尔矛，予其誓。"《诗·大雅·公刘》载："弓矢斯张，干戈戚扬，爰方启行"。杨，矛也。《诗·秦风·无衣》："王于兴师，修我戈矛。"矛兵器也应该是步兵常用之器，殷墟发现车马坑中未见青铜矛的身影，说明商代晚期车战中还未使用矛。西周以后的车战中才出现矛的身影。河南汲县山彪镇战国墓出土水陆攻战纹鉴，成都百花潭战国墓所出嵌错铜壶，攻战场面中，都有矛和戈的身影（图 80）。由此可见矛作为常规兵器在殷商晚期的军队中使用十分广泛。从历史的长河来看，矛的寿命要比戈长，以后枪、矛混称，现代社会仍然能看到它的身影。

---

① 中国社会科学院考古研究所：《殷墟发现与研究》，科学出版社 1994 年版，第 308—309 页。
② 中国社会科学院考古研究所：《安阳殷墟花园庄东地商代墓葬》，科学出版社 2007 年版，第 148—150 页。
③ （东汉）刘熙、（清）毕沅疏证、王先谦补：《释名疏证补》，中华书局 2008 年版，第 238 页。
④ 杨锡璋：《关于商代青铜戈矛的一些问题》，《考古与文物》1986 年第 3 期。
⑤ 中国社会科学院考古研究所：《殷墟发现与研究》，科学出版社 1994 年版，第 313—314 页。

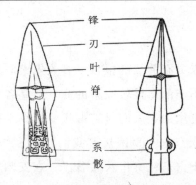

图 78　矛部位名称

（采自《商代青铜兵器研究》，第 76 页）

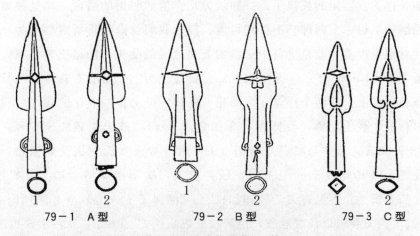

79－1　A 型　　　　　79－2　B 型　　　　　79－3　C 型

图 79　（采自《安阳殷墟花园庄东地商代墓葬》，第 141—144 页图 107－110）

图 80　宴乐渔猎攻战纹铜壶

三 殳

殷墟发掘报告中未见有关殳的报告。有关先秦时期殳的实物报告，也十分罕见。曾侯乙墓出土的 7 件较完整的殳，形制各异，说明先秦时期殳头的形制多样。这就更增加了人们对于古代殳的真实样式的猜测。殷商时期殳的样式究竟为何物？也一直困扰着我们。《三才图会》载："殳即投也，二丈而无刃。主于击，礼书作八觚形。"① 在安阳殷墟花园庄东地商代墓葬报告中，有两件青铜器格外引人注目。报告中称之为锥形器，其用途不详。关于这种锥形器的用途研究，现在见有两种认识：一种认为锥形器可能是作为食器用的长筷子；一种认为是作为照明用的蜡台。从这种锥形器的结构上讲，上两种都不存在可能。经过我们认真分析研究后认为，这两件青铜锥形器，就是史料中记载的五兵之一的殳头。依据史料记载，殳兵器主要有四个特点：一是殳如杖；二是殳无刃；三是殳有八棱；四是殳通体较细易击。前两个特点在《周礼·夏官·司戈盾》中有记载："祭祀，授旅贲殳，故士戈盾，授舞者兵亦如之。"释曰"故士王族故士"者，据《司士》而言。云"与旅贲当事则卫王"者，按旅贲氏掌执戈盾而趋，此执殳者，以其与故士同卫王时，以为仪卫，故不执戈盾。知"殳如杖"者，庐人所为，不见有刃，故知如杖。② 《淮南子·齐俗》也有同样记载："昔武王执戈秉钺以伐纣胜殷，搢笏杖殳以临朝。"注曰："殳，木杖也。"③ 《周礼·庐人》载："击兵同强，举围欲细，细则校。"注：改句言击，容殳无刃。④ 《玉篇》："殳，长丈二尺而无刃。"⑤ 殳的第三个特点在《急救篇》注曰："积竹八棱为搢，建于兵车。殳搢，音义同。"《说文》载："殳，以杖殊人也。《周礼》：'殳以积竹，八觚，长丈二尺，建于兵车，车旅贲先驱。'"殳的第四个特点《周礼·冬官考工记·庐人》记载："殳长

---

① （明）王圻：《三才图会》，上海古籍出版社 1988 年版，第 1178 页。
② 李学勤：《周礼注疏》，北京大学出版社 1999 年版，第 842 页。
③ 刘文典：《淮南鸿烈集解》，中华书局 1989 年版，第 371 页。
④ 李学勤：《周礼注疏》，北京大学出版社 1999 年版，第 1145 页。
⑤ 顾野王：《大广益会玉篇》，中华书局 1987 年版，第 81 页。

寻有四尺……凡为殳，五分其长，以其一为之被而围之；参分其围，去一以为晋围，五分其晋围，去一以为首围。"注曰："殳长丈二。"又注曰："被，把中也。围之，圜之也。大小未闻，凡矜八觚。郑司农云，晋谓矛戟下铜鐏也；刺谓矛刃胸也。玄谓晋，读如王摺大圭之晋。矜所捷也，首，殳上鐏也，为戈戟之矜，所围如殳。"[1] 这里讲道"首，殳上鐏也"。说明当时有青铜殳的殳头，鐏为戈、矛下端的青铜对象，殳反是其上鐏，正是讲的青铜殳头的存在。《周礼·考工记》又曰："击兵同强，举围欲细，细则校。"注曰："改句言击，容殳无刃；同强，上下同也；举谓手所操。郑司农云，校读为绞而婉之绞……玄谓，校，疾也……人手操细以击则疾。"[2] 以上史料记载殳的 4 个特点，为我们认识殳的形制提供了重要参考依据。

我们来看殷墟出土的这两件青铜兵器。如图 81-1，报告中称："整体细长（殳通体较细易击），后部有圆管状銎，前部为八棱形锥（殳有八棱），其横截面呈'✚'形（原报告讲是十字形），顶端平齐（殳无刃）。标本 M54：451，基本完好。銎后端有两道弦纹，銎腔内残存有木柲，木柲外包裹有麻类物质，可能防止木柲脱落。通长 22.7 厘米，锥长 15.9 厘米，銎径 1.1 厘米。[3] M54 是近年来殷墟发现的一座完整的墓葬，从出土器物来看，这是一位殷商时期的将军之墓，其出土礼器、兵器数量仅次于妇好墓。从考古报告的描述上，这两件锥形器物具有殳兵器主要的四个特点。说明这是两件用于安装在殳头上的青铜殳头。銎腔内残存有木柲，说明当时应是一种使用过的带柄的兵器。这种木柲就是史料中记载的积竹殳。这两件青铜殳头的銎径仅有 1.1 厘米，远远小于戈和矛柲的径围，符合"人手操细以击则疾"殳的特点之一。1971 年 2 月湖南长沙浏城桥楚墓曾发掘出两件"积竹棒"。一件长 303 厘米，另一件长 301 厘米，这类积竹棒中心是一条有棱（八棱）的木棒，在木棒之外，用十六片竹篾包裹一层，用胶

---

① 李学勤：《周礼注疏》，北京大学出版社 1999 年版，第 1146 页。
② 同上书，第 1145 页。
③ 中国社会科学院考古研究所：《安阳殷墟花园庄东地商代墓葬》，科学出版社 2007 年版，第 148—150 页。

粘紧，再用丝线缠紧，外面再涂上黑漆红漆。① 至于积竹的形制如（图81-2），这种用竹片缠包木的结构，可以增强柄的坚韧性而且富有弹性。使用过程当中，还可以起到防止手滑脱的作用。殳兵器大概以木质的殳为多，由于时间较长，腐朽于地下。从其特点上来看，殳为击兵，功效上类似于棍和棒。但由于殳装有殳头，因此，殳比棍棒的杀伤力要强许多。另外，单独的木棍一类，如果没有在外面加以辅助保护，在击打过程中也非常容易折断，如果在战争中使用，其击打次数和力度都十分可观。殳作为兵器在史料中多有记载。《司马法》曰："执羽从殳。"《说文》："殳，军中士所持殳也。"《诗·国风·候人》曰："何戈与殳。"《说文》："祋，殳也。"《释名·释兵》将殳归于矛部："殳矛。毕沅曰：殳无刃，不当称矛。殳，殊也，毕沅曰：说文'殳，以殊人也。长丈二尺而无刃，有所撞挃于车上，使殊离也。'"②《诗》云："伯也执殳，为王前驱。"《周礼·司戈盾》："祭祀，授旅贲殳，故士戈盾，授舞者兵亦如之。"注："殳如杖，长寻有四尺。"③《淮南子·齐俗》称："昔武王执戈秉钺以伐纣胜殷，搢笏杖殳以临朝。"注："殳，木杖也。"④《急救篇》注曰："积竹八棱为搢，建于兵车。殳搢，音义同。"从史料中可见，殳作为兵器，或作为护卫王的士兵所用，或在车战中使用，在生产力较低的殷商时代，选择自然界天然的木质材料作为制作兵器的来源，应该是当时社会背景下的首选。只有贵族才有拥有青铜兵器的资格。

综上所述，我们可以看出殷商时期殳的基本形制，殳也是由殳头和木柲组成，殳头的形制大致为平头、八棱、下有安装木柲的銎。它是一种以击打和横扫为主的兵器。殷商时期生产力水平，决定了当时不可能制造大量的青铜兵器供军队使用，在大规模的战争中，也不可能都让士兵使用青铜兵器。而使用自然环境下的竹木类的棍器，当是最佳的首选。估计大多数的殳为竹木所制，只有极少数的殳有青铜制的殳头。从史料和当时生产

---

① 崔乐泉：《中国体育通史第一卷》，人民体育出版社2008年版，第28—30页。

② （清）毕元疏证：《释名疏证补》，中华书局2008年版，第240页。

③ 李学勤：《周礼注疏》，北京大学出版社1999年版，第842页。

④ 刘文典：《淮南鸿烈集解》，中华书局1989年版，第371页。

水平以及战争需要分析，殷商军队中持殳的兵种也应不少，青铜兵器在当时应为奢侈品，商王贵族及其亲信才可拥有。普通的士兵应持木质或竹木质的殳。安阳殷墟花园庄东地墓葬 M54 出土的青铜兵器，从数量和级别上仅次于妇好墓，从 M54 的墓主人遗骨分析，骨上多处有伤残，推测其生前应是一位驰骋沙场的显赫武将。M54 出土的两件青铜殳，为我们研究早期殳的形制提供了重要的实物参考。另外，甲骨文中的殳字，也为我们认识殳的形制提供了文字参考，在文字中显示，殳字似以手持殳状，殳头部有明显的突出物，应是专指殳头。作"𠂤"形（《合集》00006）。卜辞中称"有殳。"（《乙》3511）"有其殳。"（《乙》1655）。

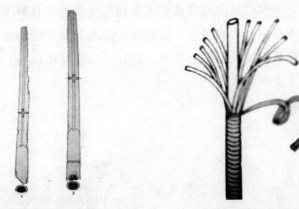

图 81-1　青铜殳头　　　　图 81-2 积竹形制
（采自《安阳殷墟花园庄东地商代墓葬》，第 168 页图 128）

四　戟

戟的真正流行应到周代，戟是戈与矛的合体产物。《释名·释兵》载："戟，格也，旁有枝格也。毕沅曰：说文'戟，有枝兵也，从戈。读若棘。'"[①] 在殷墟考古中未发现有戟的身影。到目前为止，只在河北藁城台西商代墓葬出土一件青铜戈、矛合体的戟（图82）。这是目前所看到的商

---

① （东汉）刘熙、（清）毕沅疏证、王先谦补：《释名疏证补》，中华书局 2008 年版，第 237 页。

代早期的一件青铜戟，也是我国目前早最的青铜戟。1973 年在河北藁城台西商代墓葬出土，此墓葬编号为 M7，随葬品以兵器为主，有铜戈、铜刀，还有石斧和石钺等器物。在墓主人尸骨两侧都放有青铜兵器。右侧放置的是一柄铜戈，銎内，木柲残长 87 厘米。左侧放置的兵器值得注意，在一件长 64 厘米的木柲顶端，安有青铜矛，柲端插入矛銎内，在矛下的木柲上，又横装一青铜的戈头，戈刃与柲成直角的交角。木柲成扁圆形。[①] 说明此时的人们已经认识到了戟可以发挥戈和矛的双重功效性。可能由于受到当时科技发展水平的限制，整体戟的铸造和使用还没有被人们广泛的接受。杨泓认为戟真正成为军队中主要装备，已到东周时期。[②]

戟的主要特点是吸收了戈和矛的长处，即能直刺，又能勾杀。戟的这种双重功效，为其以后的发展奠定了基础。可能由于这种戈矛混装的戟在结构上还不够稳定，实战当中又较难真正发挥其戈矛的双重功效，以至于没能在当时背景下被人们广泛接纳。直到后来铁器的出现，戟的双重功效才真正登上了历史舞台。

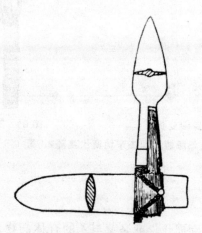

图 82　戈矛合体青铜戟

（采自《中国古兵器论丛》图 104）

---

① 杨泓：《中国古兵器论丛》，社会科学院出版社 2007 年版，第 216 页。
② 同上书，第 234 页。

五 弓矢

《世本》记载"挥作弓","夷牟作矢"。[1] 所为弓矢，就是指弓箭，《释名·释兵》载："矢，指也，言其有所指向迅疾也。又谓之箭。……齐人谓之镞。镞，族也，言其所中皆族灭也。"[2] 可见，矢、箭、镞乃指一物。用于射箭的弓和箭杆都是竹木一类所制，已腐朽于地下。殷墟发现弓箭的主要依据是出土有各种材质的箭镞，即通常讲的箭头。殷墟发现箭镞的材质有青铜、骨、石、玉和蚌类，其中尤以青铜和骨质为多，代表了此一时期箭镞的特征。据不完全统计，目前发现商代的青铜镞大约有 5125 件。[3] 仅殷墟地区就出土青铜镞的数量约在 2000 杖以上，这其中殷墟花园庄东地 M54 出土青铜镞的数量就有 881 杖。按照镞的基本形制，可分为两大类。A 型（图 83-A），共 19 杖，形体较大，双翼较宽，截面呈菱形，长铤。通长在 8.6—9.4 厘米，铤长在 3.8—4.5 厘米，双翼宽在 2.5 厘米左右。B 型（图 83-B），共 862 杖，形体较小，截面呈菱形，短铤。通长在 5.6—7.2 厘米，铤长 2.4—3.9 厘米，双翼宽 2.1 厘米左右。[4] 成束的镞，妇好墓出土两束，每束 10 杖，均为 A 型。殷墟其他位置出土总量约有 980 件左右，遗址、墓葬、车马坑、马坑、祭祀坑等遗址都有不同数量的出土。从这些青铜镞的形制来看，以 B 型为多，这种小型的箭镞，杀伤力非常强。箭镞是一种消耗率很高的物品，发射后的回收也不易，因此，需要有统一制作的作坊，以补充箭镞的数量，殷墟出土有制作镞的陶范（图 84），说明当时制作镞的规格相对统一，与出土的箭镞在形制上相当，说明殷墟有制作箭镞的专用作坊。这些作坊或许就是早期的兵工厂。

弓箭是冷兵器时代最具杀伤力的远射有效武器，据考古材料，弓箭的起源已有 1 万 8 千多年的历史。到殷商时期，弓箭的制作、射箭技术都已

---

① （汉）宋衷注：《世本八种》，中华书局 2008 年版，第 359 页。
② （清）毕元疏证：《释名疏证补》，中华书局 2008 年版，第 233—240 页。
③ 郭妍利：《商代青铜兵器研究》，社会科学文献出版社 2014 年版，第 90 页。
④ 中国社会科学院考古研究所：《安阳殷墟花园庄东地商代墓葬》，科学出版社 2007 年版，第 148—150 页。

经相当成熟，在箭镞的设计和功效上已和后人使用的箭镞基本一致。箭镞前锋具有较强的穿透力，箭羽的两尾使箭镞难以从被射中物中取出。从设计上都提高了其杀伤力。殷墟出土人头骨盖内还镶嵌有青铜箭镞。可见这种小型的青铜镞的穿透力特强。甲骨文中的"射"字，就是由弓和箭组织的，有近100多条的卜辞记载射箭的活动，反映当时人们在练习射箭、田猎中用箭、战争中用箭的真实写照。由此可见射箭活动在当时使用非常广泛。

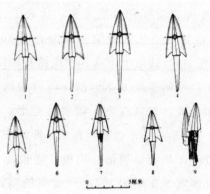

图83　A型镞1—4，B型镞5—9

（采自《安阳殷墟花园庄东地商代墓葬》，第157页）

图84　殷墟出土镞的陶范

（《殷墟的发现与研究》，第267页）

六　结语

《周礼》和《司马法》中记载的"五兵"，即戈、矛、殳、戟和弓矢，在殷商时期皆已出现，从出土数量上分析，戈、矛及弓矢占多数，殳和戟只是个案。史料中记载的五兵，除戈、矛、弓矢外，殳兵的记载也较多，说明殳兵在当时也常用于军中，殳兵器不多见的主要原因可能是殳兵器多为竹木一类所制，由于时间长而腐朽。戈矛合体戟的出现，说明殷商时期的人们已经认识到了利用这两种兵器的优势。可能由于技术层面不成熟而未能即时地推广和应用。从出土兵器组合上来看，长兵与远兵，攻兵与防兵的配置基本能够满足当时战争的需要。《周礼庐人》载："故攻国之兵欲短，守国之兵欲长。攻国之人众，行地远，食饮饥，且涉山林之阻，是故兵欲短；守国之人，食饮饱，行地不远，且不涉山林之阻，是故兵欲长。"按《司马法》云："弓矢围，殳矛守，戈戟助。"此言攻国之兵欲短，则弓矢是也。守国之兵欲长，则殳矛是也。言"戈戟助"者，攻国守国，皆有戈戟以助弓矢殳矛，以其戈戟长短处中故也。[1] 殷商时期出现的兵器种类已经很多，以"五兵"来概括当时兵器的总称，应代表当时背景下兵器的广义内涵。

（本节已发表于《军事历史研究》2012 年第 3 期）

第三节　武器篇：殷商论剑
——兼论青铜剑与匕首的异同

从目前考古材料显示，在旧、新石器时代，我国及印度，中亚细亚小亚细亚，北欧、中欧南欧等地均未见石剑或类似于剑之石兵出土。关于剑的起源问题，长期以来，学术界普遍认为中国古代剑源于周代。著名考古学家李济先生认为剑始于周代下半期。[2] 杨泓先生分析甘肃灵台白草坡的西周墓葬和昌平白浮西周墓葬出土的两把青铜剑后认为，剑始于殷周之际。[3] 由于受地下考古材料的限制，前人对中国古代剑的认识和研究，仅停留在西周时期。时至今日，随着地下考古新材料的不断出土，青铜短剑的问题越来越受到学术界的广泛关注，近期有学者统计殷墟及周边地区出土的青铜短剑的数量已达到 23 件（其中 3 件形制不明）。[4] 这些青铜短剑的出土，为研究商代青铜剑的形制、功用、以及起源奠定了坚实的基础。本文将以殷墟及周边商文化出土的青铜短剑为研究对象，结合甲骨文材料以及相关史料，运用考古学、文字学、文字考古学、音韵学、训诂学知识与方法，深入探讨商代青铜短剑的形制、来源及用途。并结合青铜短剑向长剑发展的脉络，探讨匕首与剑在命名与形制上的异同。

---

① 李学勤：《周礼注疏》，北京大学出版社 1999 年版，第 1145 页。
② 周纬：《中国兵器史》，中国友谊出版公司 2010 年版，第 72 页。
③ 杨泓：《中国古兵器论丛》，中国社会科学出版社 2007 年版，第 162 页。
④ 郭妍利：《商代青铜兵器研究》，社会科学文献出版社 2014 年版，第 87 页。

一　殷商青铜短剑分布及基本结构和类型

就目前考古材料来看，在殷墟宗庙区和王陵区的大型墓葬中未见有青铜剑的出土，说明青铜剑在殷商时期还不是常用兵器。殷墟地区出土的青铜短剑，是 2005 年在殷墟以西安钢 3 号墓车马坑中出土的（图 85），这是在殷墟地区首次发现青铜短剑，充分印证了商代就有剑的存在事实。从结构上来看，这枚出土的青铜短剑属于有格剑。原报告显示："M3 居中，在车箱前部右侧发现一件青铜短剑和一件带孔磨石，青铜短剑部分压在车箱下，长度 30—35 厘米。短剑柄端圜底镂空，柄中饰数道刻划弦文，整器具北方草原风格。车箱前左侧发现一镞铜镞，约 30 枚。隐约可见箭杆、箭囊痕迹。"[①] 依据出土相关器物与车马坑的位置，可推知这是一辆用于殷商时期的战车，青铜短剑应是车右的兵器，而青铜镞则是车左弓箭手的装备。中国社科院考古研究所详细描述此剑为："通长 33 厘米、身长 12 厘米、身宽 4.1 厘米、脊厚 1.3 厘米。重 0.37 千克。属于殷墟四期。剑柄较直，末端镂空，剑身与柄相接处上下出阑。剑柄饰数条重环纹。"[②] 根据此剑的结构，按照成人握柄的距离，以柄长 10 厘米左右来计算，此剑身与剑柄长之比约为 1.2∶1。从出土位置分析，此剑应是车上居右武士随身携带的近身卫器，用于近身厮杀，这也是在车马坑中首次发现短剑这种短兵器。以前车马坑中伴出的短兵器多为直刃青铜刀类，可能是作为卫身的武器。[③] 从墓葬伴出带孔磨石与剑的位置关系分析，此剑应是墓主人生前珍爱之物，经常打磨，以保持其锋利，所谓宝剑锋从磨砺出也由来已久。商代青铜短剑的结构大致可分为两部分，即剑身和剑柄（也称茎），两者之间有格（也称阑）分开。剑身包括锋、刃、从、脊四部分；剑柄包括茎和首两部分（如图 86）。根据剑首的形态，又可将其分为环首剑、兽首剑和铃首剑三种。殷墟发现的这把青铜短剑属于铃首剑，另据郭妍利统计殷墟以外山西地区柳林高红出土有 11 件铃首剑，全长 23.5 厘米、身长 12.5 厘

---

① 国家文物局：《2005 中国重要考古发现》，文物出版社 2006 年版，第 60 页。
② 中国社会科学院考古研究所：《商王朝文物存萃》，科学出版社 2103 年版，第 89 页。
③ 中国社会科学院考古研究所：《殷墟的发现与研究》，方志出版社 2007 年版，第 136 页。

米（图87-4）。① 粗略估算，这些剑的剑身与剑柄长度之比约为1.2：1。此种短剑具有北方草原的风格，我们认为此种类型的剑可能是在战争或贸易往来中受草原兵器的影响而传入中原地区的，此种短剑的出现，对后世长剑的发展和影响有着重要的意义。另外，在山西、山东、陕西地区还出土有类似的铃首剑，如1971年在山西保德林遮峪发现的一批商代晚期青铜器中，有一铃首剑，通体一侧微曲由身、茎、首三部分组成，全长32厘米，身长20厘米、最宽处4.5厘米。剑首呈扁圆形，有镂孔，内置铜丸。② 1982年在山东沂水发现的商代遗存中，发现一短剑，通长29.4厘米，剑刃锋利，有脊，两侧有血槽。③ 这两把剑的剑身与剑柄之比约为2：1。陕西延川去头村遗址也出现一把铃首剑，此剑规格不明。④ 以上铃首剑共计15件。此种铃首剑的设计，除了具有装饰美观的效果之外，还可以穿绳佩带于身，用于防身护体，剑首中的铃声也可以起到提示的效果。《释名·释兵》载："剑，检也。所以防检非常也。又敛也，以其在身，拱时敛在臂也。"目前，在殷墟和周边地区尚未发现剑鞘的痕迹。这些青铜短剑能够随墓主人及车马入葬，应该是墓主人生前经常使用或十分珍爱的器物。

图85　殷墟车马坑M3　出土青铜短剑
（采自《2005中国重要考古发现》，第61页）

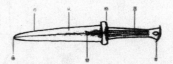

图86　青铜短剑各部分示意图
（采自《商代青铜兵器研究》，第86页）

目前，所见商代的环首剑有2件，一件出土于内蒙古朱开沟M1040：2，（图87-1）剑身近似柳叶形，厚脊，双面刃，直柄，柄首略呈环状，通长

① 郭妍利：《商代青铜兵器研究》，社会科学文献出版社2014年版，第87页。
② 吴振录：《保德县新发现的殷代青铜器》，《文物》1972年第4期。
③ 马玺伦等：《山东沂水发现商代青铜器》，《文物》1989年第11期。
④ 井中伟，王立新：《夏商周考古学》，科学出版社2013年版，第526页。

25.4 厘米、柄长 10 厘米。另一件在湖北盘龙城出土商代环首短剑，通长 29.8 厘米。① 两把环首剑的剑身与柄之比约为 1.5∶1 和 2∶1。

出土的兽首剑 2 件，都是羊首。一件出土于青龙抄道沟，羊首曲柄剑，全长 30.2 厘米、柄长 11.6 厘米。（图 87 - 2）另一件出土于前掌大 M41∶ 42，剑身较直，中脊突出，柄略曲，羊首，长 36.6 厘米、宽 6 厘米。② （图 87 - 3）古人对动物羊也有崇拜的习俗，象著名的四羊方尊就是例证。 林向认为古人对羊有一种特殊的崇拜，认为这种羊首的设计是一种"羊首 龙"。③ 陆思贤认为："以羊象征太阳神，源出于羌戎族。羌族羊祭，图腾 神以羊名，因以'日'名'太阳'即'大羊（祥）'。在商周青铜器上，亦 以羊为吉祥物。"④ 可见古人对羊的特殊崇拜也是存在的，将羊首铸造于短 剑之首，或是一种对羊的崇拜，或是一种以羊为图腾的象征。如甲骨文里 经常提到的羌族，就是以羊为图腾的族群。以上青龙抄道沟出土的剑身与 剑柄之比约为 2∶1，而前掌大 M41∶42 剑身与剑柄的比约为 2.5∶1。以 上有格剑共计 19 件，从考古学年代上分析，出土于内蒙古朱开沟的环首短 剑是迄今所知北方青铜短剑中年代最早的。⑤

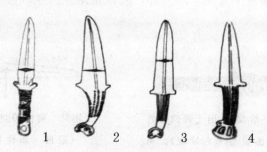

图 87 商代青铜短剑

（采自《商代青铜兵器研究》，第 87 页）

① 谢宇，唐文立：《中国古代兵器鉴赏》，华龄出版社 2008 年版，第 41 页。

② 郭妍利：《商代青铜兵器研究》，社会科学文献出版社 2014 年版，第 87 页。

③ 西安半坡博物馆编：《史前研究》，陕西师范大学出版社 2007 年版，第 377 页。

④ 陆思贤：《神话考古》，文物出版社 1995 年版。

⑤ 井中伟，王立新：《夏商周考古学》，科学出版社 2013 年版，第 526 页。

除了以上三种剑体之外，在我国西南地区也出现晚商时期的青铜短剑，因为此种剑无首、无格，依据其剑身的形状，考古学界称其为柳叶形短剑，学界也称其为蜀剑类型（图 88）。据段渝统计，在相当于殷墟一期的四川广汉三星堆遗址中，出土两件典型的蜀式青铜柳叶形短剑，一件长24 厘米，另一件残长 28 厘米。在成都十二桥商代遗址中也发现两件同类型的青铜短剑，一件长 20.2 厘米，另一件长 20.9 厘米。① 总地来看，由于这些剑无格、无首，可能在使用时需要加上木质或其他材质的柄，如果以柄长 10 厘米左右来计算，这些蜀剑的剑身与剑柄之比也不超过 2∶1 左右。此种蜀剑类型的剑在西南地区使用时间较长，直到东周时期仍然在延用，以四川万州麻柳沱遗址出土东周时期遗存的石制剑范的形状上比较，与这种柳叶形的剑基本一致。（图 89）发掘报告称："剑范，合范，褐色砂岩，质较软，易于刻模。该范较短，略残为六块，但基本完整。剑锋一端略宽，9.8 厘米。剑柄一端稍狭，7.8 厘米。单范厚 3.7 厘米、通长 29.4厘米。浇口在剑柄一端，剑体部分因浇注时的温度较高，已呈黑褐色。"② 从东周时期石剑范内剑体的长度来看，其铸造出的剑身与柄的长度比也不会超过 2∶1。由此可见，从商晚期到东周时期，此种蜀剑至少流行在西南地区约 300 年左右。

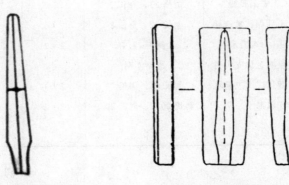

图88　商代西南地区蜀剑　　　　　图89　东周西南地区石剑范

（采自《商代青铜兵器研究》，第 87 页）

---

① 段渝：《商代中国西南青铜剑的来源》，《社会科学研究》2009 年第 2 期。
② 重庆市博物馆等：《万州麻柳沱遗址考古发掘报告》，科学出版社 2006 年版，第 507 页。

就目前我们所掌握的材料来看，商代晚期出土的青铜短剑已达 23 件（详见表 6），与郭妍利统计的数量相同，但剑的种类有别。其中 2 件环首短剑；2 件羊首短剑；15 件铃首件；4 件柳叶形短剑。这些剑分布于我国中原地区的河南安阳殷墟、山西、山东、湖北和陕西地区，西南地区的成都平原和内蒙古鄂尔多斯地区，基本上集中在商文化的中心及其周边区域。从考古年代上分析，殷墟的青铜短剑可能来源于两条路线，一是来源于北方的内蒙古地区鄂尔多斯；二是来源于西南的成都平原。从类型学上分析，我们比较认同殷墟的青铜短剑可能来源于北方的内蒙古地区。从商代剑的形制上来看，商代的剑总长最长不超过 36 厘米，即这些剑的剑身与茎之比都不超过 3：1，多数在 2：1—1：1。（表 6）

表 6　　　　　　　　　　商代青铜短剑　　　　　　　（单位：厘米）

类型	出土地	规格	剑身：柄	数量
环首剑	内蒙朱开沟	剑长 25.4，柄长 10	1.5：1	1
	湖北盘龙城	剑长 29.8	2：1	1
兽首剑（羊首）	青龙抄道沟	剑长 30.2，柄长 11.6	2：1	1
	前掌大 M41：42	剑长 36.6	2.6：1	1
铃首剑	山西柳林高红	剑长 23.5，身长 12.5	1：1	11
	安阳殷墟	剑长 33，身长 12	1.2：1	1
	山西保德林遮峪	剑长 32，身长 20	2：1	1
	山东沂水	剑长 29.4	2：1	1
	陕西延川支头村	形制不明	？	1
柳叶形（蜀剑）	四川广汉三星堆	剑长 24、剑长 28	2：1	2
	成都十二桥	剑长 20.2、剑长 20.9	2：1	2
合计				23

二　甲骨文中的"剑"

首先，需要说明一个问题，由于"剑"字在古体中形体较多，如"剑"（甲骨文）、"剑、剑"（金文金、鐱）、"剑、剑"（小篆从刃的剑、小篆从刀剑）。为了识读方便，在不需要特别说明时，均使用楷书"剑"字表示。甲骨文中有剑字，作"🔲"形（《合集》06947 正），李宗焜释为"冠"。① 王蕴智释其为"金"，金、佥古文同。② 张亚初也认为金是剑字的初文。③ 从字形结构上分析，我们认为王、张之说可从。《说文》："金，？皆也。从亼从吅从从。《虞书》曰：'金曰伯夷。'"《说文》又载："皆，俱词也，从比、从𦥑（音 zi）。"《世本》记载："伯夷作五刑。"④《尔雅》载"金，皆也"⑤ 或许金字初意应与刑具有关。杨树达则认为金字："从吅从从，皆当求之于形。八篇下部从部云：'从从二人。'又比部比下云：'二人为从。'二篇上从吅部云：'吅从二口。'亼下云：'三合也。'夫人各一口，二人二口，二口相合，故为也。"又言："四篇上自部云：'皆，俱词也，从比，从𦥑。'按比下云：'二人为从，反从为比。'又匕部匕下云：'匕从反人。'皆从二比，犹二人也，𦥑下云：'此亦自字也，词言之气从鼻出，与口相助。'四篇上自部云：'自，鼻也。'皆字从比从自者，二人共自，犹今人谚语云二人同一鼻孔出气也。二人口相合为金，二人共自为皆，二字义近，故其组织亦相近矣。"⑥ 由此观之，即从音韵学的角度上讲，许慎已经注意到古文字中金字与比字之间存在音韵关系，即"金"字从"比"音。甲骨文中的"🔲"字是上、中、下结构，即从亼、从口、从匕，许慎将《说文》中的小篆"金"字分为上、中、下的结构，两字的上部结构一样，在中下部结构中，甲骨文"🔲"字中从一个"𠤎"字，即从口、从匕。小篆中的"金"字则从二个"𠤎"字，即从吅、从比。这可能是字体发展中注音的需要，也可能是字体讹变的结果，古语中"匕""比"相通。在字体发展过程中，由甲骨文中"🔲"字讹变为小篆中的"金"字。上文中杨树达讲到"从""比"两字的关系，其实在甲骨文中从、比两字形体非常接近，且易混淆，如甲骨文中的"比"作"🔲"形（《合集》

① 李宗焜：《甲骨文字编》，中华书局 2012 年版，第 22 页。
② 王蕴智：《殷商甲骨文研究》，科学出版社 2010 年版，第 593 页。
③ 张亚初：《商周古文字源流疏证》，中华书局 2014 年版，第 2372 页。
④（汉）宋衷：《世本八种》，中华书局 2008 年版，第 362 页。
⑤ 胡奇光，方环海：《尔雅译注》，上海古籍出版社 2004 年版，第 79 页。
⑥ 杨树达：《积微居小学述林全编》，上海古籍出版社 2007 年版，第 127 页。

071)，"从"作"⺉"形（《合集》0697 正），两字都从"二人"，形体十分接近，极易混淆。从字形上讲，甲骨文"⺈"（《合集》06947 正）字构型并不像"剑体"的整体形状。金文有金字，作 ▮（戉王剑）、▮（戉王州句？）、▮（蔡侯产剑），后孳乳为剑，戉王剑。戉王州句剑。（《金文编》0854），说明《金文编》里的"金"字与"剑"字可互通假，即金、剑可通用。金文里还有从金的"鐱"字，作"▮（戉王剑）、▮"（吴季子之子剑）、"▮"（富奠剑）、"▮"（师同鼎）、"▮"（攻敔王光剑）、"▮"（越王句践剑）、"▮"（郐口尹钲攸至剑兵）、"▮"（郾王职剑）、"▮"（君公剑）（《金文编》0698）。这说明在金文中的金、鐱也可通用，都表示现代的剑字。依据董珊《吴越题铭研究》中相关剑的铭文研究统计发现，鐱、剑可互通有 7 例，如：攻（吴）王光自乍（作）用鐱（剑）。而金、剑互通则有39 例。如：吴王光逴自乍（作）用金（剑），以战戉（越）人。[1] 说明春秋、战国时期的金、鐱是可互通的，都代表现代的剑字。金文中的"▮"（金）字（戉王剑、戉王州句、蔡侯产剑），字形上部从人，中部像是讹变为从"比"（两个匕形），下部又增加了音符"自"（即鼻音），金文"▮"（金）字下部的"自"字与甲骨文中的"▮"（自），金文中的"▮"基本一致，都是人类鼻子的象形。《说文》："自，鼻也，象鼻形。"而从金旁的"▮"鐱字中，戉王剑和越王句践剑铭文中还保留"鼻"音这一特征，这也提示了金文中的"剑"字仍然读"鼻"音。在古语中，剑鼻也称镡、剑口、剑首、剑环。《释名·释兵》载："剑、其旁鼻曰镡，镡，寻也，带所贯寻也。毕沅曰：说文'镡，剑鼻也。'苏舆曰：庄子说剑篇：'以周、宋为镡。'释文：'镡，三仓云：剑口也。徐曰：剑环也。司马云：剑珥也。'程氏易畴通艺录云：'剑者何？戴于茎者也。首也者，剑鼻也。剑鼻谓之镡，镡谓之珥，或谓之环，或谓之剑口。'"[2] 可见，金文中剑字从"自"是有寓意的。由此我们可以看到剑字发展的基本脉络是"⺈"（甲骨文）—▮（金文）、▮（金文）—▮、▮、▮（小篆）—剑（繁体）剑

---

① 董珊：《吴越题铭研究》，科学出版社 2014 年版，第 29 页。

② 刘熙撰，毕沅疏，王先谦补：《释名疏证补》，中华书局 2008 年版，第 242 页。

（楷书），剑字在讹变的过程中无论金文的从"自"（强调音属关系）、从"金"（强调剑的材质），还是小篆的从刃、从刀，在到楷书的从刂（立刀），剑字始终保持从金这一特征不变。我们可以从早期金文的剑字中从"自"这一特征，结合许慎《说文》中金从匕的关系，来解开早期"剑"字从"匕"音这一特征（后文详述）。需要说明的是，许慎《说文》中将"劍""劍"分为两个字，而以"劍"专指剑字，这是汉代字体发展与剑体发展的需要。因此，《说文》载："劍（剑），人所带兵也。从刃金声。劍，籀文劍从刀。"可见从刀、从刃的剑字，都是剑的异体字，与金字有着直接的关联。《方言》载："自关而西秦晋之间，凡人语而过谓之遇，或曰金，东齐谓之劍。"① 可知当时对剑的称谓在字体、音韵、方言上较繁杂，对剑的称谓有不同的叫法。甲骨文中的"金"字作名词用，为人名。卜辞曰："乙未卜，殻，令金往沚。一二告。乙未卜，殻，勿令金往沚。一。"（《合集》06947 正）从"𠂤"字的结构和卜辞内容上讲，甲骨文中的金字并不代表"剑"的实物。也就是说在金文系统中，是假借"金"字来专指"剑"物的。

那么，在甲骨文中何字代表"剑"呢？我们认为，甲骨文中常用的兵器多被用为独体的象形字，所谓"画成其物，随体诘诎"是也。如象征兵器的戈字作"𢦏"形（《合集》03929），象征兵器的钺字作"𠦪"（《花东》206）形，象征兵器的刀字作"𠃌"形（《合集》33033），象征兵器的矢字作"𢀳"（《合集》01306）形，象征兵器的弓字作"弓"形（《合集》0151正）等，这些字与其所指的兵器都是整体的象形，一目了然。那么，作为短兵器的剑，也应该是指剑这种实物的象形。但问题是抽象化之后的剑体，可能就是一箭头状，作"↑"形（甲骨文习惯将象形的物体竖状表示），很难以识别其就是"剑体"之形。因此，就需要借一种比较认同的字体来借体造"剑"字。从文字考古学角度可知，甲骨文中有一象形字象"剑"之形，作"𠦑"形（《合集》0684），此字象箭矢状，突出镞部特征，即将镞部的效果夸大。诸家释其为"界"字，学界无争议，可从。在卜辞

中"畀"字有两种释义：一是付与之义；二作祭名。[①]《甲骨文字编》共收录畀字 31 例。[②] 从字形上看，"⚊"（畀）字头部多为尖状，似锋，有三角形、菱形等，图形中图案多为"十"字状，也有作"Y"和"×"字状。从卜辞中用义来讲，可以看出甲骨文中的"畀"字之义也早被借用，非其本义，这里就不繁举。这种假借之字虽然不用其本义，但其可贵之处是保留了假借字的"音"读。

前面已述青铜短剑的结构，其属于刺兵器类，与矛、戈、镞相比，剑的显着特点是剑身较长，如果将"剑"体整体象形，抽象概括后的"剑"字体很难识别其原貌。借体造字即要与剑体相近，又需要突出"剑"的主要特征。"⚊"矢字在甲骨文中是一常见字，剑体借矢造字，一是可以突出剑身的特征为"⚊"形，表示这种兵器有锋、有刃。二是可以借"⚊"得音读，三是可以直观显示为这是一种刺兵的兵器。甲骨文"⚊""⚊"两字形近、音同，但义有别。我们来分析一下两字的异同，从文字考古和实物分析，矢"⚊"字由两部分组成，上部的镞和下部的杆，"⚊"字中间的一短横，就是指示上下两部分的区别，上部的镞有锋，由石质、骨质、蚌质、青铜质组成，下部的杆多由竹、木质组成。而畀"⚊"字在保持"⚊"字的形状前提下，强调突出了剑身的部位，且中间也无一短横示之，说明"⚊"通体是一体的结构，这正好与剑为一体的结构相似，这样突出剑身的特点，在字形上也很好的区分了与"⚊"字的差别。由于借"矢"造字，所以"畀"从"矢"音。这是祖先造字过程中借体造字的主要方法之一。文字学家裘锡圭先生认为："古人造字的时候，由于有的物体孤立地画出来不容易被人们认识，就在这些物体的象形字里连带画出它们所附着的主体。"他又讲："畀的字形与矢的字形相当接近，但是它们的区别又是非常明显的。矢字只是一般的象矢形……畀字所象的是矢镞扁平而长的一种，这种矢镞古代叫做匕。汉以后，一般把扁平而长阔的矢镞叫

---

① 徐中舒：《甲骨文字典》，四川辞书出版社 2011 年版，第 491 页。
② 李宗焜：《甲骨文字编》，中华书局 2012 年版，第 22 页。

做鉾。"① 朱骏声《说文通训定声》载："匕，古人取饭载牲之具，其首必锐而薄，可挹亦可刺。故矢镞曰匕，剑曰匕首。"② 由此，周清泉进一步详解为："匕为矢镞，居箭的首部，至周时此没有箭杆的箭头，所演化为矢兵器的'匕首'，其名即源至此鉾箭之首名匕。"③ 由此可见，从文字考古的角度上讲，甲骨文中代表剑的物体来源于"矢"这一广泛被认同的物体形象，这种来源是对"剑体"具体描述后的一种抽象，从而表述"剑"这一实体的形、音、义之间的关系。杨树达先生认为："文字抽象的意义，往往是从具体的事物来的。"④ 以形求音，以音求义，是古文字学家常用考释古文字之方法，清代学者段玉裁说："小学有形、有音、有义，三者互求，举一可得其二。……学者之考字，因形以得其音，因音以得其义，治经莫重于得义，得义莫切于得音。"⑤ 陈梦家进一步指出："象形是由形而得义，形声是由形与音而得义，假借是由音而得义。"⑥ 这样我们可以清晰地看到，早期"青铜短剑"在文字上是由"畀"字而来，经过深化而专指为"匕首"，其过程为：畀（剑的整体象形）—鉾（深化为扁平而长阔的镞的局部）—匕（演变为短剑之匕首）。

关于"畀"从"矢"音，我们再从音韵学的角度上来分析这些字的音韵关系，在上古音中，畀（质部）、鼻（质部）、自（质部）、匕（脂部）、矢（脂部）属于一部，质、脂部字古音十分接近，皆属于开口三等字。⑦ 清代学者戴震，近代学者王力都将脂部和质部归为一类。⑧ 说明以上诸字音通义近，可相互通假。周清泉认为畀、鼻、自、匕、矢、卑可互通。⑨ 裴锡圭先生也认为："鈚、鉾、鎚等异体，读音跟畀、匕很接近。它显然

---

① 于省吾：《甲骨文字诂林第三册》，中华书局 1996 年版，第 2567 页。
② 朱骏声：《说文通训定声》，武汉古籍书店 1983 年版。
③ 周清泉：《文字考古（第二册）》，四川人民出版社 2014 年版，第 97 页。
④ 杨树达：《积微居小学述林全编》，上海古籍出版社 2007 年版，第 127 页。
⑤ 王念孙：《广雅疏证》，中华书局 2004 年版，段序。
⑥ 陈梦家：《殷虚卜辞综述》，中华书局 1988 年版，第 77 页。
⑦ 郭锡良：《汉字古音手册》，商务印书馆 2010 年版，第 90、135—138 页。
⑧ 万献初：《音韵学要略》，武汉大学出版社 2008 年版，第 150—155 页。
⑨ 周清泉：《文字考古（第二册）》，四川人民出版社 2014 年版，第 97 页。

是由畀（匕）这个词转化而成的。"① 依此，我们就不难理解金文中的"剑"从"自（鼻）"的原因所在了，说明早期的青铜短剑的"剑"字在三代时期读作"自（鼻）"音，即"匕"音。鼻、匕可互通。因此，短剑在秦汉史料中也继承了这一音读，而常称之为匕，即匕首之义。《故训汇纂》载多条匕首称为短剑的史料："匕首，短剑也。《史记·吴太伯世家》：'使专诸置匕首于炙鱼之中以进食'司马贞索隐引刘氏曰；《刺客列传》'曹沫执匕首劫齐桓公'司马贞索隐引刘氏曰；李白《赠李十二》'袖有匕首剑'王琦辑注引刘氏云；《资治通鉴·周纪一》'挟匕首'胡三省注引刘向曰。"又载："其头类匕，故曰匕首，短而便用也。《史记·鲁仲连邹阳列传》'而匕首窃发'司马贞索隐引《通俗文》云；李白《结客少年场行》'匕首插吴鸿'"再载："匕首，剑属，其头类匕，短而便用，故曰匕首。《广韵·旨韵》引《通俗文》曰。""匕首，短剑也。其首类匕，便于用也。《汉书·邹阳传》'以信荆轲，而匕首窃发'颜师古注。""匕首，剑也。《文选江淹·诣建平王上书》'伏匕首以殒身'李周翰注。""匕首，剑名也。《玄应音义》卷十一。"② 以上史料中就有将匕首与剑合称为匕首剑的说法，说明在古代短剑统称为匕首已是一种惯例。早在商代，匕为一种食器，像今天之小勺。《王力古汉语字典》载："匕，食器。曲柄浅斗，状如今之羹匙。诗小雅大东：'有饛簋飧，有捄棘匕。'（匕首）短剑。头像匕，故名。史记刺客列传：'曹沫执匕首劫齐桓公。'"③ 由于古代匕（羹匙）与匕首形制相近，故人们借匕（羹匙）而称类似于匕的短剑为匕首。

综上所述，从文字考古的象形角度来看，甲骨文中的"𗊲"（畀）字（《合集》0684），就是指象形的"剑"体，依形可释为"畀"，读为"匕"，成为商代青铜短剑的称谓，其本义是指青铜短剑。时至秦汉时期继承了"短剑"读"匕"音这一特征，而统称短剑为匕首。匕首作为短剑的称谓被后世广为流传。文字发展到金文时，剑字体繁多，而以金、镱专指长剑，但剑字的读音还保留着从匕音这一特征。

---

① 于省吾：《甲骨文字诂林第三册》，中华书局 1996 年版，第 2567 页。
② 宗福邦、陈世铙、萧海波：《故训汇纂》，商务印书馆 2003 年版，第 262 页。
③ 王力：《王力古汉语字典》，中华书局 2000 年版，第 85 页。

三 剑与匕首的异同

古文献中经常看到剑与匕首的称谓，常以短剑训为匕首，或释匕首为短剑。那么，为什么两者的称谓不同呢？两者之间究竟有怎样的联系和区别呢？从《周礼》中看，剑字、剑义都已存在，并且根据当时剑的长度和重量，将剑分为三等。《周礼·桃氏》："桃氏为剑……身长五其茎长，重九锊，谓之上制，上士服之。身长四其茎长，重七锊，谓之中制，中士服之。身长三其茎长，重五锊，谓之下制，下士服之。"李学勤疏：此今之匕首也。人各以其形貌大小带之。此士谓国勇力之士，能用五兵者也。《乐记》曰："武王克商，裨冕搢笏，而虎贲之士说剑……汉时名此小剑为匕首也。"[1] 以上《周礼·桃氏》记载中已经称器物为剑，说明此时的剑与匕首的称谓已被区别开来。按《周礼》对剑的记载，最短的剑制为"身长三其茎长"，也就是讲，如按现代单位计算，结合出土青铜短剑柄的长度10厘米以及成年人握柄的长度来看，周代所称最短的剑的长度应不少于40厘米，即剑身长与茎长之比也不会小于3∶1。

我们认为，从形制和礼制上讲，西周或春秋时期，剑与匕首的称谓就已经分离，两者分离的原因主要有三点：一是铁器的出现，为制作长剑在材质上提供了可能，使剑的长度逐渐加长；二是礼制的形成，使佩带剑的长短成为社会地位的象征，这也成为春秋时期长剑盛行的一个主要原因，也是社会尚武之风的又一历史背景；三是剑与匕首在使用方法上不同。由于青铜元素性质决定，早期青铜兵器在铸造和使用过程中存在一个无法弥补的缺点，就是铸造兵器长度不能过长，如果青铜兵器长度过长，那么在使用的过程中就很容易脆断。因此，殷商时期的青铜兵器的长度都不长，一般不超过30厘米，所谓的当时的长兵器都是需要安装木柄的。随着生产力水平的提高，铁元素在兵器中的利用越来越高，而铁器为打造更长的剑提供了可能，同时，连年不断的战争也为铸造长剑提供了契机。礼制社会的形成也对剑的长度和重量上的发展提出了更高的要求，表现为佩带着的

---

① 李学勤：《周礼注疏》，北京大学出版社1999年版，第1102页。

身份地位越高，剑身就越长，剑的份量也相对较重。而作为剑中最短的品种匕首，由于其长度不到"身长三其茎长"下士的标准，而不上礼制。在长剑与短剑的功效与使用方法上，两者也存在明显的差别：长剑因其剑身长，双面刃，而具有直刺深、横砍利、纵劈猛的优势，成为士族佩带的首选，战场上更是彰显长剑的最佳之地，如屈原诗"带长剑兮挟秦弓，首身离兮心不惩。"就是对当时将士佩剑的直观描述；匕首因其剑身短，虽也是双面刃，但横砍、纵劈的效果就远不及长剑，但短剑小而利、携带方便、易于隐蔽、便于使用的特点，则成为刺客侠士们的首选。

我们将出土的商代剑的剑身与柄作一统计后显示（表6），商代最长的剑为36.6厘米，最短的剑为20.2厘米，都没有超过"身长三其茎长"的下限，因此，依据《周礼》所记载，西周时期可能统称"身长三其茎长"以上的长剑为剑，并借用"金"字专指长剑；而称"身长三其茎长"以下的短剑为匕首，即沿用了早期商代剑称"匕"的称谓。在名称称谓上，西周或是春秋时期应是剑与匕首名称的一个分水岭。在使用权力上，长剑与匕首也存在明显的差别：长剑因其剑身长而突显身份地位和威武，长剑由于有礼制的特殊身份，而逐渐深化为开始拥有了权力、兵权的象征，甚至专门设置机构为皇家铸造尚方剑，《后汉书·蔡伦传》载中常侍蔡伦："后加位尚方令。永元九年，监作秘剑及诸器械，莫不精工坚密，为后世法。"① 《汉书·朱云传》：汉成帝时，朱云上书："臣愿赐尚方斩马剑，断佞臣一人以厉其馀。"② 尚方宝剑可能由此而来，剑所具有的特殊权力在汉时就已经形成。

而作为短剑的匕首，由于其短小精悍、又便于携带隐藏的特点，而深受刺客们的广泛青睐。司马迁笔下的五位刺客，所使用的兵器都是匕首。其中著名的荆轲刺秦王典故，图穷匕见，就是很好的证明。这是一场描述剑与匕首对抗的真实写照，司马迁将两者的优劣描述的极为细致："轲既取图奏之秦王，发图，图穷而匕首见。因左手把秦王之袖，而右手持匕首

---

① （宋）范晔撰，唐李贤注：《后汉书》，中华书局1965年版，第2513页。
② 班固：《汉书》，中华书局1962年版，第2915页。

揕之。未至身，秦王惊，自引而起，袖绝。拔剑，剑长，操其室。时惶急，剑坚，故不可立拔。……负剑，遂拔以击荆轲，断其左股。荆轲发，乃引其匕首以擿秦王，不中，中桐柱。秦王复击轲，轲被八创。"① 上述内容中充分展示了剑与匕首两种兵器对抗的真实较量，也很好地描述了长剑与匕首的优劣所在。秦王佩带在身上的长剑长到自己都难以拔出，只能背负后，才能抽出剑体。这与秦始皇兵马俑出土的一把94厘米的青铜剑可以相互印证。在使用方法上，长剑的功效不仅可用来直刺、横砍、纵劈，还具有宫廷伴舞作用。《史记·项羽本纪》载："项庄拔剑起舞，项伯亦拔剑起舞，以身翼蔽沛公，庄不得击。"杜甫《舞剑器行》描述公孙大娘舞剑绝技："昔有佳人公孙氏，一舞剑器动四方。观者如山色沮丧，天地为之久低昂。"此时的剑与舞的结合，更是体现了剑与武的内涵，剑舞所表现出的精湛技艺，如呈眼前。或许剑舞、剑术、剑技在长剑形成之初就已伴随而出。而匕首的功效比长剑就逊色许多，一般匕首只有直刺的功效。

四　结论

从出土商代短剑地域上来看，我国内蒙古、四川、湖北、河南、陕西、山西、山东区域都见青铜短剑的实物，说明青铜短剑已经受到当时社会的关注。从出土年代上讲，内蒙古出土的青铜短剑年代最早，它的出现对青铜短剑在各地的传播与影响有着深远的意义。

我国早期剑为短剑形制，由短剑向长剑发展过程中，也经历了一个漫长的历史过程，在长剑产生之前，青铜短剑称为"匕"；时至西周、春秋时代，长剑产生之后，便很快被贵族阶层接纳，特别是礼制社会的形成，为长剑的发展提供了有利的条件，为了与短剑区分，而称长剑类为剑，春秋战国时期的剑还保留着"匕"音这一特点，说明了匕首与剑同属于一类。汉以后剑字逐渐分化为从"刀、刃"，剑和匕首各有专指。由此可见，早期短剑（匕）和后起长剑在命名上曾出现过分化，其分化的时间大致应在西周或春秋早期。

---

① 司马迁：《史记》，中华书局2013年版，第3059页。

"ᛁ"（畀） ⎰ ᛁ、鈴（金文从畀音、金文专指长剑）—劒、劒（小篆）
　　　　　 ⎱ —剑
　　　　　　 甲骨文（指短剑）　匕（早期短剑）—匕首（专指
　　　　　　 短剑）

　　综上所述，我们认为，商代晚期，我国青铜短剑分布区域广泛，数量较少，种类不多，其特征主要是剑体、剑身较短，青铜材质铸造。我国早期的剑，在商代统称为"畀（匕）"。至西周、春秋时代，开始出现了长剑，这是"剑"与"匕首"称谓的分水岭，也是剑在这一时期快速发展的社会需要。在文字称谓上，以"金"作为长剑的总称，而以"匕"作为短剑的总称。由于长剑属于礼制的范畴，后逐渐发展、演化、并赋予其王权和兵权的象征，从而也逐渐确立了剑在中国历史及中国武术中的重要地位。

附　录

一　附表

本研究中甲骨文字所在书籍编号及释文

甲骨文字	出处	释文
✗（走）	《合集》17230 正	贞王往走戋，至于宁削。
	《合集》27939	庚申卜，贞其令亚走马□□集。
✗（斗）	《合集》00152 正	庚辰卜，宁，贞朕芻于斗。 贞朕芻于斗。
	《合集》04726	癸丑卜，王隹不斗暨鸟。
	《合集》14583	□巳卜，争，贞丁未酚河。在斗。
	《合集》14584	乙巳卜，贞惟辛亥酚河。十月。在斗。
	《合集》16684	癸亥卜，宁贞旬无遘。九月在斗。
	《合集》19236	卜，贞…其斗。
	《合集》20231	令…斗凡…方其…王由十月。
✗（舞）	《合集》0938 正	贞乎取舞臣二十。
	《合集》01140 正	贞呼舞于蚰。贞勿呼舞…
	《合集》04141	我舞
	《合集》05455	贞舞有雨。
	《合集》06998	癸丑卜，今日舞。
	《合集》07690	贞舞有雨，贞舞無雨。
	《合集》09177 正	舞岳侑。勿舞岳。

续表

甲骨文字	出处	释文
	《合集》11006 正	贞王其舞，若。贞王勿舞。
	《合集》12818	丙辰卜，贞今日奏舞，有从雨。
	《合集》12819	庚寅卜，辛卯奏舞雨。 庚寅卜，癸巳奏舞雨。 庚寅卜，甲午奏舞雨。
	《合集》12820	乙未卜，今夕奏舞有从雨　二告。
	《合集》12824	贞惟奏舞雨。
	《合集》12827	丙辰卜，今日奏舞，有从雨。 不舞。
	《合集》12828	戊申卜，今日奏舞有从雨。
	《合集》12830 反	乙未卜，舞今夕有从雨不。
	《合集》12831 正	辛巳卜，宁贞呼舞有从雨。 贞呼舞有从雨。
	《合集》12833	兹舞有从雨。
	《合集》12835	其舞有雨。
	《合集》12836 反	贞舞有雨。
	《合集》12839	雨庸舞。
	《合集》12842 正	勿舞岳，勿舞岳。
	《合集》12980	贞舞，允从雨。
	《合集》13624 正	乎舞于敦。 勿乎舞于敦。 于车舞。
	《合集》14116	壬申卜，多冒舞不其从雨。
	《合集》14197 正	贞勿舞河無其雨。
	《合集》14207 正	贞舞岳有雨。
	《合集》14209 正	贞我舞雨。
	《合集》14210 正	贞我舞雨。
	《合集》14472	甲辰卜，争贞我舞岳。
	《合集》14473	勿舞岳。

甲骨文字	出处	释文
	《合集》14604	贞勿舞河。
	《合集》14755 正	贞翌丁卯奏舞有雨。
	《合集》15996	己未卜，骰，贞我舞。
	《合集》15999	…骰贞我其舞有…
	《合集》16000	己未卜，今日舞有… 己未卜，今日舞無有…
	《合集》16001	…卜今日舞有…
	《合集》16002	今日舞有…
	《合集》16003	癸…舞…亥…其正。
	《合集》16004 反	庚申卜，古贞呼舞。
	《合集》16011	叀豕舞，勿舞。
	《合集》16013	贞勿乎多老舞。
	《合集》16029	勿奏舞今。
	《合集》16036	勿奏舞。
	《合集》16037	勿奏舞今夕。
	《合集》20398	戊寅卜，于癸舞雨不 乙未卜，丙舞。 乙未卜，于丁出舞。二
	《合集》20970	戊申卜，卂，舞蚰从。
	《合集》20971	庚午卜，贞乎征舞从雨。
	《合集》20972	弜舞，今日不其雨允不。
	《合集》20973	丙子卜，今日雨舞。
	《合集》20975	己丑卜，舞羊于庚雨今夕允雨。
	《合集》20978	丙…王…羊…舞…雨。
	《合集》21109	乙卯卜，燎岳今…舞。
	《合集》21473	己巳卜，舞，今日从。 舞今日从舞。
	《合集》27891	惟田暨戉舞。
	《合集》30028	惟万乎舞有大雨。 惟戍乎舞有大雨。

甲骨文字	出处	释文
	《合集》30029	弜乎舞無大雨。
	《合集》30030	舞大雨。
	《合集》30041	于翌日丙舞有大雨，吉。
	《合集》31005	…岳…舞。
	《合集》31024	己未卜，贞奏舞至甲子。
	《合集》31033	叀万舞。大吉。 叀林舞，有正。 叀辛奏，有正。
	《合集》33954	壬戌卜，癸亥奏舞雨。
	《合集》34224	舞岳，雨。
	《合集》34295	卜，今日舞河暨岳…从雨。
	《合集》40429	呼舞無雨。呼舞有雨。 呼舞無雨。呼舞有雨。
	《合集》40525	甲辰卜，翌乙巳我奏舞至于丙午…二告。
	《合集》40526	己未卜，辛酉白奏舞。一 二告。
	《花东》206	丁丑卜，在果京，子其惟舞戉若。不用。 子弜惟舞戉于之若。用。多万又灾。引祉。
	《花东》391	丁丑卜，惟子舞，不用。 弜子舞。用。
	《花东》130	已卯卜，子用我皇舞。若。弜屯致用，永，舞商。
	《花东》181	已卜，子其疫。弜往学。一 已卜，丁各，惟新舞。丁永。 辛卜，子其舞权。丁永。一 辛卜，卯，子舞权。改一牛妣庚。册宰又啚。一 壬卜，子舞权。無言。丁永。一 壬卜，子舞权。無言。丁永。
	《花东》183	丙卜，丁来见子舞。 于舞若。丁永
	《花东》305	甲子卜，子其舞，永。不用。 甲子卜，子戠，弜舞。用。
	《花东》416	庚寅卜，子往于舞，永若。
	《花东》474	辛未，岁祖乙畞，子舞权。

续表

甲骨文字	出处	释文
𢎿（射）	《合集》013	己丑卜，宕，贞令射倗卫。一月。
	《合集》046 正	贞翌己卯令多射。二月。
	《合集》069	贞多射不雉众。
	《合集》0165	乙酉卜，古贞射𠂤获羌。二
	《合集》0277	己卯卜，宕贞翌甲申用射𠂤以羌自上甲，二月
	《合集》0698 正	登射三百。 勿登射三百。
	《合集》03228	贞叀乙亥用射…
	《合集》03297 正	丙午卜，永贞射𠂤获…
	《合集》05733	乙亥卜，争贞勿令多射。二月。
	《合集》05735	丁卯卜，宕贞翌己未令多射暨𢀛于
	《合集》05736	壬子卜，宕，贞令戋暨多射。二
	《合集》05737	贞令甲申以多射。
	《合集》05738	乙酉卜，争贞今夕令𢀛以多射先陟
	《合集》05739	不其呼多射鸢获。
	《合集》05740	贞呼多射鸢获。三
	《合集》05747	未卜允，令多射衛。一月。
	《合集》05748	癸亥卜，贞呼多射衛。
	《合集》05749	勿令射𠂤归。 贞令射𠂤归。
	《合集》05756	呼取射。
	《合集》05757	…取射于…
	《合集》05758	甲午卜，㱿，贞…取射… …惟𡵂令取射。 …令取射，子…。
	《合集》05760 正	丙午卜，永贞登射百令英…
	《合集》5761	癸丑卜，争，贞𢀜以射。
	《合集》05762	贞𢀜以射。
	《合集》05764	贞𢀜不其以射。

续表

甲骨文字	出处	释文
	《合集》05765	癸巳卜，王…大以射。
	《合集》05769 正	以三百射。 贞勿令擒以三百射。二告
	《合集》05770 丙	贞令擒、羊三百射。
	《合集》05770 甲	癸巳卜，殻贞令擒羊射。 贞惟異令羊射。三
	《合集》05770 戊	贞勿令擒羊三百射。
	《合集》05770 乙	癸巳卜，殻，贞更爯令羊射。
	《合集》05771 甲	贞更異令羊三百射。 贞令逢、羊三百射。
	《合集》05772	(1) 癸巳卜，殻，贞令擒羊射。 (2) 癸巳卜，殻，贞惟異羊射。 (3) 贞惟異令羊射。 (4) 贞勿惟異令。 (5) 贞令擒羊三百射。 (6) 贞勿令擒羊三百射。
	《合集》05773	…射三百。
	《合集》05774	…三百射呼。
	《合集》05775 正	癸卯卜，争贞王令三百射弗告十示，王囚惟之。 贞王囚不惟之，弗告三百射。
	《合集》05776 正	(3) 戊辰卜，内贞肇夷射。 (4) 勿肇夷射。 (5) 贞肇夷射三百。 (6) 勿肇夷射三百。
	《合集》05777	贞冒三百射乎…
	《合集》05784	贞取新射。
	《合集》05785	贞乎子妻以彔新射。二
	《合集》05786 正	贞勿乎中多…新射。
	《合集》05792	丙午卜，贞伊射戜。一
	《合集》05793	癸未卜，雀不其来射。
	《合集》05794	未卜，…雀…射。

甲骨文字	出处	释文
	《合集》06618 正	贞射伐羌。
	《合集》09575	癸酉卜，争贞令多射衛
	《合集》10248	丙戌卜，史贞令□射豕。
	《合集》10276	呼射鹿获。
	《合集》10320 正	贞其射鹿获。
	《合集》10419	辛亥卜，争贞王不其获肱射兕。
	《合集》10420	贞王不其获肱射兕。
	《合集》10422	贞其惟王获射兕。一月。
	《合集》10693	壬戌卜，射获不。
	《合集》10694	…射鹿，获。一
	《合集》20731	庚戌卜，徝，叀翌日步射兕子
	《合集》21586	丙寅卜，我贞乎印取射子麋。 己巳卜，我贞射取麋。一
	《合集》23501	…贞兄庚岁…其射。
	《合集》24140	辛卯卜，贞惟多生射。
	《合集》24141	子卜，即，…祖辛岁…叀多生射。
	《合集》24143	寅卜，翌辛…岁叀多生射。
	《合集》24220	…惟戌射。在正…。
	《合集》24221	贞毋射。二月。
	《合集》24222	贞毋射。
	《合集》24391	癸未卜，王曰，贞有兕才行，其左射，获。
	《合集》26899	贞其令马亚射麋。
	《合集》26907 正	贞王其令呼射鹿射。
	《合集》27902	戊辰卜，在斐，犬中告麋，王其射无。
	《合集》27942	于乙迺射。 惟多马和乎射擒。
	《合集》27970	惟戌乎射擒。
	《合集》28305	王其射有豕湄日無災，擒。大吉。

续表

甲骨文字	出处	释文
	《合集》28307 正	王其射…大豕。
	《合集》28308	王射…大豕。
	《合集》28326	王其射鹿无。
	《合集》28327	其射有鹿。
	《合集》28338	王其涉滴射…鹿无灾。
	《合集》28339	王其涉滴，射有鹿擒。
	《合集》28340	王涉滴射麋鹿弗擒。
	《合集》28341	王其射麋鹿无灾。
	《合集》28343	射麋鹿，弗擒。
	《合集》28346	王惟今日壬射阤鹿擒。吉。
	《合集》28347	弜射阱鹿。
	《合集》28348	射妻鹿擒。
	《合集》28350	射虎鹿，其悔。 王呼射擒，弗悔。 弜乎射，其悔。
	《合集》28360	其田遘麋，王其射，無灾。
	《合集》28371	王其田阱，其射麋，無灾，擒。
	《合集》28376	辛亥卜，王其射擒麋。
	《合集》28391	王其射兕，無灾。
	《合集》28392	惟壬射有兕。
	《合集》28393	惟壬射有兕。
	《合集》28407	兕先射，其若。 王惟虎兕先射，無灾。 弜虎兕先射，其若。
	《合集》28809	翌日辛王其射阱。
	《合集》28811	王其射阱。吉 惟阱射，無灾。
	《合集》28815	弜呼射，弗擒。
	《合集》28882	滴涉…射左犬，擒。

甲骨文字	出处	释文
	《合集》29084	丁丑卜，贞王其射獲，禽。
	《合集》29355	王惟…先射…于襄。
	《合集》29356	王惟襄…往射延…
	《合集》32801	惟伊其射…
	《合集》32996	乙亥贞令内以新射于蕲。一
	《合集》32997	辛未，贞遘以新射于蕲。
	《合集》32999	己酉，贞令从以多射…
	《合集》33000	戊寅，贞多射往畓，無囚。二
	《合集》33001	贞令多射衞。一
	《合集》33373	王其射穆兕，擒。
	《合集》37395	惟壬王其射，無災。擒，引吉。
	《合集》37396	…王惟翌日辛射旆兕無…
	《合集》37439	戊戌卜，贞在…告…鹿，王其比射往来無災。王…永。
𠦒（射）	《花东》002	戊子卜，才鹿子其射若。 戊子卜，才鹿子弜射于之若。
	《花东》005	癸子卜，子梦射告非艰。
	《花东》007	弜射于之若。
	《花东》037	甲午卜，在鹿子其射若。 丙午，弜射于之，若。 乙子卜，在鹿子其射，若。 乙子卜，在鹿子弜迟彝弓。出日。 惟丙弓用，射。 惟丙弓用，不用。 丙午卜，子其射。疾弓于之。若。 戊申卜，惟疾弓用射隹。用。
	《花东》149	癸亥卜，子𤔲用门吉弓射若。
	《花东》416	壬辰卜，子乎从射弹中若。 壬辰卜，子乎射弹兮取又车若。 癸子卜，子叀大令，乎从射弹劇又车若。
	《花东》467	戊戌卜，在汙子射若。不用。 戊戌卜，在汙子弜射于之，若。 已亥卜，在吕，子其射，若。不用。 弜射于之，若。

续表

甲骨文字	出处	释文
（弹）	《花东》370	丁丑卜，弜合弹暨𠞚。
	《花东》376	巳酉夕，伐羌一，在入。庚戌宜一牢，弹。
	《花东》416	壬辰卜，子乎从射弹中若。 壬辰卜，子乎射弹取又车若。 癸子卜，子叀大令，乎从射弹劇又车若。
	《花东》475	庚戌卜，子叀弹乎见丁暨大。亦燕戾，用。
	《合集》010458	丙午卜弹延兔。
	《合集》20040	子其弹。
（陟）	《合集》0102	…来芻陟于西示。
	《合集》01292	癸酉卜，穷贞陟岁于唐。
	《合集》01667	勿善陟用于下乙。丁未允用。一月。
	《合集》05738	乙酉卜争贞今夕令以多射先陟。
	《合集》06981	庚…雀弗其𢦏陟。 庚…雀…𢦏陟。
	《合集》14792	婁不陟丘
	《合集》15374	…其陟用二…
	《合集》15377	贞降…陟。十月。
	《合集》15378	贞勿陟。
	《合集》18812	癸亥卜，穷贞郭鱼降比陟。
	《合集》19220	…乙卯多宁其延陟…
	《合集》19222	癸丑卜，贞翌乙卯多宁其延陟鬯自…
	《合集》20271	辛未…癸酉王不陟。 壬申卜，王陟山，癸酉易日。
	《合集》22747	戊戌卜，喜贞告自丁陟。 贞告自唐降。
	《合集》24356	戊辰卜，王曰贞其告其陟。在□阜卜。
	《合集》24839	辛卯卜，陟，贞今夕無災。
	《合集》25966	卜旅贞…其陟…
	《合集》26394	癸未卜，陟贞今夕無災。
	《合集》30387	卯卜，帝其陟…

甲骨文字	出处	释文
	《合集》32029	其陟于大乙。
	《合集》32916	乙巳，贞大御其陟于高祖王亥。
	《合集》40071 正	贞勿陟贝我。十三月。
	《合集》40998	贞陟于丁用。
𦥑（戎）	《合集》07768	癸酉卜，𣪊，贞雀惟今日𦥑。 癸酉卜，𣪊，贞雀于翌甲戌𦥑。
	《屯南》02286	卜，王其乎敦戎…王受有侑，在。
	《花东》038	壬卜，丁闻子乎见戎弗乍楳。
𩢍（骑）	《合集》22283	乙卯卜，贞骑。二
	《合集》22288	乙卯卜，贞子骑。二
車（车）	《合集》10405 正	癸巳卜，𣪊贞旬無囚王占曰乃兹亦有祟，若称甲午王往逐兕小臣甾车马硪□王车，子央亦坠。
	《合集》11442	车不其以十朋。
	《合集》11448	…日丁卯…泳车马…
	《合集》11450	…雍车马…京…
	《合集》11452	丙戌卜…六车。
	《合集》13624 正	于车舞。一
	《合集》27628	其□兄辛惟有车用，有正。
	《合集》31181	其乎囚车，有正。
	《合集》36481 正	…小臣牆比伐，擒危美…人二十人四，人五百七十□百…车二丙，盾百八十三，甬五十矢…白□于大乙，用□伯印…于祖乙用美于祖丁□曰京易…
	《合集》40146	王车…
	《花东》0416	壬辰卜，子乎射弹□取右车若。 癸子卜，子惟大令，乎从射弹取右车若。
𣃚（航）	《合集》11466	…航于东。一
	《合集》11468	申卜，方其航于东。一
	《合集》11469	…航于东。一
	《合集》11472	…比航…中。十二月。
	《合集》19758	壬子卜，王贞羌其航于东。 壬子卜，王贞羌不其航于东。

甲骨文字	出处	释文
	《合集》20611	庚午卜，𦥯贞弜衣航河，無若。十月。一
	《合集》20619	甲戌卜，𡆥贞方其航于东九月。
𦥔（鯀）	《合集》08105 正	贞勿彫殼。九月。在鯀。
	《合集》08107	…勿步…月在鯀。
	《合集》08108	贞勿令。九月。在鯀。
	《合集》10993	戊子卜争贞勿步狩。九月在鯀。
	《合集》10994	贞弗其擒。九月在鯀。
	《合集》14149 反	牧入十。在鯀。
	《合集》27946	弜其悔鯀。
	《合集》36923	癸丑王卜，在鯀，贞旬無□。
	《合集》33162	贞…王其…自鯀于，多若。
𠨑（武）	《合集》0456 正	乙未卜，送，贞以武芻。
	《合集》0738 正	乎从伊武。
	《合集》10989 正	贞在及田，武其来告。
	《合集》22075	侑岁于武。
	《合集》27151	惟武、唐用，王受有侑。
	《合集》35436	乙未卜，贞王宾武乙彳伐，亡尤。 辰卜，贞武乙方其牢。兹用。
	《合集》35437	丙子贞武丁方其牢。
	《合集》35439	丁酉卜，贞王宾执自上甲至于武乙衣，亡尤。
	《合集》35440	乙丑卜，贞王宾武乙岁至于驲，無尤。
	《合集》35842	甲辰卜，贞武乙方其牢。 丙辰卜，贞武祖乙兹用。
	《合集》35930	甲申贞〕武乙方其牢。兹用。 丙戌卜，贞武丁方其牢。
	《合集》36060	甲午卜，贞武祖乙方其牢。
	《合集》30065	甲辰卜，贞武祖乙方其牢。
	《合集》36083	丁卯卜，贞文武丁宗方其牢。 甲申卜，贞武祖乙宗方其牢兹用。
	《合集》36088	丙申贞文武丁方其牢。 辰卜，贞武祖乙宗方其牢。兹用。

续表

甲骨文字	出处	释文
	《合集》36089	丙子卜，文武丁方其牢。 丙申卜，贞文武丁方其牢。兹 甲辰，贞武祖乙宗其牢。
	《合集》36094	丙午卜，贞文武丁宗方其牢。 甲寅卜，贞武祖乙宗方其牢。兹
	《合集》36097	贞武祖乙宗方其牢。兹用。
	《合集》36098	丙午贞文武丁方其牢。 卜，贞武祖乙宗方其牢。
	《合集》36115	丙午卜，贞文武丁升方其牢。一
	《合集》36128	丁丑卜，贞王宾文武翌日，亡尤。
	《合集》36134	丙戌卜，贞文武丁其牢。兹用。 卜，贞武祖乙升方其牢。
	《合集》36149	甲子贞武祖乙宗方其牢。 丙寅卜，贞文武宗方其牢。 丙子卜，贞文武宗其牢。
	《合集》36168	丙戌卜，贞翌日丁亥王其… 文武帝正，王受有侑。一
	《合集》36170	丙戌卜，贞丁亥王其于文武帝升，王受。 甲午卜，贞翌日乙未王…于武升王受有侑。
	《合集》36179	…贞王其宜文〔武〕…
	《合集》38233	丙午…武丁方其牢。一
	《合集》41725	丙寅卜，贞武丁丁其牢。
	《合集》41739	甲申卜，贞武乙升丁其牢。 甲午卜，贞武乙升丁其牢。
	《合集》41740	甲戌卜，贞武乙丁牢。
	《合集》41741	乙未卜，贞自武乙乡日衣必史其即□五。 牢正，王受有侑。
𢦏（戈）	《合集》0775 正	贞王𢦏戈人。二告。 贞王弗𢦏戈人。
	《合集》05899	丁未卜争贞令执□甫乎微戈执。
	《合集》07767	甲申卜，宁贞卩戈。
	《合集》07771	八日辛亥允伐戈二千六百五十人，才梦。

续表

甲骨文字	出处	释文
	《合集》08396	丙寅卜□于四戈。
	《合集》08397	贞惟黄令戈方二月。 贞…戈…
	《合集》08398 正	己丑卜，宁贞翌庚寅令人戈人。
	《合集》08399	庚寅…令人戈人步。
	《合集》08400	贞乎戈人**畫**□。
	《合集》08401	贞乎戈人**畫**□。
	《合集》08404	辛亥卜，贞乎戈人奚敦…
	《合集》08984	癸亥卜，王，戈受年。十二月。
	《合集》09090 反	曰：戈惟以。
	《合集》14915	戊戌卜，争，贞惟王族令戈…
	《合集》17307 正	贞曰戈以齿王。
	《合集》17308	己亥卜，**般**，贞曰戈以齿王。一曰戈以齿王。 曰戈以齿王。
	《合集》19092	贞惟臣舌戈令□… 一
	《合集》20171	戊午卜，呼戈比在□。二月。
	《合集》20245	丙申卜，王令火戈**亨**。二
	《合集》22048	壬寅卜余□直于父辛丁**艮**以戈。
	《合集》29379	□寅卜，壬王惟戈田省無災。
	《合集》29783	其执戈一，斧九…
	《合集》32779	壬子，贞子戈無災。
	《合集》33002	惟戈人射。
	《英藏》2416	惟戈人射。
	《合集》33208	甲子卜，王从东戈**芾**侯**卟**。 乙丑卜，王从南戈**芾**侯**卟**。 丙寅卜，王从西戈**芾**侯**卟**。 丁卯卜，王从北戈**芾**侯**卟**。
	《合集》33378	王其呼戈擒。
	《合集》34120	癸卯卜，贞**彫**求乙巳自上甲二十示一牛，二示。 羊土燎四戈羲牢，四巫豕。

甲骨文字	出处	释文
	《合集》34121	壬寅卜，求其伐归，惟北🅇用，廿示一牛，二示羊，以四戈氒。
	《合集》34122	壬寅卜，求其伐归，惟北🅇用，廿示一牛，二示羊，以四戈氒。
	《合集》41509	贞勿令戈人。
₹（殳）	《合集》006	丁酉卜，宁贞令甫取元伯殳及。
	《合集》0991 反	…乙惟…🅇…令殳。
⟩（弓）	《合集》0151 正	贞弓刍于🅇。 贞弓刍勿于🅇。
	《合集》0248 正	弓刍于🅇。
	《合集》0685 正	贞弓努于🅇。
	《合集》0940 正	乙巳卜古贞弓努于🅇。
	《合集》20117	壬辰卜，🅇甫弜弓…
	《合集》21659	弓归。
	《合集》22349	壬寅易牛五□十牛、戈十千、弓。
	《合集》22519	癸□卜，弓吉。
	《合集》39577	…北□其弓…大…
🅇（矢）	《合集》04787	贞勿崇矢束。二告
	《合集》05699	贞亚不矢。 贞其矢。
	《合集》18472	其矢。
	《合集》19717	贞凡羊矢…
	《合集》21468	乙未…不其矢。一
	《合集》21972	令□矢若。
	《合集》22258	丁亥卜，彭禦妣庚矢牢。 丁亥卜，彭禦妣庚矢牢。一
	《合集》36481 正	…小臣墙比伐擒危美人二十四…人五百七十□百…车二丙盾百八十三，函五十矢…白□于大乙，用□伯印…于祖乙用美于祖丁□曰京易…
	《合集》	

二　附图

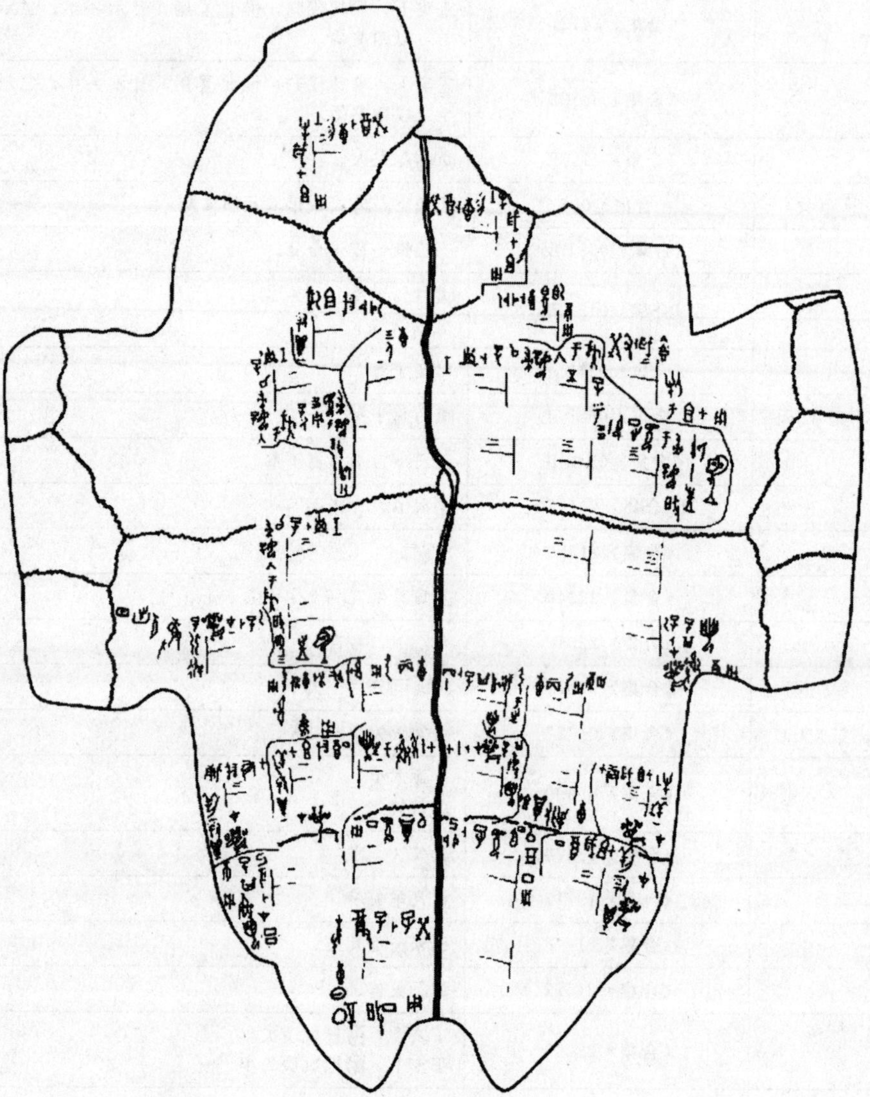

附图 1　《花东》37

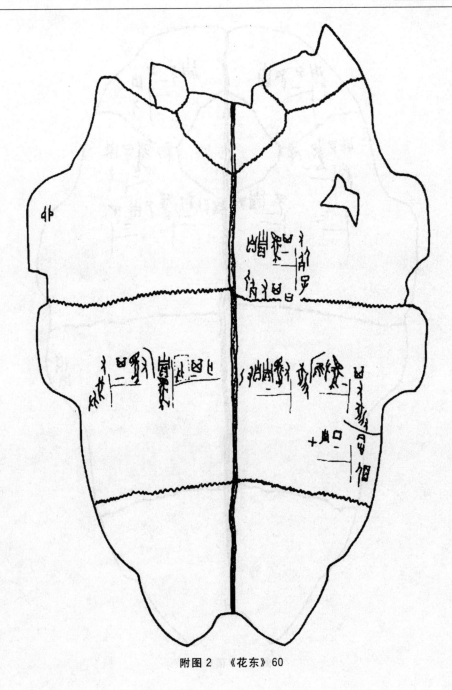

附图2　《花东》60

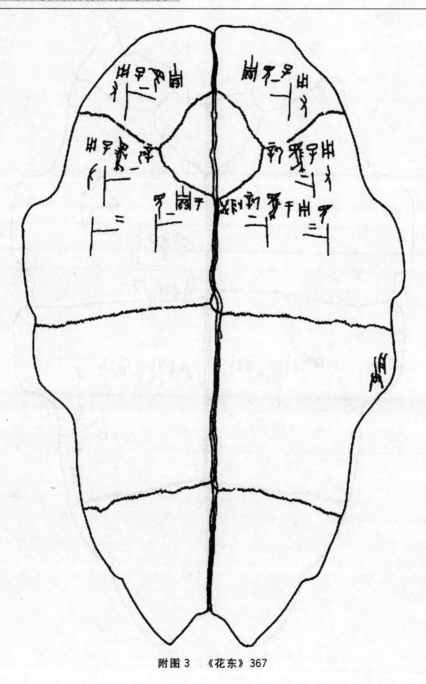

附图3 《花东》367

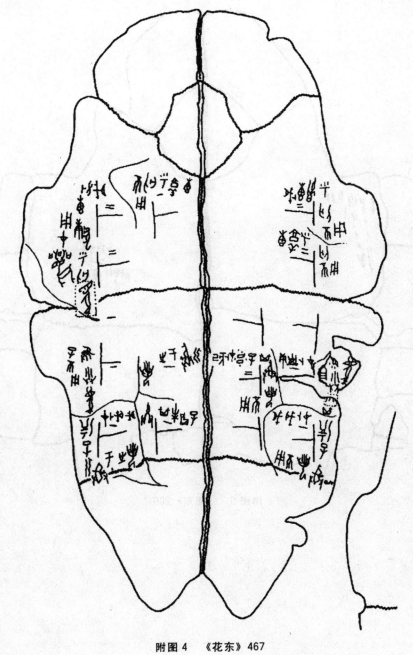

附图 4　《花东》467

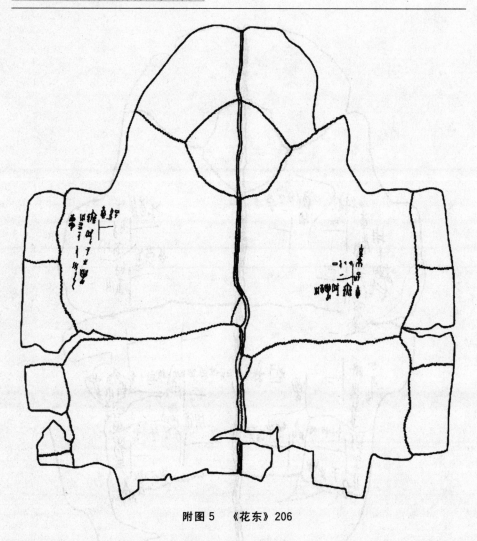

附图 5　《花东》206

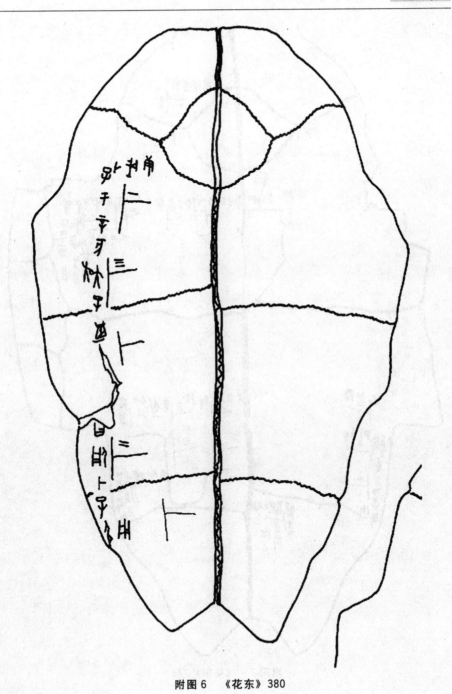

附图6 《花东》380

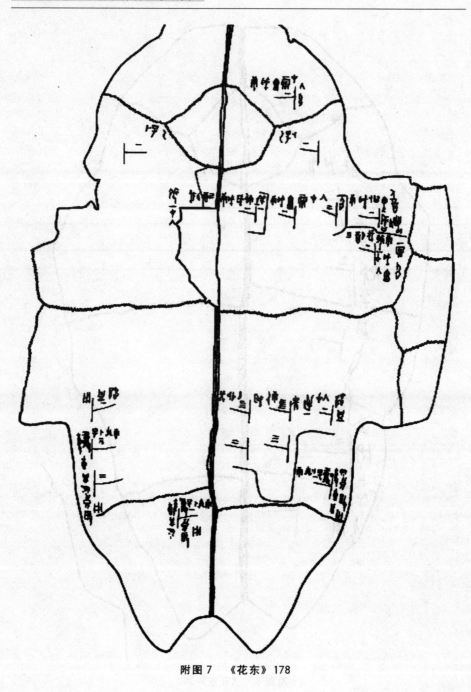

附图7 《花东》178

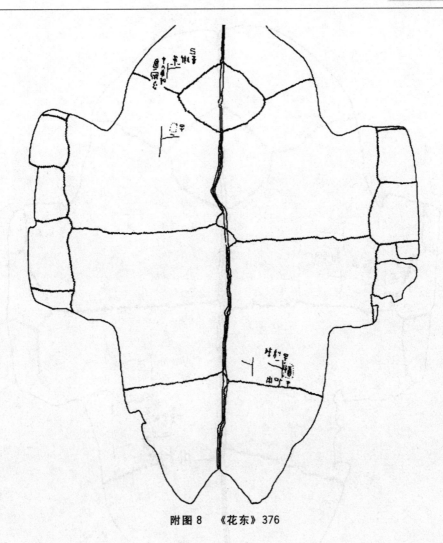

附图 8 　《花东》376

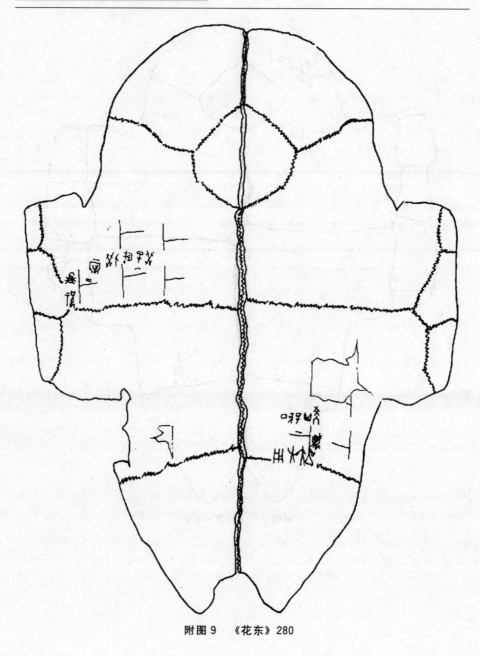

附图9　《花东》280

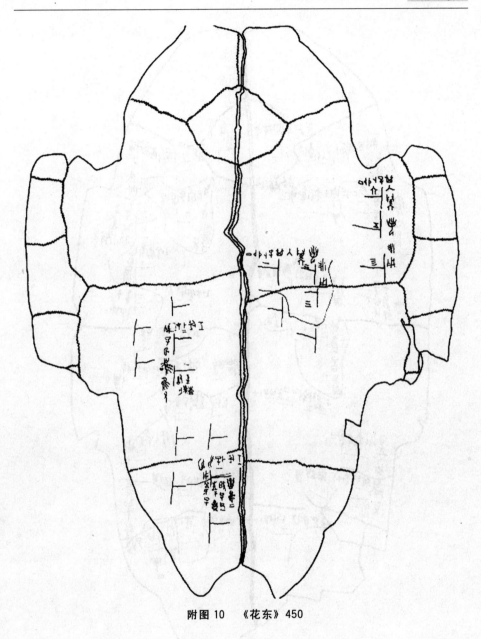

附图 10　《花东》450

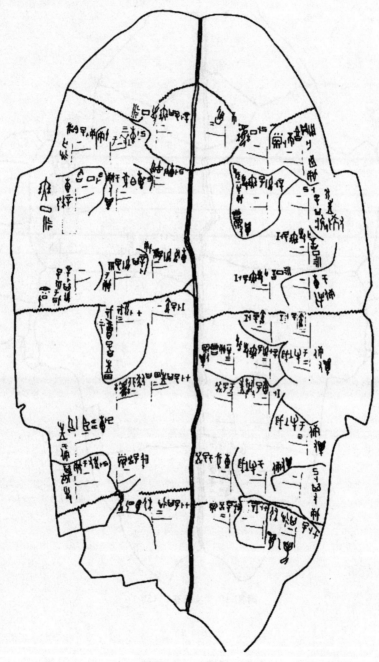

附图 11 《花东》181

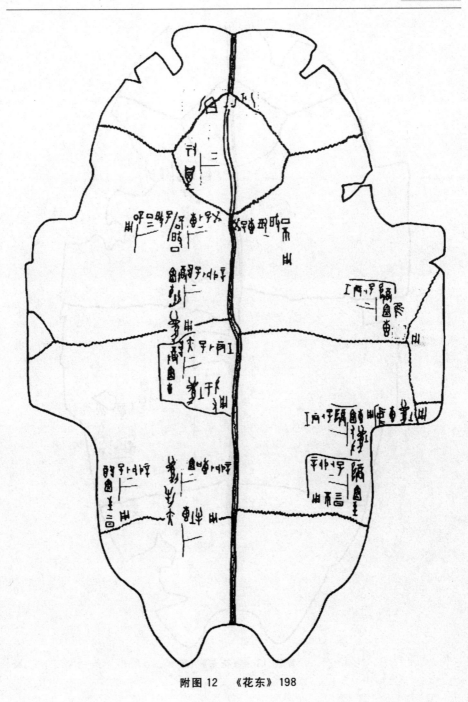

附图 12　《花东》198

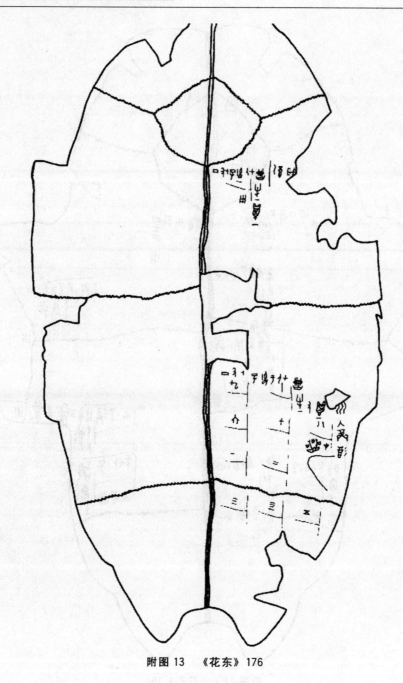

附图 13 　《花东》176

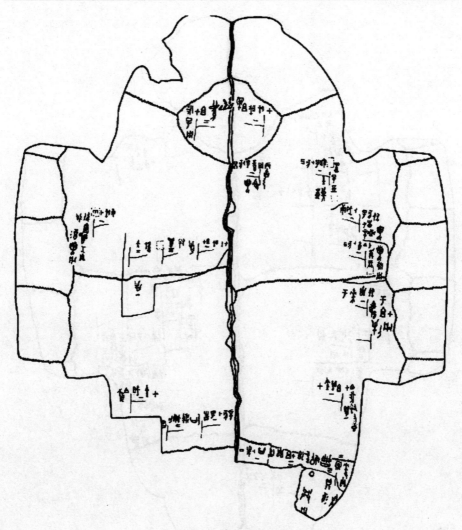

附图 14　《花东》149

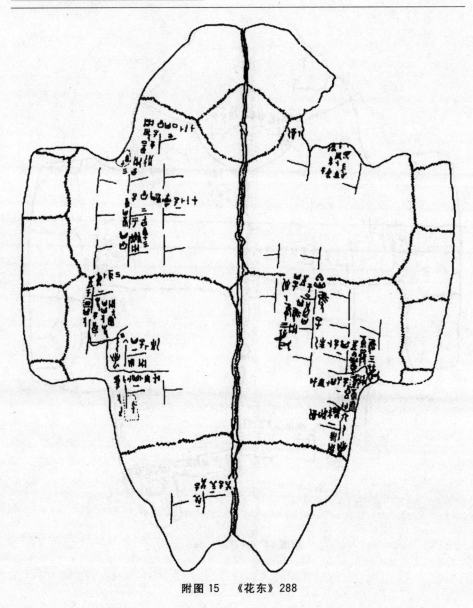

附图 15 《花东》288

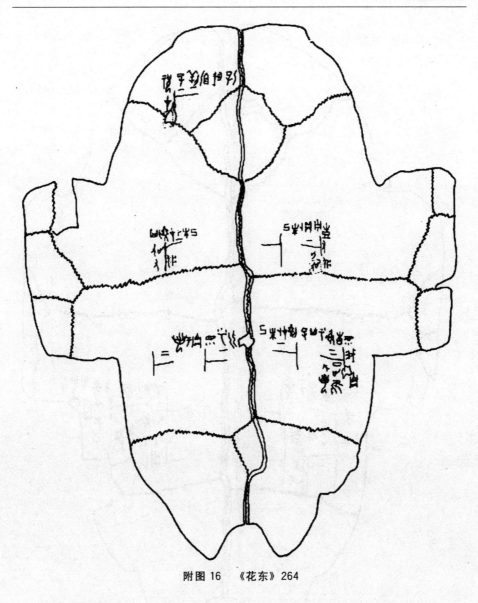

附图 16 《花东》264

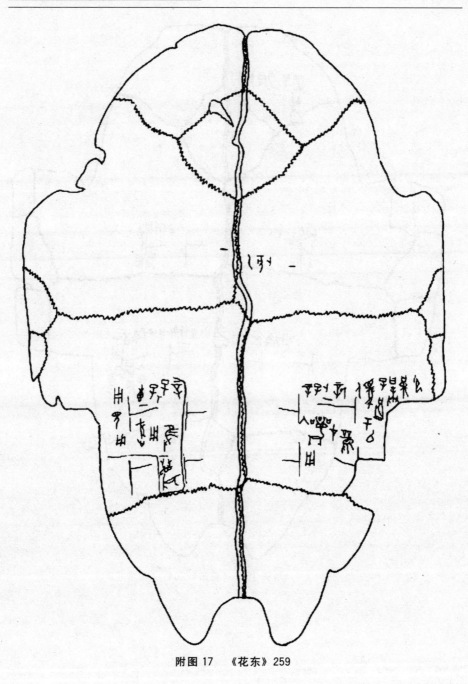

附图17 《花东》259

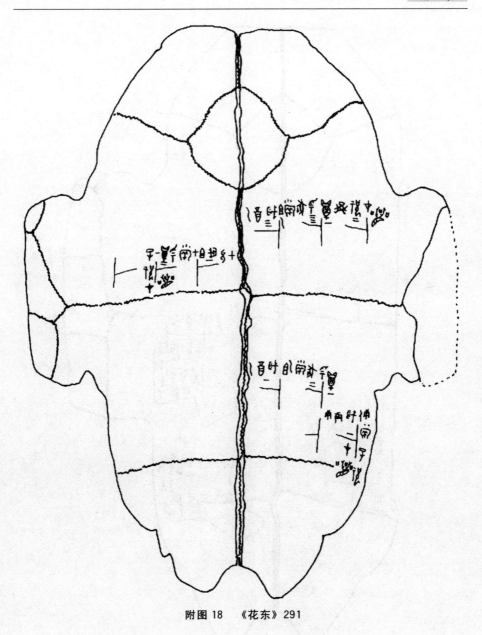

附图 18　《花东》291

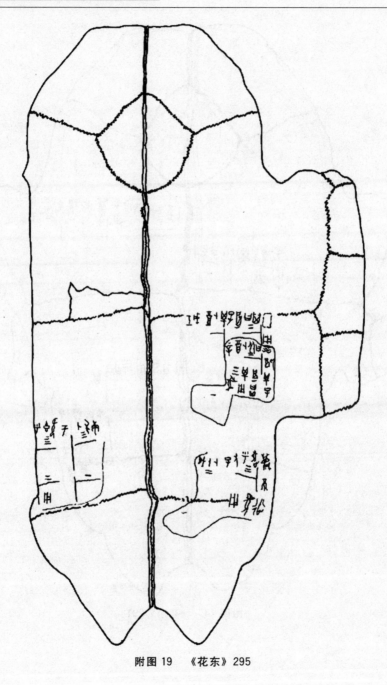

附图 19 《花东》295

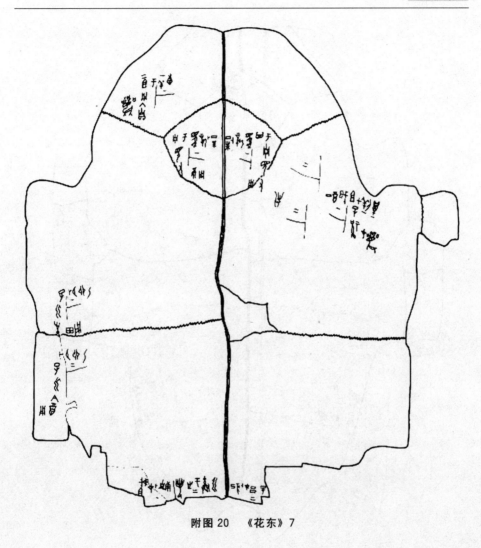

附图 20　《花东》7

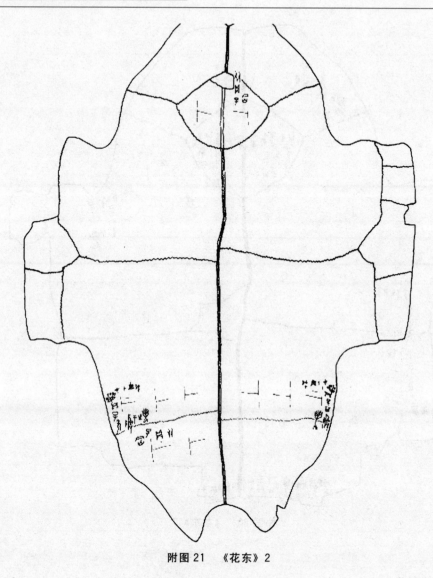

附图 21　《花东》2

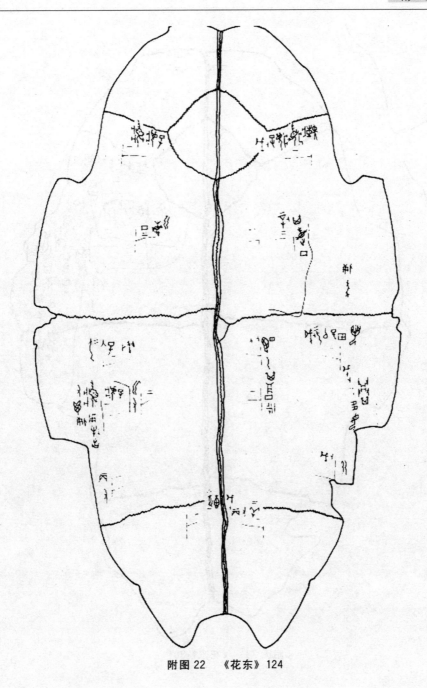

附图 22　《花东》124

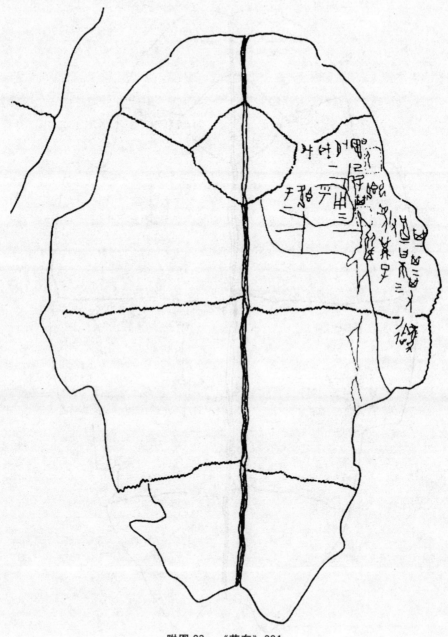

附图 23 《花东》381

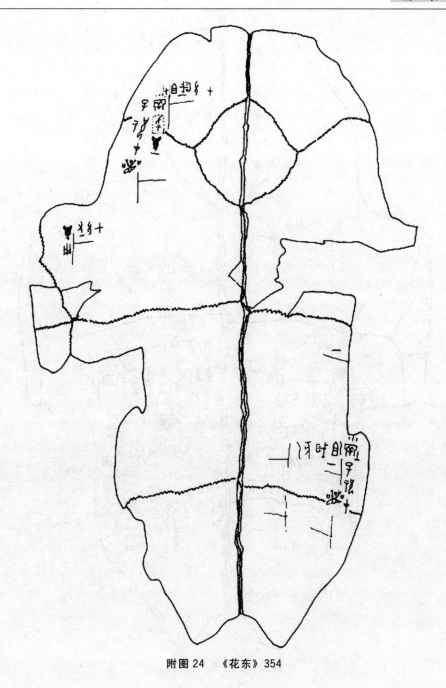

附图 24　《花东》354

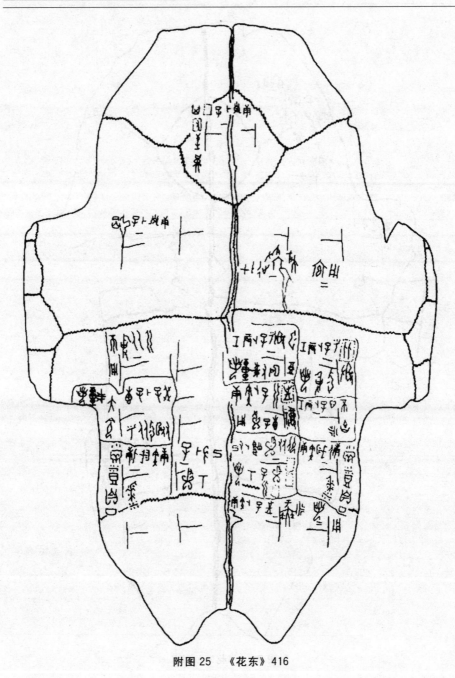

附图 25 《花东》416

附图 26 　《合集》17230 正

附图 27　《合集》27939

附图 28　《合集》19236　　　　　附图 29　《合集》4726

附图 30　《合集》31036　　　　　附图 31　《合集》14792

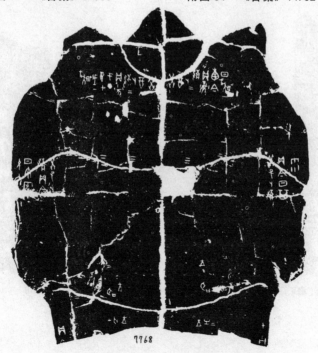

附图 32　《合集》7768

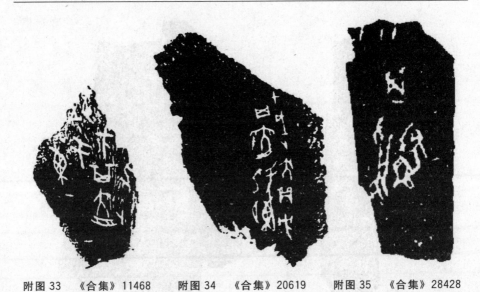

附图33　　《合集》11468　　附图34　　《合集》20619　　附图35　　《合集》28428

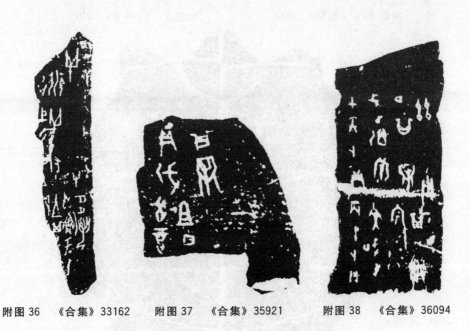

附图36　　《合集》33162　　附图37　　《合集》35921　　附图38　　《合集》36094

附图 39　《屯南》0783

附图40　《屯南》2194　　　　附图41　　《屯南》3062

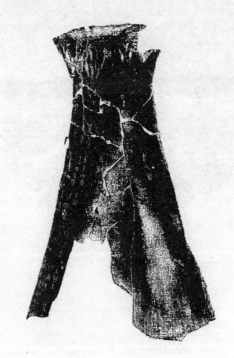

附图42　　《合集》28180

附图 43　　《合集》28209

附图 44　　《合集》04141

附图 45　《合集》11006

附图 46　《合集》14116

附图 47　《合集》16013

附图 48　《合集》10307

附图 49　《合集》24391

附图 50　《合集》20271

附图 51　《合集》13705

附图 52　《合集》10405

附图 53　《合集》10471

附图 54　《合集》852　　附图 55　《屯南》1501　　附图 56　《合集》16003

附图 57　《合集》14209 正

附图 58　《合集》14472

附图59　《合集》30028　　　　附图60　《合集》33373

附图61　《合集》10320

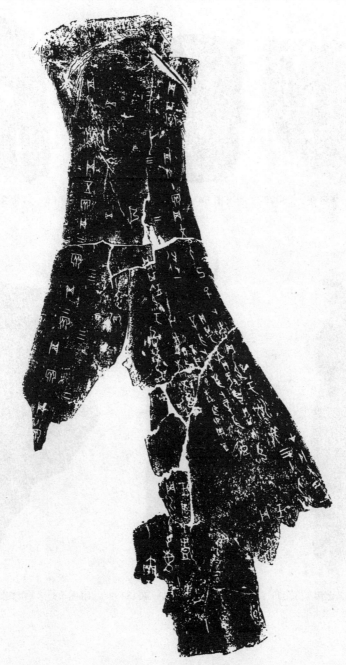

附图 62　　《合集》26907 正

附图 63　《合集》23602　　　附图 64　《合集》28882　　　附图 65　《合集》27891

附图 66　《合集》30031　　　附图 67　《合集》30131　　　附图 68　《合集》31035

参考文献

一　甲骨文材料及简称

[1] 郭沫若主编，胡厚宣总编辑：《甲骨文合集》，中华书局 1978—1982 年版。简称《合集》。

[2] 中国社会科学院考古研究所：《小屯南地甲骨》，中华书局 1983 年版。简称《屯南》。

[3] 中国社会科学院考古研究所：《殷墟花园庄东地甲骨》，云南人民出版社 2003 年版。简称《花东》。

[4] 中国社会科学院考古研究所：《殷墟小屯村中村南甲骨》，云南人民出社 2012 年版。简称《村中村南甲骨》。

[5] 李学勤、齐文心、艾兰：《英国所藏甲骨集》，中华书局 1985 年版。简称《英藏》。

[6] 彭邦炯、马季凡、谢济：《甲骨文合集补编》，语文出版社 1999 年版。简称《合补》。

[7] 董作宾：《殷墟文字甲编》，商务印书馆 1948 年版。简称《甲》。

[8] 董作宾：《殷墟文字乙编》（上、中、下辑），商务印书馆 1948、1953、1956 年版。简称《乙》。

[9] 张秉权：《殷墟文字丙编》（上、中、下辑），中央研究院历史语言研究所 1957—1972 年版。简称《丙》。

[10] 罗振玉：《殷墟书契前编》，《国学丛刊》石印本 1911 年版。简称《前》。

[11] 罗振玉：《殷墟书契菁华》，影印本 1914 年版。简称《菁》。

［12］罗振玉：《殷墟书契后编》，影印本 1916 年版。简称《后》。

［13］郭沫若：《殷契粹编》，东京文求堂书店石印本 1937 年版。简称《粹》。

［14］胡厚宣：《战后宁沪新获甲骨集》，北京来熏阁书店 1951 年版。简称《宁》。

［15］胡厚宣：《战后南北所见甲骨录》，北京来熏阁书店 1951 年版。简称《南》

［16］胡厚宣：《甲骨续存》，群联出版社 1955 年版。简称《续存》。

［17］胡厚宣：《战后京津新获甲骨集》，群联出版社 1953 年版。简称《京》。

［18］贝冢茂树，伊藤道治：《京都大学人文科学研究所藏甲骨文字》，京都大学 1959 年版。简称《京人》。

［19］许进雄：《怀特氏等收藏甲骨文集》，多伦多皇家安大略博物馆 1979 年版。简称《怀特》。

［20］日本东洋文库古代史研究委员会：《东洋文库所藏甲骨文字》，影印本 1979 年版。简称《东洋》。

［21］松丸道雄：《大学东洋文化研究所藏甲骨文字》，日本东京大学东洋文化研究所 1983 年版。简称《东京》。

［22］王襄：《簠室殷契征文》，天津博物院石印本 1925 年版。简称《簠》。

［23］姬佛陀：《戬寿堂所藏殷墟文字》，仓圣明智大学石印本 1917 年版。简称《戬》。

［24］商承祚：《殷契佚存》，金陵大学中国文化研究所丛刊甲种 1933 年版。简称《佚》。

［25］金祖同：《龟卜》，温知书店 1948 年版。简称《龟卜》。

［26］郭沫若：《卜辞通纂》，东京文求堂书店石印本 1933 年版。简称《通》

［27］唐兰：《天壤阁甲骨文存》，北京辅仁大学 1939 年版。简称《天》。

［28］许进雄：《明义士收藏甲骨文集》，多伦多皇家安大略博物馆 1972 年版。简称《明》。

［29］雷焕章：《法国所藏甲骨录》，利氏学社 1985 年版。简称《法》。

［30］胡厚宣：《苏德美所见甲骨集》，四川辞书出版社 1988 年版。简称《苏》。

［31］罗振玉：《三代吉金文存》，中华书局 1983 年版。简称《三代》。

[32] 中国社会科学院考古研究所：《殷周金文集成》，中华书局1984—1994年版。简称《集成》。

[33] 陈邦怀：《甲骨文字零拾》，天津人民出版社1959年版。简称《甲零》。

[34] 刘敬亭：《山东博物馆珍藏甲骨墨拓集》，齐鲁书社1998年版。简称《山博》。

[35] 于省吾：《甲骨文字诂林》，中华书局1996年版。简称《诂林》。

[36] 宋镇豪、玛丽娅：《俄罗斯国立爱米塔什博物馆藏殷墟甲骨》，上海古籍出版社2013年版。简称《俄藏》。

[37] 姚孝遂：《殷墟甲骨刻辞摹释总集》，中华书局1988年版。简称《摹释》。

二 字、词典类

[1] 徐中舒：《甲骨文字典》，四川出版集团2006年版。

[2] 刘兴隆：《新编甲骨文字典》，国际文化出版公司2005年版。

[3] 容庚：《金文编》，中华书局1985年版。

[4] 王辉：《古文字通假字典》，中华书局2008年版。

[5] 中国社会科学院考古研究所：《甲骨文编》，中华书局1965年版。

[6] 刘钊：《新甲骨文编》，福建人民出版社2009年版。

[7] 陈斯鹏、石小力：《新见金文字编》，福建人民出版社2012年版。

[8] 《甲金篆隶大字典》，四川出版集团2010年版。

[9] 何琳仪：《战国古文字典》，中华书局1998年版。

[10] 高明：《古陶文汇编》，中华书局1990年版。

[11] 方勇：《秦简牍文字编》，福建人民出版社2012年版。

[12] 白于蓝：《战国秦汉简帛古书通假字汇纂》，福建人民出版社2012年版。

[13] 徐在国：《楚帛书诂林》，北京师范大学出版集团2010年版。

[14] 《辞源》，商务印书馆2012年版。

[15] （晋）郭璞注，（宋）邢昺疏：《尔雅注疏》，上海古籍出版社2010年版。

[16] 张觉校注：《吴越春秋校注》，岳麓书社2006年版。

[17] （清）洪亮吉：《春秋左传诂》，中华书局1987年版。

[18] 胡奇光、方环海：《尔雅译注》，上海古籍出版社 2004 年版。

[19] （清）王念孙：《广雅疏证》，中华书局 2004 年版。

[20] 迟铎集释：《小尔雅集释》，中华书局 2008 年版。

[21] （汉）刘熙、（清）毕沅疏证、王先谦补：《释名疏证补》，中华书局
2008 年版。

[22] （汉）许慎：《说文解字》，社会科学文献出版社 2005 年版。

[23] 华学诚汇证：《扬雄方言校释汇证》，中华书局 2006 年版。

[24] 周祖谟校：《广韵校本》，中华书局 2004 年版。

[25] 黄德宽：《古文字谱系疏证》，商务印书馆 2007 年版。

[26] （清）桂馥：《说文解字义证》，中华书局 1987 年版。

三　先秦、汉史料

[1] 李学勤：《周礼注疏》，中华书局 1999 年版。

[2] 李学勤：《礼记正义》，中华书局 1999 年版。

[3] 李学勤：《仪礼注疏》，中华书局 1999 年版。

[4] 李学勤：《春秋公羊传注疏》，中华书局 1999 年版。

[5] 司马迁：《史记》，中华书局 1985 年版。

[6] 徐元诰：《国语集解》，中华书局 2002 年版。

[7] 何建章注释：《战国策注释》，中华书局 1990 年版。

[8] 杨伯峻：《春秋左传注》，中华书局 1981 年版。

[9] 姚春鹏译注：《黄帝内经》，中华书局 2010 年版。

[10] （清）姚彦渠：《春秋会要》，中华书局 1955 年版。

[11] （清）阮元：《十三经注疏》，中华书局 2009 年版。

[12] （汉）刘向、向宗鲁校证：《说苑校证》，中华书局 1987 年版。

[13] （晋）陈寿、（宋）裴松之注：《三国志》，中华书局 1982 年版。

[14] 方诗铭、王修龄：《古本竹书纪年辑证》，上海古籍出版社 2005 年版。

[15] 王世舜注译：《庄子注译》，齐鲁书社 2009 年版。

[16] 黎翔凤：《管子校注》，中华书局 2004 年版。

[17] 马非百：《管子轻重篇新诠》，中华书局 1979 年版。

［18］苏舆：《春秋繁露义证》，中华书局1992年版。

［19］许维遹：《吕氏春秋集释》，中华书局2009年版。

［20］林家骊译注：《楚辞》，中华书局2010年版。

［21］潘嘉玢译：《吴子·司马法·尉缭子》，军事出版社2005年版。

［22］（汉）宋衷注、（清）秦嘉谟辑：《世本八种》，中华书局2008年版。

［23］刘文典点校：《淮南鸿烈集解》，中华书局1989年版。

［24］（宋）司马光：《类篇》，中华书局1984年版。

［25］（宋）司马光：《太平御览》，中华书局1984年版。

［26］（唐）杜佑：《通典》，中华书局1988年版。

［27］班固：《汉书》，中华书局1962年版。

［28］（宋）范晔撰，（唐）李贤注：《后汉书》，中华书局1965年版。

［29］（梁）萧统：《文选》，上海古籍出版社1986年版。

四　近现代研究专著

［1］宋镇豪：《商代社会生活与礼俗》，中国社会科学出版社2010年版。

［2］韩江苏：《殷本纪订补与殷史人物征》，中国社会科学出版社2010年版。

［3］孙亚冰：《商代地理与方国》，中国社会科学出版社2010年版。

［4］宋镇豪：《商代史论纲》，中国社会科学出版社2010年版。

［5］王宇信、徐义华：《商代国家与社会》，中国社会科学出版社2010年版。

［6］常玉芝：《商代宗教祭祀》，中国社会科学出版社2010年版。

［7］王震中：《商代都邑》，中国社会科学出版社2010年版。

［8］宫长为，徐义华：《殷遗与殷鉴》，中国社会科学出版社2010年版。

［9］杨升南、马季凡：《商代经济与科技》，中国社会科学出版社2010年版。

［10］罗琨：《商代战争与军制》，中国社会科学出版社2010年版。

［11］杨树达：《积微居甲文说》，上海古籍出版社1986年版。

［12］杨树达：《卜辞求义》，上海古籍出版社1986年版。

［13］杨树达：《积微居金文说》，上海古籍出版社2007年版。

［14］于省吾：《甲骨文字释林》，中华书局1979年版。

［15］于省吾：《甲骨文字诂林》，中华书局1996年版。

［16］李圃主编：《古文字诂林》，上海教育出版社 2003 年版。

［17］孙海波：《甲骨文编》，中华书局 1965 年版。

［18］姚孝遂、肖丁：《小屯南地甲骨考释》，中华书局 1985 年版。

［19］容庚：《金文编》，中华书局 1985 年版。

［20］胡厚宣：《甲骨学商史论丛》，河北教育出版社 2002 年版。

［21］林沄：《林沄学术文集》，中国大百科全书出版社 1998 年版。

［22］《古文字研究（第一辑）》，中华书局 1979 年版。

［23］《古文字研究（第四辑）》，中华书局 1980 年版。

［24］《古文字研究（第五辑）》，中华书局 1981 年版。

［25］《古文字研究（第六辑）》，中华书局 1981 年版。

［26］《古文字研究（第十二辑）》，中华书局 1985 年版。

［27］《古文字研究（第十三辑）》，中华书局 1986 年版。

［28］《古文字研究（第十九辑）》，中华书局 1992 年版。

［29］《古文字研究（第二十四辑）》，中华书局 2002 年版。

［30］《古文字研究（第二十五辑）》，中华书局 2004 年版。

［31］陈梦家：《殷墟卜辞综述》，科学出版社 1956 年版。

［32］［日］岛邦男：《殷墟卜辞研究》，鼎文书局 1975 年版。

［33］吴浩坤、潘悠：《中国甲骨学史》，上海人民出版社 1985 年版。

［34］王宇信：《甲骨学通论》，中国社会科学出版社 1989 年版。

［35］王宇信、杨升南：《甲骨学一百年》，社会科学文献出版社 1999 年版。

［36］丁山：《商周史料考证》，中华书局 2008 年版。

［37］常玉芝：《商代周祭制度》，中国社会科学出版社 1987 年版。

［38］彭邦炯：《商史探微》，重庆出版社 1988 年版。

［39］宋镇豪：《夏商社会生活史》，中国社会科学出版社 2005 年版。

［40］宋镇豪：《中国风俗通史——夏商卷》，上海文艺出版社 2001 年版。

［41］杨升南：《商代经济史》，贵州人民出版社 1992 年版。

［42］晁福林：《先秦社会形态研究》，北京师范大学出版社 2003 年版。

［43］王晖：《商周文化比较研究》，人民出版社 2000 年版。

［44］王晖：《古文字与商周史新证》，中华书局 2003 年版。

[45] 刘桓：《甲骨集史》，中华书局 2008 年版。

[46] 中国社会科学院考古研究所：《殷墟的发现与研究》，科学出版社 1994 年版。

[47] 张光直：《商文明》，辽宁教育出版社 2002 年版。

[48] 常玉芝：《殷商历法研究》，吉林文史出版社 1998 年版。

[49] 胡厚宣等：《甲骨探史录》，生活·读书·新知三联书店 1982 年版。

[50] 杨宽：《西周史》，上海人民出版社 1999 年版。

[51] 曹定云：《殷墟妇好墓铭文研究》，云南人民出版社 2007 年版。

[52] 李学勤：《李学勤早期文集》，河北教育出版社 2008 年版。

[53] 殷杰、殷诚凯：《中国殷墟骨文化》，上海大学出版社 2009 年版。

[54] 徐中舒：《徐中舒论先秦史》，上海科学技术文献出版社 2008 年版。

[55] 丁山：《商周史料考证》，国家图书馆出版社 2008 年版。

[56] 陈文敏：《汉字起源与原理》，上海古籍出版社 2007 年版。

[57] 刘翔等：《商周古文字读本》，语文出版社 1989 年版。

[58] 唐冶泽：《甲骨文字趣释》，重庆出版社 2002 年版。

[59] 时兵：《上古汉语双及物结构研究》，安徽大学出版社 2007 年版。

[60] 曹兆兰：《金文与殷周女性文化》，北京大学出版社 2004 年版。

[61] 郑继娥：《甲骨文祭祀卜辞语言研究》，巴蜀书社 2007 年版。

[62] 王蕴志：《字学论集》，河南美术出版社 2004 年版。

[63] 李学勤：《文物中的古文明》，商务印书馆 2008 年版。

[64] 杨之水：《诗经名物新证》，北京古籍出版社 2000 年版。

[65] 晁福林：《夏商西周社会变迁》，北京师范大学 1996 年版。

[66] 王力：《王力文选》，北京大学出版社 2010 年版。

[67] 王力：《王力古汉语字典》，中华书局 2000 年版。

[68] 韦心滢：《殷代商王国政治地理结构研究》，上海古籍出版社 2013 年版。

[69] 陈斯鹏：《新见金文字编》，福建人民出版社 2012 年版。

[70] 何琳仪：《战国古文字字典》，中华书局 1998 年版。

[71] 宗福邦：《古训汇纂》，北京商务印书馆 2004 年版。

[72] 李宗焜：《甲骨文字编》，中华书局 2012 年版。

[73] 中国社会科学院考古研究所：《中国考古学（夏商卷）》，中国社会科学出版社 2003 年版。

[74] 《辞源》，商务印书馆 2010 年版。

[75] 陈婷珠：《殷商甲骨文字形系统再研究》，上海世纪出版社 2010 年版。

[76] 杨逢彬：《殷墟甲骨刻辞词类研究》，花诚出版社 2003 年版。

[77] 叶玉英：《古文字构型与上古音研究》，厦门大学出版社 2009 年版。

[78] 席龙飞、宋颖：《船文化》，人民交通出版社 2008 年版。

[79] 赵林：《殷契释亲》，上海古籍出版社 2011 年版。

[80] 李雪山：《商代分封制度研究》，中国社会科学出版社 2004 年版。

[81] 朱志荣：《商代审美意识研究》，人民出版社 2002 年版。

[82] 裘锡圭：《文史丛稿》，上海远东出版社 2012 年版。

[83] 裘锡圭：《裘锡圭学术文集》，复旦大学出版社 2012 年版。

[84] 吴汝祚：《良渚文化兴衰史》，社会科学文献出版社 2009 年版。

[85] 王晖：《商周文化比较研究》，人民出版社 2000 年版。

[86] 王小盾：《中国早期思想与符号研究》，上海人民出版社 2008 年版。

[87] 张岂之：《中国思想学说史（先秦卷）》，广西师范大学出版社 2008 年版。

[88] 周纬：《中国兵器史》，中国友谊出版社 2010 年版。

[89] 曾文芳：《夏商周民族思想与政策研究》，人民出版社 2008 年版。

[90] 李学勤：《商史与商代文明》，上海科学技术文献出版社 2007 年版。

[91] 中国社会科学院考古研究所：《安阳殷墟花园庄东地商代墓葬》，科学出版社 2007 年版。

[92] 方建军：《商周乐器文化结构与社会功能研究》，上海音乐学院出版社 2006 年版。

[93] 赵诚：《甲骨文简明词典》，中华书局 2009 年版。

[94] 赵诚：《甲骨文字学纲要》，中华书局 2005 年版。

[95] 赵诚：《古代文字音韵论文集》，中华书局 1991 年版。

[96] 赵诚：《探索集》，中华书局 2011 年版。

[97] 黄天树：《古文字论集》，学苑出版社 2011 年版。

［98］白于兰：《殷墟甲骨刻辞摹释总集校订》，福建人民出版社 2004 年版。

［99］刘钊：《古文字构型学》，福建人民出版社 2011 年版。

［100］洪扬：《古文字考释通假关系研究》，福建人民出版社 2008 年版。

［101］吕学明：《中国北方地区出土先秦时期铜刀研究》，科学出版社 2010 年版。

［102］胡新生：《中国古代巫术》，人民出版社 2010 年版。

［103］王克芬：《中国舞蹈图史》，中华书局 2012 年版。

［104］丁山：《中国古代宗教与神话考》，上海书店出版社 2011 年版。

［105］丁山：《古代神话与民族》，商务出版社 2005 年版。

［106］潜明兹：《中国古代神话与传说》，中国国际广播出版社 2010 年版。

［107］陈年福：《甲骨文词义论稿》，上海古籍出版社 2007 年版。

［108］黄雅峰：《汉画像石画像砖艺术研究》，中国社会科学出版社 2011 年版。

［109］璩效武：《甲骨文字辩释》，中国文史出版社 2011 年版。

［110］李伯谦：《商文化论集》，文物出版社 2003 年版。

［111］李伯谦：《文明探源与三代考古论集》，文物出版社 2011 年版。

［112］王力：《汉语史稿》，中华书局 2004 年版。

［113］郭永秉：《古文字与古文献论集》，上海古籍出版社 2011 年版。

［114］殷勇：《商周青铜器幻想动物纹研究》，上海古籍出版社 2012 年版。

［115］［韩］朴仁顺：《殷商甲骨文形义关系研究》，中国社会科学出版社 2006 年版。

［116］马如森：《殷墟甲骨文实用字典》，上海大学出版社 2008 年版。

［117］裘锡圭：《文字学概要》，上海大学出版社 2008 年版。

［118］黄易青：《上古汉语同源词意义系统研究》，商务印书馆 2007 年版。

［119］王宁宁：《中国古代乐舞史》，山西出版集团 2009 年版。

［120］高明：《古陶文汇编》，中华书局 1990 年版。

［121］段玉裁：《说文解字注》，上海古籍出版社 1988 年版。

［122］国家文物局：《2008 中国重要考古发现》，文物出版社 2009 年版。

［123］国家文物局：《2009 中国重要考古发现》，文物出版社 2010 年版。

[124] 徐在国：《楚帛书诂林》，北京师范大学出版集团 2010 年版。

[125] 王辉：《古文字通假字典》，中华书局 2008 年版。

[126] 陈兆复：《中国岩画发现史》，人民出版社 2009 年版。

[127] 敏春芳：《古代语言文字学》，中国社会科学出版社 2013 年版。

[128] 吴晓筠：《商周时期车马埋葬研究》，科学出版社 2009 年版。

[129] 杨宝成：《殷墟文化研究》，武汉大学出版社 2003 年版。

[130] 李济：《李济文集》，上海人民出版社 2006 年版。

[131] 中国社会科学院考古研究所：《中国早期青铜文化》，科学出版社 2008 年版。

[132] 河南省文物考古研究所：《三门峡虢国墓》，文物出版社 1999 年版。

[133] 山东省文物考古研究所：《东平后屯汉代壁画墓》，文物出版社 2010 年版。

五　体育史专著

[1] 杨向东：《中国体育思想史（先秦卷）》，首都师范大学出版社 2008 年版。

[2] 王俊奇：《秦汉三国体育文化史》，北京体育大学出版社 2012 年版。

[3] 王俊奇：《辽夏金元体育文化史》，人民出版社 2011 年版。

[4] 王俊奇：《唐代体育文化史》，北京体育大学出版社 2010 年版。

[5] 崔凤祥：《原始体育形态岩画》，人民出版社 2010 年版。

[6] 彭立群：《新疆游牧民族传统体育文化概论》，北京体育大学出版社 2010 年版。

[7] 刘秉果：《汉代体育》，齐鲁书社 2009 年版。

[8] 冯国超：《中国传统体育》，北京师范大学出版社 2006 年版。

[9] 金启孮：《中国摔跤史》，内蒙古人民出版社 2006 年版。

[10] 兰州理工大学丝绸之路文史研究所：《丝绸之路体育文化论集续》，甘肃教育出版社 2008 年版。

[11] 王岗、王铁新：《民族传统体育发展的文化审视》，北京体育大学出版社 2005 年版。

[12] 崔怀猛：《古代中西方体育文化》，北京体育大学出版社 2010 年版。

[13] 夏思永：《民族传统体育文化传承与民族和谐社会建设关系研究》，
西南师范大学出版社 2011 年版。

[14] 石岩：《中国北方先秦时期青铜镞研究》，黑龙江大学出版社 2008
年版。

[15] 刘朴：《汉画像石中的体育活动研究》，人民出版社 2009 年版。

[16] 黄聪：《中国古代北方民族》，人民出版社 2009 年版。

[17] 任海：《中国古代体育》，中国国际广播出版社 2011 年版。

[18] 张涛：《中国少数民族传统体育文化生态学研究》，中央民族大学出
版社 2008 年版。

[19] 王京龙：《齐文化与中国早期体育》，齐鲁书社 2009 年版。

[20] 崔乐泉：《中国体育通史》，人民体育出版社 2008 年版。

[21] 谭华：《体育史》，高等教育出版社 2005 年版。

[22] 吕学明：《中国北方地区出土先秦时期铜刀研究》，科学出版社 2010
年版。

[23] 杨立志：《武当文化概论》，社会科学文献出版社 2008 年版。

[24] 刘少英：《民族传统体育学》，民族出版社 2011 年版。

[25] 刘善承：《中国围棋史》，成都时代出版社 2007 年版。

[26] 《大辞海体育卷》，上海辞书出版社 2008 年版。

[27] 邱丕相：《中国武术史》，高等教育出版社 2008 年版。

[28] 唐豪：《中国武艺图籍考》，山西出版集团 2008 年版。

[29] 骈宇骞译：《武经七书》，中华书局 2007 年版。

[30] 王岗：《民族传统体育与文化自尊》，北京体育大学出版社 2007 年版。

[31] 赵源伟：《龙狮和龙舟》，中国社会出版社 2006 年版。

[32] 席焕久：《体育人类学》，北京体育大学出版社 2001 年版。

[33] 杨文轩：《体育概论》，高等教育出版社 2005 年版。

[34] 余水清：《中国武术史概要》，湖北科学技术出版社 2006 年版。

[35] 马爱民：《传统武术文化新探》，人民体育出版社 2003 年版。

[36] 杨向东：《中国古代体育文化史》，天津人民出版社 2000 年版。

后 记

在本书即将出版之际，我的内心即感到欣慰又感到不安。欣慰的是十几年来关于甲骨文与民族传统体育的思考与研究，能够有了一个较好地归宿；不安的是，由于自己学识有限，在某些问题的思考与认识上还不够深入，难免出现各种差错，还望关心此领域的学者与专家批评指正。

本人丙午年年生人，属马，出生在古都安阳，对古老城市里的九府十八巷七十二胡同深爱有佳，那个时候没有现代化的交通工具，就连自行车也是一样可望而不可及的高档品，在我上高中之前，几乎就是依靠两条腿走遍了老城的大街小巷，那些古老的文化就隐藏在这些大大小小的街巷当中，而"李家大院"、"芦家大院"、"冯家大院"、"占晁王"家族式的四合院中，也深藏着各种各样的往事。我上学的小学校就在鼓楼边上，学校里就是原来的老城隍庙，记得那时学校里还有两座城隍庙的建筑，后来成了学校的乒乓球室。上高中的学校也是一座安阳的地标性建筑——文峰塔。有关文峰塔的传说是在我小时候从母亲那里获悉的，文峰塔是一座佛教寺院，它的特点是上大下小，有传说中的半截塔之称，我们高中校门的前面就是寺院的隐蔽墙，大约有十几米长，十分壮观，我们考入高中的榜文，就曾张贴于此。

我的体育生涯是从小学三年级开始的，当时也没有什么爱好，只是奔跑速度快，被体育老师认为有发展前途，将我挑选到学校运动队，小时候训练十分刻苦，虽然条件艰苦，确还是其乐融融，经过两年的刻苦训练，到小学五年级就打破了学校的纪录，并获得当年安阳市跳远冠军，为此，学校还特意奖励了我一件背心，这也是我获得的第一项奖励，当时的喜悦心情真是难以表述。

　　进入中学后，我一边学习文化知识，一边坚持业余训练，一直到 84 年参加高考，中间从未间断过。现在回想起来，我只所以能够走上现在的研究之路，是与当时刻苦学习文化知识密切相关的。进入大学从事教学工作之初，也没有涉及甲骨文方向的知识。不过在教学之余，总有一个问题困扰着我，这就是体育起源的问题，特别是中国传统体育的起源问题更是我一直思考的一个方向，我查阅各种体育史料，找不到我要的答案，查阅其他相关史料，更是海里寻针。2003 年始，我开始收集相关的资料，常在新华书店、图书馆里查找史料，特别是在我校图书馆典藏室里，接触到了甲骨文的相关史料，内心激动和喜悦之情油然而生，看着一个个陌生的文字，我感到特别亲切。可接下来的事情，并不那么顺利。我深知在我当时的知识库里，无法解决自己想要解决的问题。怎么办？只有从零开始，从基础知识学起，从新做一个小学生。我买的第一本字典是徐中舒先生《甲骨文字典》，而后是《说文解字》、《尔雅》、《方言》和《甲骨文字诂林》等，慢慢开始了解了其中的文字学、语言学、音韵学、训诂学等知识体系。第一本考古书是《殷墟的发现与研究》，而后是《安阳殷墟花园庄东地商代墓葬》、《中国考古学夏商卷》、《偃师商城》等书目，大致了解了殷墟的王系与分期，并从中学到一条真理，即考古实物在史学中的重要意义是不可替代的。这也为我以后收集相关考古史料和发掘报告作了思想上的准备。第一本甲骨学的书是王宇信、杨升南先生编著的《甲骨学一百年》，从这本书里学到了甲骨文的分期与断代的相关知识，甲骨文与殷商史等知识。第一部专著是宋镇豪师《夏商社会史》，从中更多地了解到了商代社会的基本概况。书，渐渐地多起来了，我一边看，一边作笔记，一边思考怎样切入我的问题。

　　2006 年的一次偶然巧合，是我走上研究之路的又一次机会。记得那是我校组织教师每年进行的一次体检，由于体检人多，在排队等待之余，老师之间互相闲聊。我和一位戴眼睛的女老师并不认识，我主动介绍我是体育学院的老师后，她问我的第一个问题就是，你知道中国最早的射箭活动吗？这个问题一下子就好想触动了我思想深处的某个领域。我们很快就此话题谈开，越谈越有缘，并相约进一步探讨。提问题的女士就是我们学校历史与社会发展学院的韩江苏博士，后来我才知道韩老师获得北京师范大学博士学位就是甲骨学方向，她当时已经在研一项国家社科基金项目。与韩老师的这次偶然相遇，却成了我走上这条研究之路的契机。在接下来的研究过程中，韩老师都给予我积极地帮助与支持，我在研究中遇到的各种问题，她都欣然地给予我解答，她就象一位师长，默默地关注着我的研究进展，我很庆幸，也很感激。

经过几年的努力与申报，2011 年 6 月，我主持申报的项目《甲骨文与民族传统体育因素研究》（编号：11BTY051）获得当年国家社会科学基金立项。还记得当时得到消息之后的心情：心喜、忧愁。心喜的是，自己努力探索和寻找的方向终于得到了学界的认可，探索中的艰辛与无奈也算是有了肯定与回报。忧愁的是怎样在四年期间高质量地完成成果。此种忧虑一直伴随着我，激励着我，直到该项目结项之日。这也常常让我想起那句古语"生于忧患"。

为了更进一步地进行甲骨学与殷商文化的研究，2013 年 9 月，我又到中国社会科学院历史研究所先秦研究室进行高访，师从宋镇豪先生，先生事务繁忙，仍然抽出时间来给我指导，先生为我指引的发展方向，一直鼓励着我、支持我、鞭策着我。在社科院学习期间，还得到了先秦研究室诸位老师的支持与帮助，如徐义华博士、王泽文博士、刘源博士、宫长为博士、马季凡博士等，各位学者的学识与研究精神深深地影响着我、感动着我、激励着我，让我感觉到在家的温暖，这次高访之后，更加坚定了我以后研究的方向。

体育人有一句俗语为"十年磨一剑"，是在比喻要想做成一件事情，需要持之以恒地坚持、坚持、再坚持。拙著从开始思考到本书成稿，也正好经历了十几年的光景，大致经过了三个阶段：2003 年—2006 年三年的摸索与思考；2007 年—2011 年中间四年边学习、边研究、边申请；2011—2015 四年专攻与写作。这其中的酸甜苦辣可谓一种历练。自己摸着石头过河，寻路、寻方向，感到无助。基础不深，不耻下问，感到孤独，无人理解。深夜思考、难以入眠、或梦中惊醒，感到一种无形的力量在推我进取。进入盲区，缺乏灵感，感到"江郎才尽"。每每看着甲骨拓片，叩问先祖，三千多年前寓意为何？

我要特别感谢我的家人，父母的理解与鼓励，给了我坚持的动力；我的妻子马宁，在工作之余，还要清洁洗涮，保持着家中的干净、整洁；女儿的琴声，也成为我缓冲疲劳的精神食粮。

这部专著的出版，与中国社会科学出版社分社王斌社长，陈肖静编辑的鼎力相助与精心设计编辑分不开的。在我成长的道路上，曾得到很多前辈和好友的教诲与鼓励，本书2011年获得国家社科基金的支持，在此一并致谢。

芦金峰

2015 年 7 月 21 日于殷都